Dirk Chung, Robert Agular

HTML GE-PACKT

Die Deutsche Bibliothek - CIP-Einheitsaufnahme

Dirk Chung, Robert Agular:
HTML (GE-PACKT)
1. Aufl. - Bonn :
MITP-Verlag, 2001

ISBN 3-8266-0695-7
1. Auflage 2001

Printed in Germany

Lektorat: Sabine Schulz
Korrektorat: Monika Starke
Druck: Druckerei Media Print, Paderborn
Umschlaggestaltung: Christian Kalkert
Satz und Layout: mediaService, Siegen

mitp

Inhaltsverzeichnis

Teil II – HTML-Praxis 217

Vorwort

Die rasante Entwicklung des Internets in den letzten Jahren ist vor allem darauf zurückzuführen, dass das World Wide Web für immer mehr Menschen zugänglich wurde. Mit dem Wunsch, nicht nur passiv als Betrachter Internetseiten anzuschauen, sondern auch aktiv zu werden und eigene Webseiten zu veröffentlichen, fand auch die Markierungssprache HTML immer mehr Verbreitung.

Dieser Band aus der GE-PACKT-Reihe trägt dem Rechnung, indem er dem Benutzer, in Form einer praktischen Referenz, Überblick über alle HTML-Befehle gibt. Eine ebenfalls vollständige Sammlung der CSS-Befehle macht das Buch zu einem überaus hilfreichen Nachschlagewerk für jeden, der sich mit dem Erstellen von Internetdokumenten beschäftigt.

Der zweite Teil dieses Buches widmet sich dann der praktischen Umsetzung und gibt dem Leser nützliche Tipps und Hilfen beim täglichen Umgang mit HTML. Auch Probleme, die zwar nicht direkt das Erstellen von Webseiten betreffen, aber trotzdem mitentscheidend für den Erfolg einer Internetpräsentation sind, werden behandelt. Neben einer Übersicht über verschiedene hilfreiche Tools, die Sie in den meisten Fällen kostenlos aus dem Internet beziehen können, beschäftigt sich ein weiterer Teil von HTML GE-PACKT mit der Testphase, der Providerauswahl, dem Datentransfer auf den Webserver und der Suchmaschinenproblematik.

Natürlich entsteht ein solches Buch nicht als Werk eines Einzelnen. Viele Personen haben Anteil am Entstehen dieses Buches. Besonders zu Dank bin ich Herrn Agular für die CSS-Referenz und Frau Keßler für die gute Vorarbeit beim Referenzteil verpflichtet. Das Layer-Kapitel hat Herr Yetkin beigetragen. Darüber hinaus haben auch Herr Schmidt (Zeichen- und Farbnamentabelle), Herr Wronski (Glossar) und Herr Wünsche mit dazu beigetragen, dass das Buch in dieser Form möglich wurde.

Für die vielfältige Unterstützung während meiner Arbeit möchte ich mich noch bei Frau Sabine Schulz, Herrn Andreas Klünder und vor allen anderen bei meiner Frau Maggie bedanken, die mich in dieser bisweilen stressigen Zeit klaglos ertragen hat.

Wie lese ich diese Referenz?

Seit der ersten Version von HTML wurde das Vokabular ständig vergrößert und um neue Möglichkeiten erweitert. Mittlerweile hat die Sprache HTML die Versionsnummer 4 erreicht und ermöglicht die Wiedergabe von Audio- und Videodateien und die Darstellung von Tabellen und Frames. Darüber hinaus besteht nun auch die Möglichkeit, das Aussehen der Webseiten mit Hilfe von Cascading Style Sheets (CSS) genauer zu bestimmen. Eine CSS-Referenz finden Sie direkt im Anschluss an die Auflistung der HTML-Befehle.

Dieses Buch gliedert sich in zwei Teile: eine Referenz und einen Praxisteil.

Die *Referenz* kann Ihnen auf verschiedene Arten nützlich sein. Zum einen können Sie die Referenz als Nachschlagewerk nutzen, in dem Sie gezielt über das Inhaltsverzeichnis oder den Index nach bestimmten Befehlen und Attributen suchen. Andererseits können Sie den Referenzteil auch wie ein „normales" Buch lesen, um so Befehle kennen zu lernen, die Ihnen bislang nicht bekannt waren. Hierzu dienen Ihnen die thematisch gegliederten Kapitel. Innerhalb der Kapitel werden die Befehle und die dazugehörigen Attribute in alphabetischer Reihenfolge aufgelistet und besprochen. Sofern sich die Schreibweise der Befehle für XHTML von der für HTML unterscheidet, wird ausdrücklich darauf hingewiesen.

Der *Praxisteil* richtet sich an die Leser, die sich schon etwas in das Thema Webseitenerstellung eingearbeitet haben, und jetzt einige Tipps und Anregungen haben möchten.

Sie erfahren hier, wie Sie sich die Arbeit mit HTML erleichtern, und Ihre Webseiten aufwerten können.

Darüber hinaus befindet sich am Ende des Praxisteils ein Kapitel, in dem Ihnen einige Software-Leckerbissen vorgestellt werden. Bis auf wenige Ausnahmen handelt es sich bei all diesen Programmen um Freeware, das heißt um Software, die Sie kostenfrei aus dem Internet beziehen können.

Teil I

Referenz

1 HTML-Referenz

1.1 Allgemeines zu HTML und XHTML

Die Abkürzung HTML steht für Hypertext Markup Language. Wie die Abkürzung schon sagt, handelt es sich hierbei um eine Markierungssprache, d.h. HTML-Dokumente werden nicht im eigentlichen Sinne gestaltet, wie es z.B. bei Printmedien der Fall ist, sondern mit Hilfe von Markierungsbefehlen, so genannten „Tags“ formatiert.

Im Gegensatz zu „echten“ Programmiersprachen werden HTML-Dokumente als „reiner“ ASCII-Text (d.h. ohne Sonderzeichen) verfasst, der dann bei Anforderung vom Server vom Rechner des Betrachters mit Hilfe eines Browsers interpretiert wird. Das hat den Vorteil, dass HTML-Dokumente auf jedem verfügbaren System ein gleichartiges Aussehen haben. Das genaue Aussehen der Seiten hängt aber letztendlich von den Bedingungen, die der Betrachter auf seinem System zur Verfügung stellt, ab.

Hierzu gehören neben dem Betriebssystem und dem gewählten Browser auch diverse Voreinstellungen, wie z.B. die Schriftgröße, die Hintergrundfarbe oder das Format des Programmfensters.

Darüber hinaus hängt das Erscheinungsbild Ihrer Seiten auch davon ab, über welche Merkmale Ihre Seite verfügt. Unter Umständen ist die korrekte Darstellung Ihrer Seiten auch davon beeinträchtigt, ob der Betrachter über eventuell notwendige Zusatzprogramme – so genannte PlugIns – verfügt oder nicht.

Bedenken Sie das alles beim Erstellen Ihrer Seiten, damit Sie eine möglichst große Anzahl von Besuchern erreichen können.

XHTML

In diesem Band wird auch das Thema XHTML beachtet. Hierbei handelt es sich um eine Erweiterung der Sprache HTML (XHTML = Extensible Hypertext Markup Language).

XHTML unterscheidet sich von HTML auf den ersten Blick durch die strengere Umsetzung der Syntax. So ist bei der Schreibweise der Befehle auf Groß- und Kleinschreibung zu achten. Außerdem muss jeder Befehl abgeschlossen werden. Der Befehlssatz ist jedoch im allgemeinen identisch. Auf eventuelle Unterschiede werden Sie, sofern sie auftreten, ausdrücklich hingewiesen.

1.2 HTML Grundgerüst

Syntax

Eine HTML-Datei untergliedert sich in die Angabe der zugrunde liegenden Sprachversion sowie der beiden Bereiche Kopf (Header) und Körper (Body). Diesem Grundgerüst werden Sie in beinahe jeder HTML- und XHTML-Datei begegnen. Die einzelnen Befehle dieses Aufbaus und weitere HTML-Tags, die zum Grundgerüst gehören, sind im Folgenden in alphabetischer Reihenfolge beschrieben.

Alle HTML- und XHTML-Befehle beginnen mit einer sich öffnenden spitzen Klammer (<) und werden mit einer sich schließenden spitzen Klammer (>) abgeschlossen. Viele Markierungsbefehle können miteinander kombiniert werden, wobei allerdings darauf zu achten ist, die richtige Reihenfolge einzuhalten: Der Befehl, der zuletzt geöffnet wurde, ist zuerst wieder zu schließen.

Unterschiede zwischen HTML und XHTML

Ein wichtiger Unterschied zwischen HTML und XHTML ist die Tatsache, dass jeder Markierungsbefehl geschlossen werden muss. Vor allem bei so genannten „leeren Elementen" müssen Sie sich umstellen, wenn Sie bisher nur in HTML programmiert haben. Ein leeres Element ist ein Befehl, der in HTML keinen Schlussbefehl hat. Um trotzdem der Anforderung nach zu kommen, einen Befehl zu schließen, wird am Ende des Befehls, also nach dem letzten Attribut und vor der schließenden Klammer, ein Schrägstrich (/) eingefügt. Die korrekte XHTML-Schreibweise für einen einfachen Zeilenumbruch hat folgendes Aussehen: `<br />` Allgemein lässt sich sagen, dass XHTML weniger fehlertolerant ist, wenn es um die Schreibweise von Befehlen geht.

Im Folgenden wird gesondert darauf hingewiesen, wenn die HTML- von der XHTML-Schreibweise abweicht.

Bedenken Sie außerdem, dass bei XHTML – im Gegensatz zu HTML – sehr wohl zwischen Groß- und Kleinschreibung unterschieden wird, und dass hier die Attributwerte in Anführungszeichen stehen müssen.

Daher ist es zu empfehlen, dass Sie (X)HTML-Markierungsbefehle und ihre Attribute grundsätzlich in Kleinbuchstaben schreiben.

Ein HTML-Standard-Dokument

Um Ihnen den Aufbau einer „typischen" HTML-Datei zu veranschaulichen, sehen Sie im folgenden ein leeres HTML-Dokument, dass allen syntaktischen Anforderungen entspricht.

```
<!DOCTYPE HTML PUBLIC "-//W3C//DTD HTML 4.0 Transitional//EN">
<html>
<head>
<title>Seitentitel</title>
<meta name="author" content="Dirk Chung">
</head>
<body>
Hier befindet sich der im Browserfenster sichtbare Inhalt der
Webseite.
</body>
</html>
```

Ein HTML-Dokument hat folgenden Aufbau:

Am Anfang befindet sich die Doctype-Definition, über die Sie direkt im Anschluß näheres erfahren. Im Anschluß daran folgt der html-Befehl, der das gesamte übrige HTML-Dokument einklammert.

Nach dem öffnenden html-Befehl folgt der Deklarationsteil. Dieser wird von dem Befehlspaar <head> und </head> eingeschlossen. Hier finden Sie eine Menge von Angaben, die zwar nicht im Browserfenster erscheinen, trotzdem aber von großer Bedeutung sein können, z.B. wenn es darum geht, Suchmaschinen oder anderen Services Informationen zu Ihren Seiten mitzuteilen.

Im Anschluss daran, umgeben von den Befehlen <body> und </body>, geben Sie die eigentlich zu veröffentlichenden Inhalte Ihrer Web-Seite ein. Es spielt keine Rolle, ob es sich hierbei um formatierten Fließtext, Tabellen, Grafiken, usw. handelt. Abschließend beenden Sie das HTML-Dokument mit dem Befehl </html>.

<!DOCTYPE HTML ...>

Wenn ein Browser eine Datei vom Server anfordert, weiß er zunächst nichts über deren Inhalt. Der Browser öffnet die Datei und beginnt, den Inhalt zu interpretieren. Sinnvoll wäre also eine Information an erster Stelle, um welche Art von Dokument es sich handelt und welche Sprachversion verwendet wird. Genau diese Informationen bietet der Befehl `<!DOCTYPE HTML>` an.

Er steht darum in der HTML-Datei stets am Anfang vor allen anderen Befehlen und definiert den SGML-Dokumenttyp der vorliegenden Datei.

SGML steht für Standard Generalized Markup Language und ist eine abstrakte Auszeichnungssprache zur Darstellung von Text. Mit SGML selbst werden keine Dokumente gegliedert oder formatiert, sondern eben solche Sprachen wie HTML oder XML definiert. HTML wird darum auch als SGML-Anwendung bezeichnet.

Ein Merkmal einer SGML-Anwendung ist das Vorhandensein einer DTD (Document Type Definition). Eine DTD beschreibt die Syntax der Auszeichnungsbefehle. Auch für HTML gibt es eine bzw. mehrere derartige DTDs. Jede Sprachversion besitzt ihre eigene DTD, teilweise existieren sogar mehrere Varianten davon.

Der `<!DOCTYPE HTML>`-Befehl erwartet darum auch stets die Angabe der zu verwendenden DTD.

```
<!DOCTYPE HTML PUBLIC "-//W3C//DTD HTML 2.0//EN">
<!DOCTYPE HTML PUBLIC "-//W3C//DTD HTML 3.2//EN">
<!DOCTYPE HTML PUBLIC "-//W3C//DTD HTML 4.0//EN">
<!DOCTYPE HTML PUBLIC "-//W3C//DTD HTML 4.01//EN">
```

`PUBLIC` bedeutet, dass Sie sich auf eine öffentlich verfügbare Dokument Type Definition (DTD) beziehen. Die folgende Angabe (hier: W3C) gibt den Herausgeber der DTD an. Die nächste Angabe `DTD HTML 2.0` gibt an, dass Sie den Dokumenttyp "HTML" in der Version 2.0 verwenden. Die letzte Angabe `EN` ist das Landeskürzel der Sprache, in der die Tags definiert wurden.

```
<!DOCTYPE HTML PUBLIC "-//W3C//DTD HTML 4.0 frameset//EN">
```

Diese Dokument Type Definition wird in HTML-Dokumenten verwendet, die eine Frameset-Definition enthalten.

```
<!DOCTYPE HTML PUBLIC "-//W3C//DTD HTML 4.0 strict//EN">
```

Wenn Sie diese Dokument Type Definition benutzen wird erwartet, dass Sie sich ohne Abweichungen an den HTML 4.0 Standard halten.

```
<!DOCTYPE HTML PUBLIC "-//W3C//DTD HTML 4.0 transitional//EN">
```

Diese Dokument Type Definition weist darauf hin, dass das aktuelle HTML-Dokument Skripte und/oder Style Sheets verwendet.

Ab der Version 4.0 sind die Angaben `Transitional` und `Frameset` erlaubt. `Transitional` zeigt an, dass Skripts und Style-Sheets verwendet werden. `Frameset` zeigt die Verwendung von Framesets in der HTML-Datei an.

```
<!DOCTYPE HTML PUBLIC "-//W3C//DTD HTML 4.0//EN" "URL">
```

Bei Bedarf kann auch die zu verwendende DTD angeben werden. `URL` steht für die Adresse der HTML-DTD.

Doctype-Definitionen für XHTML

Analog zu den Doctype-Definitionen für HTML-Dokumente, gibt es diese auch für XHTML. Sie unterscheiden sich von Ihren HTML-Gegenstücken ausschließlich in der Angabe der verwendeten Sprache und deren Versionsnummer (XHTML 1.0)

Folgende drei Variationen stehen zur Auswahl:

Für die Verwendung von Cascading Style Sheets:

```
<!DOCTYPE HTML PUBLIC "-//W3C//DTD XHTML 1.0 Strict //EN"
"URL">
```

Bei der Einhaltung aller XHTML-Standards:

```
<!DOCTYPE HTML PUBLIC "-//W3C//DTD XHTML 1.0 transitional //EN"
"URL">
```

Für Dokumente, die der Definition von Frameseiten dienen:

```
<!DOCTYPE HTML PUBLIC "-//W3C//DTD XHTML 1.0 frameset//EN"
"URL">
```

<body> ... </body>

Zwischen `<body>` und `</body>` wird der eigentliche Inhalt der HTML-Datei angegeben, der vom Browser angezeigt werden soll. Dieser Befehl folgt direkt auf den schließenden `</head>`-Befehl. Im einleitenden `<body>`–Tag können Sie mit verschiedenen Attributen Einfluss auf das Erscheinungsbild Ihrer Internetseiten nehmen.

Beachten Sie dabei, dass bei allen Einstellungen, die die Textfarbe oder den Hintergrund betreffen, für einen ausreichenden Kontrast zwischen Vorder- und Hintergrund gesorgt ist, um dem Besucher das Lesen so angenehm wie möglich zu machen.

<body alink="#FFFFFF">

`alink=` (= active link) gibt die Vordergrundfarbe für Verknüpfungen (Links) an, die der Anwender gerade anklickt. Erlaubte Werte sind Farbnamen oder hexadezimale Farbwerte.

<body background="grafik.gif">

Die Angabe `background=` bestimmt die als Hintergrund zu verwendende Grafik. Die Hintergrundgrafik wird dabei über das ganze Anzeigefenster hinweg kachelartig wiederholt. Beachten Sie, dass das zu hässlichen Kanten an den Übergängen führen kann, und verwenden Sie als Hintergrund ausschließlich Grafiken, bei denen das nicht der Fall ist.

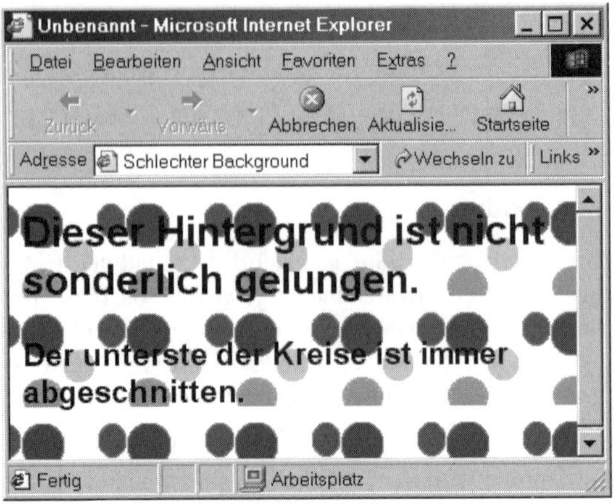

Abbildung 1.1: Ein schlechter Seitenhintergrund kann die ganze Optik zerstören

Erlaubte Grafikformate sind GIF- und JPEG-Dateien. Modernere Browser akzeptieren auch animierte GIF-Dateien oder PNG-Grafiken.

<body bgcolor="red">

bgcolor= bestimmt die Hintergrundfarbe des Dokumentes. Erlaubte Werte sind reservierte Farbnamen oder hexadezimale Farbwerte.

```
<body bgcolor="black" background="nachthimmel.gif">
```

Das Attribut bgcolor kann durchaus auch mit einer Hintergrundgrafik kombiniert werden. Zum einen werden harte Übergänge zwischen der Standardhintergrundfarbe des Browsers und der gewählten Hintergrundgrafik vermieden, wenn die Hintergrundgrafik eine längere Ladezeit beansprucht. Zum anderen können sich Hintergrundgrafik und -farbe ergänzen, wenn es sich beim Hintergrundbild um eine transparente Grafik handelt.

<body link="#FFFFFF">

Mit link bestimmen Sie, in welcher Farbe noch nicht besuchte Verweise hervorgehoben werden. Erlaubte Werte sind Farbnamen oder hexadezimale Farbwerte.

<body text="#FFFFFF">

text= legt die Vordergrundfarbe fest, also die Farbe, in der Schriften dargestellt werden. Erlaubte Werte sind Farbnamen oder hexadezimale Farbwerte.

<body vlink="#FFFFFF">

vlink (= visited link) legt die Vordergrundfarbe für bereits besuchte Verweise fest. Erlaubte Werte sind Farbnamen oder hexadezimale Farbwerte.

<head> ... </head>

Das Tag <head> leitet den ersten Abschnitt einer HTML-Datei, den Dateikopf, oder auch *Header* genannt, ein. Es folgt direkt auf das einleitende <html>-Tag und wird seinerseits mit </head> abgeschlossen. Zwischen <head> und </head> werden allgemeine Angaben zur HTML-Datei festgehalten. Beispielsweise finden Sie hier den Dokumenttitel, den jedes HTML-Dokument besitzen sollte, oder Meta-Angaben für Suchmaschinen. Auch Referenzen zu Style Sheet-Dateien und Skripts finden hier Platz.

Der Kopf einer HTML-Datei informiert den Browser über Vorgaben bei der Interpretation der Datei, informiert Suchmaschinen über den Inhalt und stellt alle weiteren benötigten Dokumentinformationen bereit, die nicht vom Browser angezeigt werden sollen, jedoch von Bedeutung sind. Man spricht deshalb auch vom „Deklarationsteil" eines HTML-Dokumentes.

Diese Informationen müssen sich nicht zwangsläufig direkt im Quelltext des HTML-Dokumentes befinden. Mit Hilfe des Attributes profile können Sie eine externe Datei bestimmen, von der aus die Meta-Informationen eingelesen werden können:

```
 <!DOCTYPE html PUBLIC "-//W3C//DTD HTML 4.01//EN"
          "http://www.w3.org/TR/html4/strict.dtd">
<html>
   <head profile="http://www.meinserver.de/meta/profile.txt">
```

<html> ... </html>

Mit <html> und </html> werden Anfang und Ende der HTML-Datei gekennzeichnet. Der gesamte Inhalt der Datei wird zwischen diesen beiden HTML-Tags angegeben.

Gleichzeitig kennzeichnen diese beiden Tags Beginn und Ende des Bereiches, den der Browser zu interpretieren hat. Viele Browser beenden die Interpretation eines Dokumentes nach `</html>` allerdings nicht, sondern beachten auch nachfolgende Befehle, obwohl dies der Spezifikation widerspricht. Die Browser gehen dabei davon aus, dass die wenigsten HTML-Dokumente fehlerlos sind.

`<html dir="rtl">`
Das Attribut `dir` gibt an, in welcher Richtung (direction) die Anzeige des HTML-Dokumentes erfolgen soll. Da es neben der Standardmöglichkeit von links nach rechts zu schreiben nur eine einzige Alternative gibt, macht der Einsatz dieses Attributes nur Sinn, wenn die Anzeige von rechts nach links (= `rtl`) erfolgen soll.

`<html lang="de">`
Mit dem `lang`-Attribut können Sie festlegen, in welcher Sprache der nachfolgende Abschnitt abgefasst wurde. Diese Information kann unter Umständen hilfreich sein, wenn Suchmaschinen nach relevanten Inhalten für eine bestimmte Anfrage recherchieren.

<html xmlns="...">

XHTML verlangt für das einleitende `<html>`-Tag zudem noch die Angabe des XML *Namespaces*. Ein Namespace ist ein Namensraum, der einen eindeutigen Namen für alle enthaltenen Elemente definiert. Verständlich wird die Notwendigkeit einen Namensraum anzugeben, wenn man sich vor Augen hält, dass mittels XML die Definition eigener Elemente und Attribute erlaubt ist. Ein Namespace verhindert, dass gleichnamige Elemente auch als gleichwertig betrachtet werden.

XHTML selbst ist eine Redefinition von HTML mittels XML. Die für XHTML definierten Elemente müssen also durch den Namensraum von anderen Definitionen abgegrenzt werden.

Ein Namespace muss eindeutig sein und wird darum mittels einer URL beschrieben. Die entsprechende Angabe für XHTML lautet:

```
<html xmlns="http://www.w3.org/1999/xhtml">
```

1.3 Allgemeine HTML Angaben

<!-- ... -->

Kommentare innerhalb einer HTML-Datei sind Textpassagen, die vom Browser nicht interpretiert werden. Sie können vielfältigen Zwecken dienen. Zum Beispiel eignen sie sich zur optischen und logischen Gliederung des Codes, für Anmerkungen, als Gedankenstütze, können Arbeitsanweisungen für Kollegen aufnehmen oder auch zu Testzwecken ganze Codeteile von der Interpretation ausnehmen. Das kann vor allem bei Dokumenten hilfreich sein, die von verschiedenen Personen und/oder häufiger überarbeitet werden.

Darüber hinaus können Kommentar(-klammern) dazu dienen, eingebundene Skripte vor alten Browsern „zu verstecken". Damit verhindern Sie, dass ältere Browser, die nicht in der Lage sind, Skripte abzuarbeiten, an der entsprechenden Stelle eine Fehlermeldung zurückliefern.

Kommentare sind innerhalb einer HTML-Datei an jeder beliebigen Stelle, nicht jedoch innerhalb eines Befehlswortes erlaubt. Kommentare dürfen sich über mehre Zeilen erstrecken und jede Art von Zeichen enthalten.

Kommentare werden grundsätzlich mit `<!--` eingeleitet und mit `-->` beendet. Beispiel:

```
<!-- Dies ist ein Kommentar -->
```

<base>

Mit dem Befehl `<base>` werden Pfad-Informationen für das Dokument festgelegt. Alle innerhalb des Dokumentes angegebenen Ziele basieren auf dieser Angabe. Der Befehl muss im Kopf der Datei zwischen `<head>` und `</head>` erfolgen. Zwei Attribute sind beim Befehl `<base>` möglich:

<base href="URL">

Die angegebene URL legt die Heimatadresse für relative Verweise fest. Das gilt sowohl für Links zu Dateien, als auch für Referenzen zu Grafiken, Style Sheet-Dateien, Skript-Dateien usw. Alle relativen Verweise innerhalb des Dokumentes werden von dieser Adresse aus gerechnet. Die Angabe macht allerdings nur dann Sinn, wenn die Basisadresse vom tatsächlichen „Standort" der aktuellen HTML-Datei abweicht. Andernfalls werden alle Verweise ohnehin von dieser Adresse aus interpretiert.

<base target="Framename">

`target=` wird in Verbindung mit Frames benutzt und legt das Ziel-Frame für alle Verweise innerhalb der HTML-Datei fest. Diese Angabe darf nicht in einer Datei erfolgen, die selbst das Frameset enthält, sondern nur in einer Datei, die innerhalb eines Frame-Fensters angezeigt wird. Alle Verweise ohne anders lautendes Ziel werden automatisch in dem mit `target=` definierten Frame-Fenster ausgeführt.

`<base>` ist ein so genanntes leeres Tag. Das bedeutet, es besitzt ausschließlich Attribute, jedoch keinen Inhalt, der mit einem abschließenden Tag eingegrenzt wird. XHTML schreibt jedoch vor, dass alle Tags abgeschlossen werden müssen. Darum unterscheiden sich die Schreibweisen von `<base>` bei HTML und XHTML geringfügig:

Schreibweise für HTML : `<base ...>`
Schreibweise für XHTML : `<base ... />`

<link>

Das <link>-Tag wird im Kopf der HTML-Datei zwischen <head> und </head> angegeben. Es definiert eine logische Beziehung zu einer anderen Datei. Dies können weitere Dateien sein, die für die Interpretation des vorliegenden Dokumentes benötigt werden, es können auch logische Vorgänger- und Nachfolger-Dokumente in einer größeren Dokumentsammlung sein. Sogar alternative Dokumentversionen für unterschiedliche Medien oder Sprachen können definiert werden.

Der <link>-Befehl ist ein so genanntes leeres Tag und muss deshalb bei XHTML mit einem Schrägstrich abgeschlossen werden.

Schreibweise für HTML: `<link ...>`

Schreibweise für XHTML: `<link ... />`

Es stehen verschiedene Attribute zur Verfügung, mit denen Sie Verknüpfungen zu anderen Dateien herstellen können:

<link rel="...">

Das Attribut `rel="..."` (= relation) beschreibt die Art der Beziehung zum verlinkten Dokument. In Abhängigkeit vom zugewiesenen Wert sind oft weitere Attribute notwendig, um das verlinkte Dokument näher zu beschreiben.

<link rel="..." href="url">

Mit dem Attribut `href="..." wird dem Browser` mitgeteilt, an welchem Ort er nach der verknüpften Datei zu suchen hat, während das Attribut `rel="..."` ihn darüber aufklärt, welcher Dateityp ihn dort erwartet.

Es können verschiedenartigste Verbindungen zwischen Web-Dokumenten und -dateien hergestellt werden: alternative Dokumente für Printversionen, spezielle Schriftarten, die zur korrekten Anzeige Ihrer Seiten notwendig sind oder Style Sheets, mit denen Sie das Aussehen Ihrer Seiten exakt steuern wollen. All das ermöglicht Ihnen die Verwendung des Befehls `<link ...>`.

Schauen Sie sich hierzu einfach die folgenden Beispiele an:

```
<link rel="alternate" media="print" type="application/post-
script" href="datei.ps">
```

Mit `rel="alternate"` wird eine alternative Dokumentversion angegeben. In diesem Beispiel wird eine Postscript-Datei definiert, die anstelle des HTML-Dokumentes beim Ausdruck verwendet werden soll. `media="..."` definiert das entsprechende Medium, hier den Drucker. Die Angaben `type="..."` und `href="..."` bestimmen die Art, genauer gesagt, den MIME-Type und die Quelle der Datei.

```
<link rel="fontdef" src="desmonda.pfr">
```

Hier sehen Sie, dass das aktuelle HTML-Dokument mit einer Schriftart (fontdef = Font Definition) verknüpft wird. Dem Attribut `src` können Sie entnehmen, dass sich der Schrifttyp „Desmonda" im aktuellen Verzeichnis befindet – sofern der Befehl `<base>` nichts anderes vorgibt. Zu externen Schriften erfahren Sie im Kapitel "Erweiterte Möglichkeiten der Webseite" Näheres.

```
<link rel="stylesheet" type="text/css" href="vorlage.css">
```

In diesem Beispiel wird eine externe Style Sheet-Datei referenziert, die für das Dokument verwendet werden soll. Der Style Sheet-Typ wird mit `type="..."` definiert. Für CSS-Dateien muss hier der MIME-

Type `text/css` angegeben werden. `href="..."` bestimmt die Lage, d.h. die URL der externen Datei.

Es existieren noch einige weitere Verknüpfungstypen, die allerdings vernachlässigt werden können, da sie kaum (noch) unterstützt werden. Zum Beispiel sind die Werte „bookmark", „glossary", „home", „next", „previous", „toc" und „up" des Attributes `rel="..."` bei entsprechender Unterstützung durch den Browser in der Lage, eine vom Programmierer erstellte Navigationsleiste für den Browser zu erstellen. Diese Navigationsleiste ist der Optik des Browsers angepasst und ständig am oberen Fensterrand sichtbar. Der einzige Browser, der diese Funktionen bislang unterstützt, ist der ARENA-Browser, der zwar vom WWW-Konsortium lange Zeit als Referenzbrowser angegeben wurde, aber leider nur für UNIX- und LINUX-Systeme verfügbar ist.

Darüber hinaus haben leider weder der ARENA-Browser, noch die nun vom WWW-Konsortium empfohlene Browser/Editor-Kombination AMAYA jemals wirklich „Marktreife" erlangt.

Folgende link-Typen können für das Attribut `href="..."` verwendet werden:

link-Typen	Bezugspunkt (Verweist auf)
alternate	Ersatzversion für gleiches Dokument
appendix	Anhänge zum Dokument
bookmark	Lesezeichen
chapter	Kapitel
contents	Inhaltsverzeichnis (z.T. auch als TOC bezeichnet)
copyright	Copyright-Hinweis
glossary	Glossar mit Begriffserklärungen zum aktuellen Dokument
help	Hilfedatei

link-Typen	Bezugspunkt (Verweist auf)
index	Stichpunktverzeichnis
next	Nächstes Dokument in linearer Reihenfolge
prev	Vorangegangenes Dokument in linearer Reihenfolge
section	Abschnitt
start	Anfangspunkt
stylesheet	Style Sheet
subsection	Unterabschnitt

<meta>

Meta-Angaben werden im Kopf der HTML-Datei zwischen `<head>` und `</head>` definiert. Sie werden für verschiedenste Zwecke eingesetzt und können z.B. Anweisungen und Informationen für WWW-Browser, WWW-Server und Suchmaschinen enthalten. Meta-Angaben sind nicht fest definiert. Genau beschrieben ist lediglich der Aufbau eines Schemas für Meta-Tags. Im Wesentlichen gliedern sich die Meta-Angaben in beschreibende Informationen zum Dokument, die von so genannten *Spidern*, den Suchmaschinen-Robotern ausgewertet werden, d.h. in Informationen für Server, welche beispielsweise häufig abgerufene Dokumente für einen schnelleren Zugriff zwischenspeichern, und in Anweisungen für den Browser, der daraus Informationshilfen bei der Interpretation der Datei bezieht.

Der `<meta>`-Befehl ist ein so genanntes leeres Tag und muss deshalb bei XHTML mit einem Schrägstrich abgeschlossen werden.

Schreibweise für HTML : `<meta ...>`

Schreibweise für XHTML : `<meta ... />`

Im Folgenden sind nur die wichtigsten und häufigsten Meta-Angaben aufgeführt.

Angaben zum Dokument:
Diese Informationen werden vor allem von Suchmaschinen ausgewertet und dienen der Zuordnung von Dokumenten zu entsprechenden Suchbegriffen. Die Meta-Angaben möglichst treffend zu setzen, um in den Suchmaschinen ein hohes Ranking, also einen Platz unter den ersten Treffern zum Suchbegriff, zu erreichen, ist fast schon eine Wissenschaft für sich und von Suchmaschine zu Suchmaschine teilweise auch verschieden. Weiter Informationen hierzu finden Sie im Kapitel über Suchmaschinen.

`<meta name="author"` `content="Name">`

`name="author"` gibt den Autor des vorliegenden HTML-Dokumentes an. Der Autorenname wird mit `content=` definiert.

`<meta name="date"` `content="Datum/Uhrzeit">`

`name="date"` gibt Datum und Uhrzeit an, an dem das Dokument publiziert wurde.

`<meta name="description"` `content="Beschreibung">`

`name="description"` liefert eine kurze Beschreibung des Dateiinhaltes. Die Beschreibung wird mit `content=` definiert.

`<meta name="keywords"` `content="Wortliste">`

Mit `name="keywords"` wird eine Liste von Stichwörtern definiert. Sucht ein Anwender nach einem dieser Wörter, dann soll er dieses Dokument als Suchtreffer erhalten. Die Suchbegriffe werden durch Kommata getrennt nacheinander angegeben.

`<meta name="keywords" lang=``"Sprache" content="Wortliste">`

Mit `name="keywords" lang=` wird eine sprachabhängige Liste von Stichwörtern definiert. Damit besteht die Möglichkeit, das Dokument abhängig von der Sprache verschiedenen Suchbegriffen zuzuordnen. Das bedeutet aber auch, dass Sie für jede Sprache eine eigene Keyword-Liste anlegen müssen, für die Sie jeweils einen eigenen Meta-Befehl erstellen müssen.

```
<meta name="language" content="Sprache">
```

`name="language"` teilt der Suchmaschine mit, in welcher Sprache das Dokument verfasst wurde.

Befehle für Suchmaschinen:

Mit Meta-Tags kann den Suchmaschinen mitgeteilt werden, wie das HTML-Dokument zu behandeln ist. Allerdings halten sich nicht alle Suchmaschinen daran.

```
<meta name="robots" content="index,follow">
```

`name="robots"` erlaubt oder verbietet den Suchmaschinen das Indizieren dieser Seite sowie das Verfolgen von Verweisen von dieser HTML-Datei aus. Dabei bedeutet:

`index`	erlaubt ausdrücklich das Indizieren des Dokumentes
`noindex`	verbietet das Indizieren des Dokumentes
`follow`	erlaubt die Verfolgung von Verweisen
`nofollow`	verbietet die Verfolgung von Verweisen

Befehle für WWW-Browser:

Mit Meta-Tags können den Browsern verschiedene Befehle übermittelt werden.

<meta http-equiv="content-type" content="text/html; charset= iso-8859-1">

Diese Angabe teilt dem Browser mit, welcher Zeichensatz in dem Dokument verwendet wird. Die Angabe besteht aus dem Mime-Type, der für HTML-Dateien stets `text/html` lautet, und dem Zeichensatz selbst.

<meta http-equiv="expires" content="0">

Der WWW-Browser wird angewiesen, das Dokument nicht aus dem Cache zu holen, sondern stets von der Originaladresse zu laden. Möglich ist auch die Angabe eines konkreten Datums, bis zu dem die Datei aus dem Cache geladen werden darf. Nach Erreichen des Datums muss das Dokument von der Originaladresse bezogen werden.

Das Datum muss zwingend in folgender Form angegeben werden:

```
<meta http-equiv="expires" content="Fri, 25 Aug 2000 10:00:00
GMT ">
```

<meta http-equiv="refresh" content="2; URL=Ziel">

`http-equiv="refresh"` weist den WWW-Browser an, nach der angegebenen Zahl von Sekunden zu der Zieladresse weiterzuleiten, in diesem Beispiel nach 2 Sekunden. Bei der Angabe von 0 Sekunden erfolgt die Weiterleitung sofort.

In der Spezifikation des World Wide Web-Konsortiums wird darauf hingewiesen, dass dieser Befehl nicht verwendet werden sollte. Besser sei die serverseitige Weiterleitung. Gleichwohl hat sich `http-equiv="refresh"` zur Weiterleitung sehr verbreitet, da diese Variante auch all denjenigen Web-Autoren zur Verfügung steht, die keinen Einfluss auf die Server-Konfiguration haben.

Informationen zu HTML-Editoren:

```
<meta name="generator" content="Name">
```

Viele HTML-Editoren fügen diese Information mit dem eigenen Programmnamen in das Dokument ein. Diese Information ermöglicht es Software-Herstellern zu ermitteln, wie verbreitet und beliebt ein HTML-Editor bei den Autoren ist.

<title> ... </title>

Der Text zwischen `<title>` und `</title>` legt den Titel des Dokumentes fest. Dieser Titel wird vom WWW-Browser in der Titelzeile des Anzeigefensters eingeblendet. Der Titel dient außerdem in den Favoritenlisten der Browser und in Suchmaschinen zur Benennung des Dokumentes. Er sollte daher so gewählt werden, dass aus ihm geschlossen werden kann, welcher Inhalt auf der Seite angeboten wird. Ein Titel wie „Meine Homepage" ist also eher ungeeignet. Achten Sie auch darauf, dass der Name des Dokumentes vollständig in der Kopfleiste des Browsers angezeigt werden kann.
Tim Berners-Lee empfiehlt, sich bei der Vergabe des Titels auf ca. 64 Zeichen zu beschränken.

Das `<title>`-Tag muss im Kopf der HTML-Datei zwischen `<head>` und `</head>` angegeben werden.

```
<title>Name des Dokumentes</title>
```

1.4 Absatztypen

Absätze gliedern einen Text sowohl logisch als auch optisch in unterschiedliche Bereiche. Überschriften geben dem Text nicht nur eine Struktur, sie bieten dem lesenden Auge auch Halt und sind Orientierungspunkte in längeren Dokumenten.

Darüber hinaus erlauben Fließtextabsätze, den Lesefluss zu gliedern, thematisch sinnvoll zu unterbrechen und helfen dem Besucher, sich nicht in der Flut der Zeilen zu verlieren.

Dieses Kapitel widmet sich den Befehlen zur Erzeugung von unterschiedlichen Absatztypen und ihrer Ausrichtung. Diese Befehle werden im Körper der HTML-Datei zwischen `<body>` und `</body>` angegeben.

Browser ignorieren im Code enthaltene Zeilenumbrüche (mit Ausnahme von Text innerhalb von `<pre>` und `</pre>`) und stellen den Text als fortlaufenden Fließtext dar. Um bei der Anzeige einen Zeilenumbruch zu erzwingen, wird `<br>` benutzt. Die XHTML Schreibweise lautet: `<br />`.

Diesen Befehl können Sie überall innerhalb des von `<body>` und `</body>` eingefassten Bereiches verwenden.

`<br clear=``"all">`

Das Attribut `clear=` wird insbesondere im Zusammenhang mit dem Textfluß um Grafiken und Objekte eingesetzt. Mit `clear=` erzwingen Sie die Fortsetzung des folgenden Textes unterhalb einer Grafik oder eines Objektes, das am rechten oder linken Rand positioniert ist. Zum Einsatz kommt dieses Attribut, wenn der um eine Grafik fließende Text weniger Raum beansprucht als die Grafik, so dass der Fließtext neben der Grafik weiter verlaufen könnte. Mögliche Werte sind:

`left`	Der Text wird unterhalb des am linken Rand positionierten Objektes fortgesetzt.
`right`	Der Text wird unterhalb des am rechten Rand positionierten Objektes fortgesetzt.
`all`	Der Text wird unterhalb von allen Objekten fortgesetzt, die am rechten oder linken Rand positioniert sind.
`none`	Voreinstellung, Text wird in der folgenden Zeile fortgesetzt, normaler Zeilenumbruch

Welche Auswirkung die Verwendung des clear-Attributes hat, sehen Sie in der folgenden Abbildung.

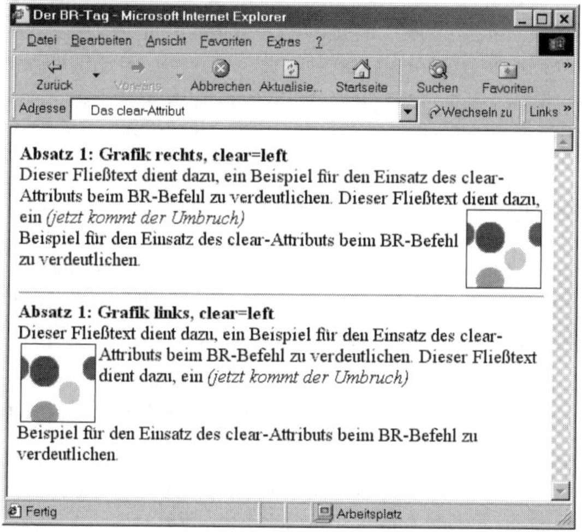

Abbildung 1.2: Das clear-Attribut in der Praxis

<h1>...</h1> bis <h6>...</h6>

Überschriften sind ein eigener Absatztyp. Sie werden mit dem <hx>-Tag definiert, wobei "x" die Ordnungsstufe der Überschrift bestimmt. Dieser Befehl ist im gesamten Informationsbereich des HTML-Dokuments gültig. HTML kennt sechs Hierarchieebenen von Überschriften. Sie sind von 1 bis 6 durchnummeriert. <h1> definiert also eine Überschrift der ersten und höchsten Ordnung, <h6> eine der sechsten und niedrigsten Ordnung.

Jede Überschrift wird mit dem entsprechenden </hx>-Tag abgeschlossen. Achten Sie darauf, die Ordnungsnummern nicht zu vermischen. Schließen Sie eine Überschrift erster Ordnung nur mit </h1> und nicht mit </h2> beispielsweise.

Verschiedene Suchmaschinen analysieren den Inhalt eines HTML-Dokumentes, indem sie den Inhalt von Überschriften mit den Stichworten aus den META-Tags abgleichen. Sollten sich mehrere Schlüsselworte aus der Keyword-Liste in Überschriften wiederfinden, könnte sich das positiv auf die Bewertung durch die Suchmaschine auswirken.

Die HTML-Befehle zur Definition von Überschriften dienen der Gliederung und nicht der optischen Formatierung des Textes. Wie die Überschriften tatsächlich im Browser aussehen, bleibt dem jeweiligen Programm überlassen. Insbesondere Schriftart und Schriftgröße variieren von Browser zu Browser.

Achten Sie beim Einsatz von Überschriften darauf, dass Überschriften von niedriger Ordnung unter Umständen vom Browser kleiner dargestellt werden als der Standardtext.

Überschriften zählen zu den *Block-Level*-Befehlen. Das sind Befehle, die einen eigenen Absatz bilden. Überschriften dürfen nicht ineinander verschachtelt werden.

`<hx align=" ">`

Überschriften werden standardmäßig vom Browser linksbündig ausgerichtet. Nicht immer ist diese Darstellung jedoch gewünscht. Mittels des Attributes `align="..."` können Sie auch eine andere Ausrichtung bestimmen.

Für `align="..."` sind verschiedene Wertzuweisungen möglich. Sie bestimmen die Ausrichtung der Überschrift. Dabei bedeuten:

```
<h1 align="left">linksbündig ausrichten</h1>
```

Diese Überschrift wird linksbündig ausgerichtet. Diese Angabe ist nur notwendig, wenn die Überschrift innerhalb eines Bereiches erscheint, dem eine andere als die linksbündige Formatierung zugewiesen wurde.

Mögliche andere Werte für das Attribut "`align`" sind:

`center`	Zentrierte Darstellung
`justify`	Blocksatz
`left`	Linksbündige Ausrichtung
`right`	Rechtsbündige Ausrichtung

Das Attribut "`justify`" wird jedoch nicht von allen Browsern korrekt interpretiert und kann aufgrund einer fehlenden Silbentrennung zu sehr großen, unansehnlichen Zwischenräumen führen.

<p>...</p>

Die Tags <p> und </p> umschließen einen Fließtextabsatz. Sie dürfen innerhalb des Befehlspaars `<body>` und `</body>` überall eingesetzt werden. Der Text dazwischen wird unbesehen von eventuell im Code enthaltenen Zeilenumbrüchen hintereinander fortlaufend im Browser angezeigt. Doppelte und mehrfache Leerzeichen werden dabei zu einem Leerzeichen zusammengefasst. Außerdem erzeugt der Browser am rechten Fensterrand eigenständig einen Zeilenumbruch mit nachfolgender Leerzeile.

```
<p>Hallo Welt!</p>
```

Fließtextabsätze haben den Vorteil, dass sich der Web-Autor nicht um die Darstellung kümmern muss. Das übernimmt der Browser für ihn. Der Text ist bei jeder Fensterbreite lesbar, ohne dass der Besucher horizontal scrollen muss. Gerade das waagerechtes Scrollen durch ein Dokument, wird von den meisten Lesern als unangenehm empfunden. Es stört den Lesefluss.

Das <p>-Tag zählt zu den *Block-Level*-Befehlen. Das sind Befehle, die einen eigenen Block bilden. Sie sollten nicht ineinander verschachtelt werden.

<p align="...">... </p>

Mit dem Attribut `align="..."` wird die Ausrichtung eines Absatzes beeinflusst.

Wie auch Überschriften werden Absätze standardmäßig vom Browser linksbündig ausgerichtet. Diese Darstellung ist gerade bei längeren Texten für ein entspanntes Lesen dienlich. Das Auge kann sich am „zerfransten" rechten Rand orientieren und verliert nicht so leicht den Bezugspunkt, wie dies beim Blocksatz oft der Fall ist. Dennoch wird die Blocksatzdarstellung häufig als Kennzeichen professionellen Textsatzes gesehen.

Für `align="..."` bei Absätzen gelten die gleichen Wertzuweisungen wie bei Überschriften:

```
<p align="center">...</p>
```

Ein so markierter Absatz wird mittig über der Fensterbreite zentriert. Gerade zur Auflockerung von längeren Texten können Sie von dieser Formatierung Gebrauch machen.

```
<p align="justify">Blocksatz</p>
```

Dieser Absatz wird im Blocksatz dargestellt. Dabei werden die Zeilen so über die ganze Fensterbreite ausgerichtet, dass der rechte und linke Rand des Textes eine glatte Kante bilden. Um dies zu erreichen, streckt der Browser die Leerzeichen zwischen den Wörtern entsprechend. Die Angabe von `align="justify"` hat nur bei mehrzeiligen Absätzen eine Auswirkung. Bei einzeiligen Absätzen entspricht diese Angabe dem `align="left"`.

Grundsätzlich sollten Sie jedoch eher vorsichtig mit dem Blocksatz umgehen, da dieses Attribut nur von den wenigsten Browsern unterstützt wird. Außerdem wirken sich die unterschiedlich großen Zwischenräume zwischen den einzelnen Worten unter Umständen negativ auf die Lesbarkeit des Textes aus.

```
<p align="left">...</p>
```

Dieser Absatz wird linksbündig ausgerichtet. Diese Angabe ist nur notwendig, wenn sich der Absatz innerhalb eines Bereiches befindet, dem eine andere als die linksbündige Formatierung zugewiesen wurde, da die linksbündige Ausrichtung Standard ist.

```
<p align="right">...</p>
```

Dieser Absatz wird am rechten Fensterrand ausgerichtet. Eine solche Ausrichtung ist z.B. sinnvoll, wenn Sie unter einem Artikel oder einem Zitat zusätzliche Informationen, wie etwa Quellen- oder Datumsangaben, veröffentlichen wollen.

1.5 Logische Textauszeichnung

In HTML wird bei der Hervorhebung von Zeichenketten zwischen zwei verschiedenen Möglichkeiten unterschieden. Während die „logische Textauszeichnung", mit der wir uns in diesem Kapitel beschäftigen, von Browser zu Browser variieren kann, können Sie mit

„physischen" Hervorhebungen das Aussehen Ihrer HTML-Dokumente gezielt beeinflussen.

Logische Markierungen dienen nicht nur der optischen Hervorhebung der jeweiligen Textstellen, sondern auch der Verwendung durch andere Anwendungen wie z.B. der Sprachausgabe, WAP-tauglichen Mobiltelefonen usw.

Natürlich ist das meist noch Zukunftsmusik, aber die Entwicklung verläuft oft schneller als man denkt.

<abbr>...</abbr>

Der HTML-Standard sieht zur logischen Textauszeichnung von Abkürzungen das `<abbr>`-Tag vor. Zwischen `<abbr>` und `</abbr>` eingeschlossener Text wird von Browser zu Browser verschieden dargestellt, meist jedoch mit der Standard-Textformatierung versehen. Dieser Befehl kann innerhalb des mit `<body>` und `</body>` eingeschlossenen Bereiches überall verwendet werden.

`<abbr title="... ">`

Mit dem Attribut `title=` kann die entsprechende Langform der Abkürzung angegeben werden. Die meisten Browser visualisieren diese Angabe allerdings bisher nicht. Beispiel:

```
<abbr title="Deutscher Fussball Bund">DFB</abbr>
```

`<abbr lang="... ">`

Gleiches gilt auch für das `lang`-Attribut (= Language), mit dem Sie der Client-Software die Sprache mitteilen können, aus der die Abkürzung stammt. Beispiel:

```
<abbr lang="fr" title="Soci&eacute;t&eacute; Nationale des
Chemins de Fer">SNCF</abbr>
```

<acronym>...</acronym>

Abkürzungen können in HTML neben dem <abbr>-Tag auch mit dem <acronym>-Tag definiert werden.

Der <acronym>-Befehl wird im HTML 4 Standard zusammen mit dem <abbr>-Tag genannt. Beide Befehle stehen für Abkürzungen, beide Befehle besitzen den gleichen Aufbau und beide Befehle sind innerhalb des Dokumentkörpers gültig. Unterschiede, sofern diese beiden HTML-Tags überhaupt von Browsern unterstützt werden, sind nicht bekannt.

```
<acronym title="Deutscher Fussball Bund">DFB</acronym >
```

<address>...</address>

Der HTML-Standard sieht zur logischen Textauszeichnung von Adressen das <address>-Tag vor. Text, der zwischen <address> und </address> eingeschlossen wird, wird von Browsern in der Regel kursiv angezeigt. Sie können diesen Befehl überall zwischen den Befehlen <body> und </body> einsetzen.

<blockquote>...</blockquote>

Für längere Zitate im Dokumentkörper sieht HTML einen eigenen Befehl vor, das <blockquote>-Tag. Der so markierte Text wird von den meisten Browsern als eingerückter und anders formatierter Absatz angezeigt. Wie diese Formatierung tatsächlich aussieht, ist von WWW-Browser zu WWW-Browser verschieden.

```
<blockquote cite="URL"> ...
```

Darüber hinaus verfügt der Befehl <blockquote> über ein Attribut cite=, mit dem Sie auf die Herkunft des Zitates hinweisen können.

Die Angabe einer URL als Quelle des Zitates hat informativen Charakter, wird aber von den meisten Browsern ignoriert.

<blockquote> und <q> dienen beide zur Kennzeichnung von Zitaten. Anders als <q> wird <blockquote> zur Kennzeichnung längerer Zitate benutzt, die einen eigenen Absatz bilden.

<cite>...</cite>

Für kürzere Zitate aus anderen Quellen bietet sich das </cite>-Tag an. Auch dieser Befehl kann innerhalb des ganzen Dokumentkörpers verwendet werden. Text, der zwischen <cite> und </cite> platziert wird, wird im Gegensatz zum <blockquote>-Zitat in der aktuellen Zeile dargestellt. Das genaue Aussehen dieser logischen Textauszeichnung ist von Browser zu Browser verschieden und nicht immer mit <blockquote> identisch.

```
<p>Stepanovic kommentierte den Abstieg eher nebenbei mit dem
Ausspruch <cite>Lebbe geht weiter</cite>.</p>
```

<code>...</code>

Der HTML-Standard sieht für die Darstellung von Quellcode das <code>-Tag vor. Dieser Befehl gilt innerhalb des von <body> und </ body> umgebenen Quelltextes. Wie der zwischen <code> und </code> angegebene Text tatsächlich angezeigt wird, ist von WWW-Browser zu WWW-Browser verschieden. Allgemein wird allerdings vorausgesetzt, dass (Quell-)Text in einer nicht-proportionalen Schrift (wie z.B. Courier) dargestellt wird.

```
<code>for ($i=0; $i<4; $i++) {
print "$i";<br>
} </code>
```

<dfn>...</dfn>

Zwischen <dfn> und </dfn> eingeschlossener Text bezeichnet eine Begriffsdefinition. Wie der Text tatsächlich angezeigt wird, ist von WWW-Browser zu WWW-Browser verschieden. Der Gültigkeitsbereich dieses Befehls umfasst den gesamten Dokumentkörper. Häufig wird die mit <dfn>-Tags markierte Zeichenkette überhaupt nicht hervorgehoben dargestellt.

```
Per Definition ist ein <dfn>Dreieck</dfn> dann gleichseitig,
wenn jeder Winkel innerhalb des Dreiecks genau 60&deg; beträgt.
```

<em>...</em>

Betonter Text (em = emphasis) wird zwischen <em> und </em> eingeschlossen. Die Umsetzung dieser logischen Textauszeichnung ist von Browser zu Browser verschieden, wird in den meisten Fällen aber kursiv dargestellt. Der Befehl gilt überall zwischen <body> und </body>.

```
Das ist <em>sehr wichtig!</em>
```

<kbd>...</kbd>

Zwischen <kbd> und </kbd> angegebener Text dient dazu, eine Tastatureingabe durch den Benutzer anzuzeigen. Die tatsächliche Wiedergabe dieser logischen Textauszeichnung ist von WWW-Browser zu WWW-Browser verschieden. Die meisten Browser stellen den mit <kbd> formatierten Text in nicht-proportionaler Schrift dar. Sie können diesen Befehl im ganzen Dokumentkörper verwenden.

```
Geben Sie das Datum bitte in folgender Form (JJJJ-MM-TT) ein,
also z.B. <kbd>1999-05-29</kbd>
```

<pre>...</pre>

Die WWW-Browser interpretieren Texte im HTML-Code als Fließtexte und stellen sie fortlaufend dar. Im HTML-Code enthaltene Zeilenumbrüche oder Einrückungen werden dabei außer Acht gelassen. Um den Browser zu zwingen, doch Rücksicht auf die im Code enthaltenen Vorformatierungen zu nehmen, müssen Sie den Text zwischen `<pre>` und `</pre>` (= preformatted) einschließen. Diese Formatierungsmöglichkeit können Sie überall zwischen `<body>` und `</body>` verwenden.

In diesen Abschnitten werden alle Zeilenumbrüche, Leerzeichen und Einrückungen so in die Anzeige übernommen, wie sie im HTML-Quelltext erscheinen. Auch stellen Browser den vorformatierten Text mit diktengleicher, also nicht-proportionaler Schrift dar. Damit eignet sich das `<pre>`-Tag gut zur Anzeige von Quelltexten und einfachen Tabellen. Allerdings werden HTML-Befehle, Sonderzeichen und Umlaute innerhalb des vorformatierten Textes wie gewohnt interpretiert. Sie müssen diese Zeichen und Befehle maskieren, wenn Sie die Interpretation nicht wünschen.

Im Gegensatz zu XHTML ist die Darstellung von Grafiken innerhalb eines mit `<pre>` formatierten Absatzes in HTML erlaubt.

`<pre width="40">`

Die Anzeigebreite des vorformatierten Textes kann mit dem Attribut `width=` festgelegt werden. Im obigen Beispiel wird der WWW-Browser angewiesen, nicht mehr als 40 Zeichen pro Zeile darzustellen. Die meisten Browser ignorieren diese Angabe allerdings.

<q>...</q>

So genannte "inline"-Zitate, also Zitate, die keinen eigenen Absatz bilden, sondern innerhalb eines Textes fließend eingefügt sind, werden nicht mit `<blockquote>`, sondern mit `<q>` ausgezeichnet. Der Gültigkeitsbereich dieses Befehls umfasst den ganzen Dokumentkörper.

Gemäß den Spezifikationen des World Wide Web-Konsortiums umschließt der WWW-Browser ein "inline"-Zitat mit Anführungszeichen bzw. anderen sprachüblichen Zitatkennzeichen. In der Praxis ignorieren die meisten Browser das `<q>`-Tag jedoch und stellen den in `<q>` und `</q>` eingeschlossenen Text in der Standard-Formatierung dar. Sie können daher im Zweifelsfall auch den `<cite>`-Befehl verwenden.

<q cite="URL"> ...</q>

Mit dem Attribut `cite=` können Sie die Herkunft des Zitates angeben.

<samp>...</samp>

Um ein Beispiel einer möglichen Bildschirmausgabe eines Programms in Ihrem Internetdokument darzustellen, können Sie den (Quell-)Text zwischen `<samp>` und `</samp>` einfügen. Dieser Befehl gilt überall zwischen den `<body>` und `</body>`-Befehlen. Die tatsächliche Darstellung dieser logischen Textauszeichnung ist von Browser zu Browser verschieden. In der Regel wird dieser Text jedoch in einer nicht-proportionalen Schrift angezeigt.

```
Das Programm liefert im Falle eines Fehlers folgende Meldung:
<samp>error 404: Datei nicht gefunden!</samp>
```

<strong>...</strong>

Stark betonter Text wird zwischen `<strong>` und `</strong>` eingeschlossen. Das WWW-Konsortium sieht diesen Befehl quasi als Steigerungsform des `<em>`-Befehls. Die meisten Browser setzen diese Textauszeichnung mit Fettschrift gleich. Sie können diesen Befehl innerhalb des gesamten Dokumentkörpers verwenden.

```
Das ist <strong>noch wichtiger!</strong>
```

<var>...</var>

`<var>` und `</var>` geben dem umschlossenen Text die Bedeutung einer Programmvariablen oder eines -argumentes. Die tatsächliche Darstellung dieser logischen Textauszeichnung ist von WWW-Browser zu WWW-Browser verschieden. Der Gültigkeitsbereich dieses Befehls liegt innerhalb des öffnenden und des schließenden body-Tags.

```
Geben Sie hier die <var>Postleitzahl</var> ein.
```

1.6 Physische Textauszeichnung

Die Dokumentbeschreibungssprache HTML kennt neben den logischen Hervorhebungen, bei denen die Darstellung dem Browser überlassen wird, auch Befehle zur physischen Textauszeichnung. Mit diesen HMTL-Tags können Sie die Wirkung Ihrer Dokumente am Bildschirm wesentlich genauer beeinflussen.

Einige physische Textauszeichnungen lassen sich untereinander kombinieren. Das ist zwar auch bei logischen Hervorhebungen möglich, macht aber dort aufgrund des eigentlichen Verwendungszwecks und der Unsicherheit bezüglich der tatsächlichen Darstellung auf dem Bildschirm des Betrachters wenig Sinn.

Achten Sie dabei aber auf die richtige Reihenfolge: Das Tag, das zuletzt geöffnet wurde, wird zuerst wieder geschlossen. Darüber hinausgehende Möglichkeiten zur Textgestaltung haben Sie, wenn Sie Cascading Style Sheets verwenden, über die Sie im Kapitel „CSS-Referenz" mehr erfahren.

<b>...</b>

Zur Hervorhebung wichtiger Textpassagen oder einzelner Wörter können Sie den Text zwischen `<b>` und `</b>` einschließen. Der Text wird vom Browser in Fettschrift angezeigt.

```
<b>Dieser Satz wird in Fettschrift angezeigt</b>
```

Dieser Befehl gilt innerhalb des ganzen Dokumentkörpers.

<basefont>

Mit dem `<basefont>`-Tag wird die Schriftart, Schriftgröße und Schriftfarbe dateiweit definiert. Der Befehl kennt kein Ende-Tag. Daher sieht seine XHTML-Schreibweise wie folgt aus:

```
<basefont attribut="wert" />
```

Er wird sinnvollerweise am besten direkt nach dem `<body>`-Befehl angegeben, obwohl Sie ihn innerhalb von `<body>` und `</body>` überall verwenden können. Wie auch das `<font>`-Tag soll der `<basefont>`-Befehl nach den Bestimmungen des World Wide Web-Konsortiums künftig durch Cascading Style Sheets ersetzt werden.

Das `<basefont>`-Tag entfaltet seine Wirkung nur zusammen mit einem Attribut. Der Befehl alleine hat noch keine Auswirkung.

<basefont color="red">

Die Schriftfarbe des aktuellen Dokumentes können Sie mit dem Attribut color= festlegen. Diese Angabe hat Vorrang vor dateiweiten Farbeinstellungen, die Sie möglicherweise im <body>-Tag definiert haben. Das color-Attribut wird zur Zeit allerdings nur vom Microsoft Internet Explorer unterstützt.

Gültige Werte für das color-Attribut sind Farbnamen und hexadezimale Farbwerte. Mehr zu Farbnamen und Farbwerten erfahren Sie im Abschnitt "Das RGB-Farbschema" des Kapitels "Erweiterte Möglichkeiten der Web-Seite".

<basefont face="Arial, sans-serif">

Das Attribut face= gibt die Normalschriftart an. Als Wert werden ein oder mehrere Schriftartennamen getrennt durch Kommata (,) angegeben. Der Browser stellt den Text unter Verwendung der ersten Schriftart dar. Ist diese auf dem System des Anwenders nicht verfügbar, benutzt er die nächste angegebene Schriftart. Kann keine der definierten Schriftarten gefunden werden, kommt die Standardschrift zur Anwendung.

Als Wertzuweisungen sind neben Schriftartennamen auch Schriftfamilien wie Serif, Sans Serif usw. erlaubt. Um sicherzugehen, dass die Darstellung der HTML-Datei auch bei nicht installierten Schriften einigermaßen Ihren Vorgaben entspricht, sollten Sie als letzte mögliche Schriftart stets eine Schriftfamilie zuweisen. Dadurch wird der Browser angewiesen, als letzte Möglichkeit eine vom System als passend definierte Schriftart zu verwenden.

Dieses Attribut wird von einigen Browsern ignoriert.

<basefont size="4">

Mit dem Attribut size= bestimmen Sie die Normalschriftgröße. Diese gilt für alle Fließtextabsätze und vorformatierten Text, nicht jedoch für Überschriften. Auch bei Tabellen kommt <basefont> in der Praxis nicht zur Anwendung. Mögliche Werte sind 1 bis 7 und die relativen Angaben +1 bis +4 und -1 bis -2. Die Angabe relativer Schriftgrößen bezieht sich immer auf die standardmäßige Normalschriftgröße, deren Wert 3 beträgt.

Der Attributwert +1 entspricht dem Wert 4 (= 3+1) und sagt aus, dass die Normalschrift geringfügig größer ist, als die im Browser voreingestellte Standardschrift.

<blink>...</blink>

Der <blink>-Befehl gehört nicht zum definierten HTML-Sprachumfang. Er ist eine Erfindung des Netscape Navigators, die nur von diesem interpretiert wird und innerhalb des ganzen Dokumentkörpers eingesetzt werden kann. Zwischen <blink> und </blink> definierter Text wird abwechselnd angezeigt und ausgeblendet. Das <blink>-Tag gilt als Inbegriff von schlechtem HTML.

```
<blink>Dieser Text ist abwechselnd sichtbar und unsichtbar</blink>
```

<big>...</big>

Um einen Text etwas größer als normal anzeigen zu lassen, verwenden Sie das <big>-Tag. <big> kennzeichnet den Beginn des größer darzustellenden Textes und </big> beendet ihn. Diese Hervorhebung, die Sie überall zwischen <body> und </body> einsetzen dürfen, kann, im Gegensatz zu denen, die Sie mit dem <font>-Befehl erreichen, auch von Suchmaschinen interpretiert werden.

```
Manchmal ist <big>Größe</big> doch alles.
```

<font>...</font>

Das <font>-Tag ist noch in der aktuellen HTML 4.01 Spezifikation enthalten. Das World Wide Web-Konsortium empfiehlt jedoch, diesen HTML-Befehl nicht mehr zu benutzen. Der Befehl dient der Schriftformatierung und widerspricht damit dem Prinzip, die logische Textauszeichnung von der physischen Formatierung zu trennen, welches HTML zugrunde liegt. Das World Wide Web-Konsortium bevorzugt stattdessen die Verwendung von Cascading Style Sheets. Trotzdem ist das <font>-Tag noch immer weit verbreitet und beliebt, denn es ermöglicht die Gestaltung einer Web-Seite auch für ältere Browser, die nicht in der Lage sind, Cascading Style Sheets korrekt umzusetzen. Sie können diesen Befehl überall im Dokumentkörper verwenden.

Der <font>-Befehl für sich alleine bewirkt noch keine geänderte Darstellung. Erst in Verbindung mit einem Attribut entfaltet er eine Wirkung. Mit <font> eingeleitete Formatierungen werden mit </font> abgeschlossen.

Beachten Sie bitte, dass Sie einen <font>-Befehl nicht über eine ganze Tabelle dehnen können. Damit die Angaben zur Schriftformatierung innerhalb der Tabellenzellen ihre Wirkung entfalten, müssen sie das <font>-Tag für jede einzelne Zelle der Tabelle wiederholen.

<font color="red"**>**

Die Schriftfarbe des aktuellen Dokumentes können Sie mit dem Attribut color= festlegen. Diese Angabe hat Vorrang vor dateiweiten Farbeinstellungen, die Sie möglicherweise im <body>-Tag definiert haben. Gültige Werte für das color-Attribut sind Farbnamen und hexadezimale Farbwerte. Mehr zu Farbnamen und Farbwerten erfahren Sie im Abschnitt "Das RGB-Farbschema" des Kapitels "Erweiterte Möglichkeiten der Web-Seite".

<font face="Arial, sans-serif">

Mit dem Attribut `face=` können Sie einem Bereich eine bestimmte Schriftart zuweisen. Als Wert werden ein oder mehrere Schriftartennamen getrennt durch Kommata (,) angegeben. Der Browser stellt den Text unter Verwendung der ersten Schriftart dar. Ist diese auf dem System des Anwenders nicht verfügbar, benutzt er die nächste angegebene Schriftart. Kann keine der definierten Schriftarten gefunden werden, kommt die Standardschrift zur Anwendung.

Als Wertzuweisungen sind neben einzelnen Schriftartennamen auch Schriftfamilien wie Serif, Sans Serif usw. erlaubt. Um sicherzugehen, dass die Darstellung der HTML-Datei auch bei nicht installierten Schriften einigermaßen Ihren Vorgaben entspricht, sollten Sie als letzte mögliche Schriftart stets eine Schriftfamilie zuweisen. Dadurch wird der Browser angewiesen, als letzte Möglichkeit eine vom System als passend definierte Schriftart zu verwenden.

<font size="4">

Mit dem Attribut `size=` bestimmen Sie die Normalschriftgröße. Diese gilt für alle Fließtextabsätze und vorformatierten Text, nicht jedoch für Überschriften. Mögliche Werte sind 1 bis 7 und die relativen Angaben +1 bis +4 und -1 bis -2. Die Angabe relativer Schriftgrößen bezieht sich immer auf die standardmäßige Normalschriftgröße, deren Wert 3 beträgt.

Der Attributwert +1 entspricht dem Wert 4 (= 3+1) und sagt aus, dass die Normalschrift geringfügig größer ist als die im Browser voreingestellte Standardschrift.

<hr>

Der <hr>-Befehl gehört zu den wenigen HTML-Tags, die kein abschließendes Tag besitzen. Seine korrekte XHTML-Schreibweise lautet <hr />. Er erzeugt eine horizontale Linie zwischen zwei Absätzen und kann an jeder beliebigen Stelle innerhalb des Informationsbereiches eingesetzt werden. Mit einigen Attributen kann das Aussehen der waagerechten Trennlinie individuell gestaltet werden.

<hr align="right">

Auch die Ausrichtung der waagerechten Linien kann mit dem Attribut `align=` angegeben werden. Sinn macht diese Angabe allerdings nur, wenn die Breite der Linie kleiner als die Breite des Browserfensters ist. Die voreingestellte Ausrichtung ist zentriert, mögliche Werte sind `left`, `center` und `right`.

<hr color="#FF0000">

Das `color`-Attribut gehört nicht zum Standard-Sprachumfang von HTML. Es wurde mit dem Internet Explorer von Microsoft eingeführt und funktioniert nur bei diesem. Mit dieser Angabe können farbige Trennlinien erzeugt werden. Als Werte sind Farbnamen und hexadezimale Farbwerte zulässig. Mehr dazu erfahren Sie im Abschnitt "Das RGB-Farbschema" des Kapitels "Erweiterte Möglichkeiten der Web-Seite".

Andere Browser zeigen horizontale Trennlinien ausschließlich in schwarzer Farbe an.

<hr noshade>

Als Standard werden waagerechte Trennlinien dreidimensional angezeigt. Mit der Angabe von `noshade` weisen Sie den WWW-Browser an, auf die Schattierung zu verzichten und die Linie solide darzustellen.

```
<hr size="5">
```

Die Stärke horizontaler Trennlinien ist abhängig vom WWW-Browser. Um eine feste Höhe vorzugeben, benutzen Sie das Attribut `size=`. Der Wert wird in ganzen Zahlen angegeben und definiert die Stärke der Linie in Pixeln.

```
<hr width="50%">
```

Mit `width=` wird die Breite der Trennlinie definiert. Voreinstellung ist 100 %. Zulässige Werte sind absolute Werte, die die Breite in Pixeln angeben und Prozentangaben, die sich dann auf die Breite des geöffneten Browserfensters beziehen.

<i>...</i>

Um eine kursive, also schräg gestellte Schrift zu erzeugen, schließen Sie den Text, der sich irgendwo zwischen den Befehlen `<body>` und `</body>` befindet, zwischen `<i>` und `</i>` ein.

```
Ganz schön <i>schräg</i>
```

<s>...</s>

Der zwischen `<s>` und `</s>` eingeschlossene Text wird durchgestrichen angezeigt. Dieser HTML-Befehl ist in der aktuellen Spezifikation HTML 4.01 als obsolet gekennzeichnet. Stattdessen sollten Cascading Style Sheet-Befehle für diese Form der Textauszeichnung verwendet werden. Der Gültigkeitsbereich dieses Befehls erstreckt sich über den ganzen Dokumentkörper.

```
Aktuelle Stürmer: Jan-Aage Fjörtoft, Thomas Reichenberger,
<s>Bachirou Salou</s>
```

<small>...</small>

Um einen Text etwas kleiner als normal anzeigen zu lassen, verwenden Sie das <small>-Tag. <small> kennzeichnet den Beginn des kleiner darzustellenden Textes und </small> beendet ihn. Diese Hervorhebung kann, im Gegensatz zu denen, die Sie mit dem <font>-Befehl erreichen, auch von Suchmaschinen interpretiert werden. Sie können diese Tags zwischen dem Befehlspaar <body> </body> einsetzen.

```
<small>Und hier das Kleingedruckte: ...</small>
```

<strike>...</strike>

Das <strike>-Tag weist ebenso wie das <s>-Tag den WWW-Browser an, den so gekennzeichneten Text durchgestrichen darzustellen. Es ist in der aktuellen Spezifikation HTML 4.01 als veraltet gekennzeichnet. Stattdessen sollten Cascading Style Sheet-Befehle für diese Form der Textauszeichnung verwendet werden. Wenn Sie es trotzdem verwenden wollen, dann zwischen den <body> und <body>-Befehlen.

```
Angreifer: Jan-Aage Fjörtoft, Thomas Reichenberger,
<strike>Bachirou Salou</strike>
```

_{...}

Tiefgestellter Text wird durch _{und} gekennzeichnet. Je nach verwendetem Browser wird der so markierte Text entweder gleichgroß oder verkleinert dargestellt. Die Verwendung dieses Befehls ist überall im Dokumentkörper erlaubt.

```
H<sub>2</sub>O
```

^{...}

Hochgestellter Text wird durch ^{und} gekennzeichnet. Je nach verwendetem Browser wird der so markierte Text entweder gleichgroß oder verkleinert dargestellt. Auch diesen Befehl können Sie überall zwischen <body> und <body> einsetzen.

```
a<sup>2</sup> + b<sup>2</sup> = c<sup>2</sup>
```

<tt>...</tt>

Mit <tt>...</tt> (= teletype) markierter Text wird in nicht-proportionaler Schrift dargestellt. Dieser Befehl kann z.B. eingesetzt werden, um auf Informationen von externen Quellen hinzuweisen. Zugelassen ist dieser Befehl im gesamten Dokumentkörper.

```
Der Abendzeitung entnehmen wir: <tt> Der Bundeswirtschaftsmi-
nister hält es für bedenklich ...</tt>
```

<u>...</u>

Das <u>-Tag bewirkt eine Unterstreichung des Textes. Beginnen Sie den zu unterstreichenden Text mit <u> und beenden Sie ihn mit </u>. Auch diesen Befehl hat das WWW-Konsortium für obsolet erklärt und empfiehlt stattdessen den Einsatz von Cascading Style Sheets. Verwenden können Sie ihn zwischen den beiden öffnenden und schließenden <body>-Befehlen. Ohnehin sollten Sie Unterstreichungen nur sehr überlegt einsetzen, da so formatierter Text leicht mit Verknüpfungen zu anderen Web-Seiten verwechselt werden kann.

```
<u>Letzte Meldungen:</u> Am heutigen Abend ...
```

1.7 Listen

Listen sind spezielle Absatztypen und werden im Textkörper der HTML-Datei zwischen <body> und </body> angegeben. Sie dienen der Strukturierung von HTML-Dokumenten oder zur Hervorhebung von Aufzählungen.

<dir>...</dir>

Mit dem <dir>-Tag sollen mehrspaltige Verzeichnislisten definiert werden können. Das Tag ist im HTML 4.0 Standard noch enthalten. Es ist jedoch als obsolet gekennzeichnet. In der Praxis stellen WWW-Browser diese Listen als Aufzählungslisten dar. Sie können diese Liste überall im Dokumentkörper einsetzen.

Es empfiehlt sich daher, auf die Verwendung von Verzeichnislisten zu verzichten und stattdessen mit <ul> Aufzählungslisten zu definieren. Wenn Sie dennoch auf Verzeichnislisten zurückgreifen möchten, schließen Sie die Liste zwischen <dir> und </dir> ein. Die einzelnen Listeneinträge werden mit <li> definiert. (Näheres siehe dort.)

<dl>...</dl>

Für Definitionslisten gibt es in HTML das <dl>-Tag. Eingeschlossen zwischen <dl> und </dl> bestehen Definitionslisten aus einem zu beschreibenden Term, beispielsweise einem Fachausdruck und der entsprechenden Erläuterung dazu. Definitionslisten eignen sich daher hervorragend für Glossare. Sie können diese Form der Aufzählung an jedem beliebigen Ort zwischen dem <body> und <body>-Befehl einfügen.

Der zu definierende Ausdruck wird zwischen <dt> (= definition term) und </dt> eingeschlossen. Die entsprechende Erläuterung dazu folgt direkt auf den Fachausdruck, eingeschlossen in <dd> (=definition description) und </dd>. Die meisten Browser rücken die Beschreibung etwas ein.

Beispiel:

```
<dl>
<dt>Fachbegriff 1</dt>
<dd>Erläuterung zum Fachbegriff 1</dd>
<dt>Fachbegriff 2</dt>
<dd>Erläuterung zum Fachbegriff 2</dd>
</dl>
```

Abbildung 1.3: Eine Definitionsliste

<dl compact>

Auch bei Definitionslisten ist das Attribut compact zulässig. Damit wird der Browser veranlasst, die Zeilenabstände der Liste zu reduzieren. Anders als bei den Aufzählungslisten und nummerierten Listen bewirkt compact hier in einigen Browsern tatsächlich eine kompaktere Darstellung. Voraussetzung hierfür ist jedoch, dass der zu definierende Begriff nicht zu lang ist. Er sollte – vereinfacht gesagt – kürzer sein, als der für die Einrückung vorgesehene Raum. Vom Prinzip her funktioniert das compact-Attribut dann analog zum Tabulatorsprung einer Textverarbeitung.

Beispiel:

```
<dl compact>
<dt>Fachbegriff 1</dt>
<dd>Erläuterung zum Fachbegriff 1</dd>
<dt>Fachbegriff 2</dt>
<dd>Erläuterung zum Fachbegriff 2</dd>
</dl>
```

<li>...</li>

Bei nummerierten Listen (<ol>), Aufzählungslisten (<ul>), Verzeichnislisten (<dir>) und Menülisten (<menu>) wird ein Listeneintrag mit <li> (=list item) eingeleitet und mit </li> abgeschlossen. Der Schlussbefehl ist für HTML-Dokumente optional, bei XHTML-Dokumenten ist er vorgeschrieben. Die Verwendung von <li>-Befehlen ist nur innerhalb von Listen sinnvoll.

Beispiel:

```
<ol>
<li>erster Listeneintrag</li>
```

```
<li>zweiter Listeneintrag</li>
</ol>
```

Bei nummerierten Listen kann die Nummerierung des Eintrages mit dem Attribut value= beeinflusst werden.

```
<li value= "20">....</li>
```

In diesem Beispiel wird dem Listeneintrag die Nummer 20 zugewiesen, unabhängig davon, welche Nummer der vorhergehende Listeneintrag besitzt. Alle nachfolgenden Einträge werden fortlaufend nummeriert. Der Nächstfolgende würde also die Nummer 21 erhalten, der darauf Folgende die Nummer 22 usw. Dazu muss diesen Einträgen nicht erneut das Attribut value= mitgegeben werden. Die fortlaufende Nummerierung erfolgt automatisch. Es ist jedoch nicht möglich, innerhalb einer Liste den Nummerierungstyp, also von arabischen zu römischen Zahlen, zu wechseln.

<menu>...</menu>

Wie die „dir"-Liste wurde auch die <menu>-Liste als obsolet gekennzeichnet. Das Tag <menu> ist im HTML 4.0 Standard allerdings noch enthalten. In der Praxis stellen WWW-Browser diese Listen als Aufzählungslisten dar. Wie auch die anderen Listentypen können Sie auch die Menülisten an jedem beliebigen Ort innerhalb des Dokumentkörpers einbinden.

Es empfiehlt sich daher, auf die Verwendung von Menülisten zu verzichten und stattdessen mit <ul> Aufzählungslisten zu definieren. Wenn Sie dennoch auf Menülisten zurückgreifen möchten, schließen Sie die Liste zwischen <menu> und </menu> ein. Die einzelnen Listeneinträge werden mit <li> definiert. (Näheres siehe dort.)

Menülisten dürfen anders als die anderen Listentypen keine Tags für Absatztypen, wie beispielsweise <p> oder <br>, enthalten. Menülisten sind nur für einzeilige Listentexte geeignet.

<ol>...</ol>

Sie können innerhalb des mit <body> und <body> markierten Bereiches auch nummerierte Listen in Ihre Webseiten einbinden. <ol> (ordered list) leitet eine nummerierte Liste ein, </ol> beendet sie. Dazwischen werden die einzelnen Listeneinträge mit <li> definiert. (Näheres siehe dort.)

Sofern nicht anders angegeben, beginnt die Nummerierung bei 1. Mit dem Attribut start= kann die Nummerierung beeinflusst werden.

<ol start="5">...</ol>

In diesem Beispiel beginnt die Liste mit der Nummer 5.

Es sind auch andere Nummerierungen als Ziffern möglich. So können Sie Ihre Liste mit dem Attribut type= alphabetisch oder römisch nummerieren lassen.

<ol type="a"> nummeriert alphabetisch mit Kleinbuchstaben
<ol type="A"> nummeriert alphabetisch mit Großbuchstaben
<ol type="i"> nummeriert römisch mit Kleinbuchstaben
<ol type="I"> nummeriert römisch mit Großbuchstaben

<ol compact>

Der HTML 4.0 Standard sieht auch das Attribut compact vor. Damit soll der Browser veranlasst werden, die Zeilenabstände innerhalb der Liste zu verringern. Die meisten Browser ignorieren dieses Attribut jedoch.

Nummerierte Listen dürfen ineinander verschachtelt werden:

```
<ol>
   <ol type="a">
   ...
   </ol>
</ol>
```

Abbildung 1.4: Verschachtelte Listen im Internet Explorer

Dabei bildet jede Liste zwischen `<ol>` und `</ol>` einen eigenen Nummernkreis. Eine automatische Gliederung (1., 1.1., 1.2., 2., 2.1, ...), wie sie von Textverarbeitungsprogrammen her bekannt ist, lässt sich auf diese Weise nicht erstellen, da der eingefügten Liste nicht die Ordnungszahl der übergeordneten Liste vorangestellt wird.

<ul>...</ul>

Eine weitere Möglichkeit, Aufzählungen in den Dokumentkörper einzufügen, sind Unordered Lists, also nicht nummerierte Listen. Diese werden von den Befehlen `<ul>` und `</ul>` umgeben. Auch hier werden die einzelnen Listenpunkte mit einem `<li>`-Tag eingeleitet und, zumindest bei XHTML-Dateien, mit `</li>` abgeschlossen. Als Aufzählungszeichen werden standardmäßig dicke, schwarze Punkte, so genannte „Bullets" verwendet.

Es sind jedoch auch andere Symbole möglich (siehe Abbildung 1.5):

`<ul type="disc">`	verwendet ein Datenträgersymbol als Aufzählungszeichen
`<ul type="circle">`	verwendet einen kleinen Kreis als Aufzählungszeichen
`<ul type="square">`	verwendet ein schwarzes ausgefülltes Quadrat als Aufzählungszeichen

Der Bullet-Typ `disc` wird von den wenigsten Browsern unterstützt. WWW-Browser, die das Attribut `type="disc"` nicht unterstützen, verwenden stattdessen das Standard-Symbol.

Abbildung 1.5: Verschiedene Aufzählungszeichen in nicht nummerierten Listen

<ul compact>

Der HTML 4.0 Standard sieht auch das Attribut `compact` vor. Damit soll der Browser veranlasst werden, den Zeilenabstand der Liste zu verringern. Die meisten Browser ignorieren dieses Attribut jedoch.

Aufzählungslisten dürfen ineinander verschachtelt werden:

```
<ul>
   <ul type="square">
   ...
   </ul>
</ul>
```

Beispiel für komplexe Listen

Abschließend sehen Sie noch ein komplexes Listenbeispiel, in dem 3 verschiedene Listenarten miteinander kombiniert werden. Das die Zählung bei drei beginnt, dient nur Anschauungszwecken. Sinnvoll ist es hier in der Tat nicht.

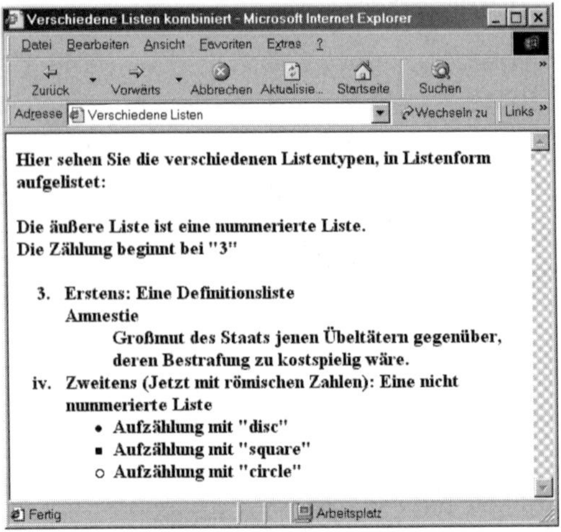

Abbildung 1.6: Verschiedene Listen kombiniert

Und hier sehen Sie noch den Quelltext zu diesem Beispiel:

```
<!DOCTYPE HTML PUBLIC "-//W3C//DTD HTML 4.0 Transitional//EN">

<html>

<head>

<title>Verschiedene Listen kombiniert</title>
```

```
</head>
<body>
Hier sehen Sie die verschiedenen Listentypen, in Listenform
aufgelistet:
<p>
Die &auml;u&szlig;ere Liste ist eine nummerierte Liste. <br>
Die Z&auml;hlung beginnt bei &quot;3&quot;
<ol start="3">
<li>Erstens: Eine Definitionsliste<br>
<dl>
<dt>Amnestie</dt>
<dd>Gro&szlig;mut des Staats jenen &Uuml;belt&auml;tern ge-
gen&uuml;ber, deren Bestrafung zu kostspielig w&auml;re.</dd>
</dl>
<li type="i">Zweitens (Jetzt mit r&ouml;mischen Zahlen):
Eine nicht nummerierte Liste
<ul>
<li type="disc">Aufz&auml;hlung mit &quot;disc&quot;
<li type="square">Aufz&auml;hlung mit &quot;square&quot;
<li type="circle">Aufz&auml;hlung mit &quot;circle&quot;
</ul>
</ol>
</body>
</html>
```

1.8 Tabellen

Tabellen werden im Textkörper der HTML-Datei zwischen <body> und </body> angegeben. Sie dienen einerseits zur tabellarischen Darstellung von Inhalten, sind andererseits aber auch der wohl am meisten zweckentfremdete HTML-Befehl überhaupt. Mit Tabellen lässt sich der Aufbau einer Web-Seite relativ genau kontrollieren. So genannte "blinde" Tabellen, also Tabellen ohne Rahmen und Gitternetzlinien, sorgen für ein ordentliches Aussehen des HTML-Dokumentes. Verschiedene Elemente lassen sich unter Verwendung von Tabellen attraktiv mit Rahmen versehen. Den Gestaltungsmöglichkeiten werden nur durch die Phantasie Grenzen gesetzt.

Tabellen werden immer mit <table> eingeleitet und mit <table> geschlossen. Der Aufbau der Tabelle sowie alle weiteren Daten werden zwischen diesen beiden Tags angegeben. Im Folgenden werden alle für Tabellen relevanten Tags in alphabetischer Reihenfolge beschrieben.

<caption>...</caption>

Mit dem <caption>-Befehl können Sie Ihre Tabelle mit einer kurzen Überschrift versehen. Die Angabe einer Überschrift, eingeschlossen in <caption> und </caption>, ist ausschließlich direkt nach dem <table>-Tag erlaubt. <caption> ist nicht zu verwechseln mit Spaltenüberschriften, die mit <th> definiert werden. Die Tabellenüberschrift wird standardmäßig außerhalb des Tabellenrahmens über der Tabelle positioniert.

<caption align="bottom"

Mit dem Attribut align= bestimmen Sie die Position der Tabellenüberschrift. Gültige Werte sind:

top	über der Tabelle
bottom	unter der Tabelle
right	rechts neben der Tabelle
left	links neben der Tabelle

Einige Browser legen diese Anweisungen etwas eigenwillig aus und zentrieren die Tabellenüberschrift bei align="top" über der Tabelle bzw. als Tabellenunterschrift bei align="bottom" unter der Tabelle. Die Angabe align="left" stellt die Tabellenüberschrift jedoch linksbündig über der Tabelle und align="right" rechtsbündig über der Tabelle dar.

Auch wird die Tabellenüberschrift meist nicht gesondert formatiert und als Überschrift deutlich gemacht, sondern wie ein Standard-Fließtext angezeigt.

<col>

Das <col>-Tag (column) findet nur innerhalb des <colgroup>-Befehles Anwendung. Es besitzt kein abschließendes Tag, d.h. seine XHTML-Schreibweise ist <col />. Mit <col> werden die einzelnen Spalten innerhalb einer Spaltengruppe definiert. Folgende Attribute sind möglich:

<col align="right"

Die horizontale Ausrichtung von Zelleninhalten wird mit dem Attribut align= für alle Zellen dieser Spalte(n) definiert. Folgende Werte sind möglich:

left	linksbündig
right	rechtsbündig
center	zentriert

justify	Blocksatz
char	an einem bestimmten Zeichen

Die Angabe align="char" macht nur zusammen mit dem Attribut col char= Sinn.

Das Attribut align= beim <col>-Befehl hat Vorrang vor einer entsprechenden Angabe im Tabellenkopf, Tabellenfuß, Tabellenkörper oder der Spaltengruppe.

<col char=","

Durch das Attribut char= wird das Zeichen definiert, welches in den Zellen der Spalte(n) zur Ausrichtung verwendet werden soll. Standardmäßig wird der Dezimalpunkt bzw. das Dezimalkomma (abhängig von der Sprache) verwendet. Die Angabe von char= macht nur Sinn zusammen mit align="char". Viele WWW-Browser unterstützen diese Möglichkeit der Ausrichtung leider noch nicht.

<col span="4"

Das Attribut span= definiert die Anzahl der Spalten, die mit diesem <col>-Tag zusammengefasst werden. Standardmäßig wird 1 angenommen. Die Angabe ist in diesem Fall nicht erforderlich. Soll der <col>-Befehl jedoch mehrere Spalten zusammenfassen, wird dies mit span= dem WWW-Browser mitgeteilt.

<col valign="top"

Mit dem Attribut valign= legen Sie die vertikale Ausrichtung von Zelleninhalten fest. Die Angabe gilt für alle Zellen dieser Spalte(n). Mögliche Werte sind:

top	am oberen Zellenrand
bottom	am unteren Zellenrand
middle	vertikal zentriert
baseline	an einer Basislinie

valign="baseline" richtet alle Zellen mit dieser Eigenschaft so aus, dass die erste Textzeile all dieser Zellen stets auf der gleichen Höhe beginnt.

Die Angabe dieses Attributes hat Vorrang vor einer entsprechenden Angabe im Tabellenkopf, Tabellenfuß oder Tabellenkörper.

<col width="40"

Mit dem width-Attribut definieren Sie die Breite der Spalte. Diese Angabe überschreibt eine eventuell vorhandene Breitenangabe im <colgroup>-Tag.

Darüber hinaus sind prozentuale Werte, bezogen auf die Breite des Browserfensters, und relative Angaben erlaubt. Relative Angaben werden durch einen abschließenden Stern (*) gekennzeichnet und bezeichnen den Anteil der Spaltenbreite an der Tabellenbreite. Beispiel:

```
<table>
<colgroup>
  <col width="2*">
  <col width="1*">
</colgroup>
...
</table>
```

In diesem Beispiel besteht die Tabelle aus insgesamt zwei Spalten. Die erste Spalte soll zwei Anteile breit sein und die folgende einen Anteil. In der Summe sind dies drei Anteile. Somit würde die erste Spalte 2/3 der Tabellenbreite einnehmen, während die folgende Spalte 1/3 der Tabellenbreite einnimmt. In der Praxis ist diese Angabe nur sinnvoll, wenn auch die Gesamtbreite der Tabelle mit `<table width="...">` angegeben wird.

Eine Besonderheit ist die Angabe von `width="0*"`. Diese weist den Browser an, die Spalte nur so breit darzustellen, wie es für den Inhalt unbedingt notwendig ist. Dieser Wert hebelt allerdings die beschleunigende Wirkung des `<colgroup>`-Befehles wieder aus. Denn um die Mindestbreite zu ermitteln, muss dem Browser der Inhalt der Spalte natürlich bekannt sein. Dazu muss er doch wieder die gesamte Tabelle einlesen, bevor er sie darstellen kann.

<colgroup>...</colgroup>

Mit dem `<colgroup>`-Befehl (column group) wird dem WWW-Browser mitgeteilt, welchen Aufbau die vorliegende Tabelle besitzt. Er kann nur innerhalb einer Tabelle verwendet werden. Üblicherweise muss ein Browser zunächst die ganze Tabelle einlesen, um ihren Aufbau zu ermitteln. Gerade bei großen Tabellen kann dies eine Weile dauern. Während dieser Zeit wartet der Anwender vor einem leeren Anzeigefenster. Durch Angabe der Spaltenstruktur kann der Browser sofort mit der Darstellung beginnen. Die Anzeige der HTML-Datei am Bildschirm wird beschleunigt.

Das `<colgroup>`-Tag erlaubt verschiedene Variationen. Es kann eine oder mehrere Angaben des `<col>`-Befehles umschließen (Näheres siehe dort). In diesem Fall muss jedes `<colgroup>` auch mit `</colgroup>` abgeschlossen werden.

Umschließt <colgroup> jedoch keine <col>-Tags, ist die Angabe von </colgroup> optional. In diesem Fall enthält <colgroup> eines oder beide der folgenden Attribute.

<colgroup align="right"

Die horizontale Ausrichtung von Zelleninhalten wird mit dem Attribut align= für alle Zellen dieser Spaltengruppe definiert. Folgende Werte sind möglich:

left	linksbündig
right	rechtsbündig
center	zentriert
justify	Blocksatz
char	an einem bestimmten Zeichen

Die Angabe align="char" macht nur Sinn zusammen mit dem Attribut char=.

Das Attribut align= in einer Spaltengruppe hat Vorrang vor einer entsprechenden Angabe in Tabellenkopf, Tabellenfuß oder Tabellenkörper.

<colgroup char=","

Durch das Attribut char= wird das Zeichen definiert, welches in den Zellen der Spaltengruppe zur Ausrichtung verwendet werden soll. Standardmäßig wird der Dezimalpunkt bzw. das Dezimalkomma (abhängig von der Sprache) verwendet. Die Angabe von char= macht nur Sinn zusammen mit align="char". Zur Zeit wird diese Möglichkeit der Ausrichtung leider von kaum einem Browser unterstützt.

<colgroup span="3"

Das Attribut span= definiert die Anzahl der Spalten, die mit diesem <colgroup>-Tag zusammengefasst werden. Diese Angabe wird ignoriert, wenn der <colgroup>-Befehl seinerseits <col>-Tags enthält.

Gültige Werte für span= sind natürliche Zahlen. Wird das span-Attribut nicht angegeben, so wird implizit span="1" angenommen.

Die Anzahl der Spalten einer Spaltengruppe wird entweder durch das Attribut span= definiert oder eben durch die Anzahl der <col>-Tags innerhalb einer Spaltengruppe. Mehrere <colgroup>-Tags dürfen aufeinander folgen. Die Anzahl der Spalten der Tabelle addiert sich aus allen <colgroup>-Befehlen.

Achten Sie darauf, dass die vordefinierte Spaltenanzahl auch mit der tatsächlichen Anzahl der Tabellenspalten in einer Zeile übereinstimmt.

<colgroup valign="top"

Mit dem Attribut valign= legen Sie die vertikale Ausrichtung von Zelleninhalten fest. Die Angabe gilt für alle Zellen dieser Spaltengruppe. Mögliche Werte sind:

top	am oberen Zellenrand
bottom	am unteren Zellenrand
middle	vertikal zentriert
baseline	an einer Basislinie

valign="baseline" richtet alle Zellen mit dieser Eigenschaft so aus, dass die erste Textzeile all dieser Zellen stets auf der gleichen Höhe beginnt.

<colgroup width="50"

Mit dem width-Attribut definieren Sie die Breite aller Spalten dieser Spaltengruppe. Ohne weitere Angaben definiert ein <colgroup>-Tag genau eine Spalte. Zusammen mit dem Attribut span= oder mit <col>-Tags innerhalb des <colgroup>-Befehles gilt die Spaltenbreite für alle dieser Spalten. Sie kann jedoch durch einen <col>-Befehl für einzelne Spalten überschrieben werden. Mehr dazu wird beim <col>-Tag beschrieben.

Vor allem ältere Browser unterstützen den <colgroup>-Befehl noch nicht. Doch auch derzeit aktuelle Browser reagieren zuweilen recht eigenwillig. Prinzipiell sollten Sie das Attribut width= nur zusammen mit dem Attribut span= verwenden.

Gültige Werte für width= sind Pixelangaben, prozentuale Werte bezogen auf die Breite des Anzeigefensters und relative Angaben. Relative Angaben werden durch einen abschließenden Stern (*) gekennzeichnet und bezeichnen den Anteil der Spaltenbreite an der Tabellenbreite. Beispiel:

```
<table>
<colgroup width="2*" span="1">
<colgroup width="1*" span="4">
...
</table>
```

In diesem Beispiel besteht die Tabelle aus insgesamt fünf Spalten. Die erste Spalte soll zwei Anteile breit und die folgenden vier Spalten je einen Anteil breit sein. In der Summe sind dies sechs Anteile. Somit würde die erste Spalte 2/6 der Tabellenbreite einnehmen, während die folgenden vier Spalten je 1/6 der Tabellenbreite einnehmen.

Eine Besonderheit ist die Angabe von `width="0*"`. Dies weist den Browser an, die Spalte nur so breit darzustellen, wie es für den Inhalt unbedingt notwendig ist. Dieser Wert hebelt allerdings die beschleunigende Wirkung des `<colgroup>`-Befehles wieder aus. Denn um die Mindestbreite zu ermitteln, muss dem Browser der Inhalt der Spalte natürlich bekannt sein. Dazu muss er doch wieder die gesamte Tabelle einlesen, bevor er sie darstellen kann.

In der Praxis empfiehlt es sich, nur Pixelangaben zu verwenden, da auch moderne Browser noch Schwierigkeiten mit diesem Befehl haben und das Ergebnis teilweise nicht der Definition entspricht.

<table>...</table>

Das Grundgerüst einer Tabelle wird stets mit `<table>` und `</table>` definiert. Zwischen diesen beiden Tags wird der Aufbau der Tabelle mitsamt den anzuzeigenden Daten angegeben.

<table background="bild.gif"

Mit `background=` können Sie der gesamten Tabelle eine Grafik hinterlegen. Dieses Attribut gehört nicht zum HTML-Standard, wird jedoch von vielen Browsern unterstützt. Wie auch beim Befehl `body background="bild.gif"` wird das Hintergrundbild über die gesamte Fläche der Tabelle „gekachelt". Es hängt jedoch vom Browser ab, ob die Kachelung über die gesamte Tabelle erfolgt, oder ob die Darstellung der Hintergrundgrafik bei jeder einzelnen Zelle neu beginnt.

Erlaubte Grafiktypen sind GIF- und JPEG-Dateien. Modernere Browser akzeptieren auch animierte GIF-Dateien.

Abbildung 1.7: Eine Tabellenhintergrundgrafik

<table bgcolor="blue"

Ebenfalls nicht zum HTML-Standard gehört das Attribut `bgcolor=` für Tabellen. Hiermit wird der gesamten Tabelle eine Hintergrundfarbe gegeben. Gültige Werte sind Farbnamen und RGB-Farbwerte. Mehr zu Farbnamen und Farbwerten ist unter `<font color="...">` weiter unten beschrieben.

Abbildung 1.8: Farbiger Tabellenhintergrund

<table border

Tabellen werden standardmäßig als "blinde" Tabellen ohne Rahmen und Gitternetzlinien angezeigt. Sollen diese Linien sichtbar sein, muss das Attribut `border` benutzt werden.

Abbildung 1.9: Ein einfacher Tabellenrahmen

```
<table border="3"
```

Durch die Angabe eines ganzzahligen numerischen Wertes für `border=` wird die Stärke des Tabellenrahmens bestimmt. Der Wert definiert die Stärke der Linien in Pixeln.

Abbildung 1.10: Ein Tabellenrahmen der Stärke 3

<table cellpadding="5"

Das Attribut `cellpadding=` weist den WWW-Browser an, welcher Abstand zwischen dem Inhalt einer Tabellenzelle und ihrem Zellenrahmen einzuhalten ist. Ganzzahlige numerische Angaben werden als Anzahl der Pixel interpretiert. Zulässig sind auch prozentuale Angaben.

<table cellspacing="10"

Mit dem Attribut `cellspacing=` legen Sie den Abstand fest, den Tabellenzellen zum Tabellenrahmen zueinander haben. Erlaubt sind Prozentangaben und ganzzahlige numerische Werte, die als Anzahl der Pixel definiert werden.

Abbildung 1.11: Das Attribut cellpadding. Beispielwert = 5

Abbildung 1.12: Abstände mit cellspacing. Beispielwert = 10

<table frame="void"

Die Darstellungsweise des Tabellenrahmens bestimmen Sie mit dem Attribut frame=. Erlaubte Werte sind:

Void	kein Tabellenrahmen, wird gleichzeitig border angegeben, werden die Rahmen der Tabellenzellen dargestellt, nicht aber der Außenrahmen der Tabelle
above	Rahmen nur am oberen Ende der Tabelle
below	Rahmen nur am unteren Ende der Tabelle
hsides	Rahmen oben und unten
lhs	linksseitige Spiegelstriche
rhs	rechtsseitige Spiegelstriche
vsides	Spiegelstriche rechts und links
box	an allen vier Seiten, in Verbindung mit rules="none" nur der Außenrahmen
border	wie box an allen vier Seiten

Abbildung 1.13: Das frame-Attribut am Beispiel void

<table height="100%"

Das Attribut `height=` gehört für Tabellen nicht zum HTML-Standard, wird jedoch von einigen Browsern interpretiert. Beliebt ist die Angabe von `height="100%"` in Verbindung mit blinden Tabellen, um eine exakte horizontale Ausrichtung der HTML-Datei im Anzeigefenster des Browsers zu erzwingen. Sofern diese Angabe interpretiert wird, sind sowohl prozentuale Werte als auch Angaben in Pixeln möglich.

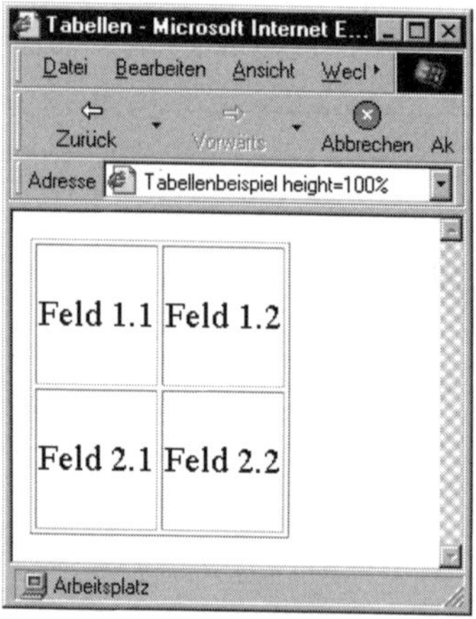

Abbildung 1.14: Eine Tabelle mit 100% Höhe

Achten Sie bei den Angaben `width=` und `height=` darauf, dass viele Browser diese ignorieren, wenn der Inhalt der Tabelle die vorgegebenen Werte sprengt.

<table rules="rows"

Mit der Angabe `rules=` kann die Anzeige der Gitternetzlinien der Tabelle, also der Linien zwischen den Tabellenzellen, angezeigt werden. Gültige Werte sind:

None	keine Gitternetzlinien
groups	Linien nur zwischen Zeilen- und Spaltengruppen, Zeilengruppen sind Tabellenkopf, Tabellenkörper und Tabellenfuß, Spaltengruppen werden unter <colgroup> in diesem Kapitel erläutert
rows	Linien nur zwischen den Zeilen der Tabelle
cols	Linien nur zwischen den Spalten der Tabelle
all	alle Gitternetzlinien anzeigen

Abbildung 1.15: Eine Tabelle deren Gitternetzlinien nur zwischen den Zeilen angezeigt werden

<table summary="Beschreibung der Tabelle"

WWW-Browser, die keine grafische Anzeige, sondern beispielsweise Blindenschrift erzeugen, entnehmen dem summary-Attribut eine zusammenfassende Beschreibung der Tabellendaten.

<table width="500"

width= legt als absolute Zahl die Breite der Tabelle in Pixeln fest. Erlaubt ist daneben auch die Angabe als Prozentzahl. Dann bezieht sich die Angabe auf die Breite des Browserfensters.

<tbody>...</tbody>

Sie haben die Möglichkeit, eine Tabelle mit den HTML-Befehlen <thead>, <tfoot> und <tbody> logisch in die Zeilengruppen Tabellenkopf, Tabellenkörper und Tabellenfuß zu untergliedern. Diese Gliederung soll den Browser befähigen, lange Tabellen(körper) unabhängig von Kopf- und Fußzeilen der Tabelle zu scrollen und beim Ausdruck Kopf- und Fußzeilen auf jeder Seite zu wiederholen. In der Praxis wird dies bisher von den Browsern leider noch nicht umgesetzt. Diese drei Befehle werden in der logischen Reihenfolge (thead, tbody, tfoot) innerhalb des Befehlspaares <table>...</table> eingebunden.

Ein Tabellenkörper wird, sofern Sie einen Tabellenkopf und/oder einen Tabellenfuß definiert haben, immer so angezeigt, dass er sich unter dem Tabellenkopf bzw. über dem Tabellenfuß befindet. Während diese Bereiche immer sichtbar sind, kann der Betrachter bei Bedarf durch den Tabellenkörper scrollen.

Die Datenzeilen eines Tabellenkörpers werden zwischen <tbody> und </tbody> definiert. Das abschließende Tag ist nach dem HTML-Standard nicht zwingend erforderlich. Wird es nicht angegeben, dann beendet das folgende einleitende Tag des Tabellenfußes oder das abschließende </table>-Tag den Tabellenkörper.

Es können durchaus mehrere Zeilengruppen mit <tbody> zusammengefasst werden. Sie bilden die verschiedenen Abschnitte der Tabelle. Enthält eine Tabelle nur einen Abschnitt und weder Kopf- noch Fußzeilen, dann darf auch die Angabe von <tbody> entfallen.

Die einzelnen Zeilen eines Tabellenkörpers werden mit dem <tr>-Befehl definiert. Tabellenkopf, Tabellenkörper und Tabellenfuß müssen jeweils die gleiche Anzahl von Spalten enthalten.

<tbody align="right"

Die horizontale Ausrichtung von Zelleninhalten wird mit dem Attribut align= für alle Zellen des Tabellenkörpers definiert. Folgende Werte sind möglich:

left	linksbündig
right	rechtsbündig
center	zentriert
justify	Blocksatz
char	an einem bestimmten Zeichen

Die Angabe align="char" macht nur Sinn zusammen mit dem Attribut char=.

<tbody char=","

Durch das Attribut char= wird das Zeichen definiert, welches in den Zellen des Tabellenkörpers zur Ausrichtung verwendet werden soll. Standardmäßig wird der Dezimalpunkt bzw. das Dezimalkomma (abhängig von der Sprache) verwendet. Die Angabe von char= macht nur Sinn zusammen mit align="char". Viele WWW-Browser unterstützen diese Möglichkeit der Ausrichtung leider noch nicht.

<tbody valign="top"

Mit dem Attribut `valign=` legen Sie die vertikale Ausrichtung von Zelleninhalten fest. Die Angabe gilt für alle Zellen des Tabellenkörpers. Mögliche Werte sind:

top	am oberen Zellenrand
bottom	am unteren Zellenrand
middle	vertikal zentriert
baseline	an einer Basislinie

`valign="baseline"` richtet alle Zellen mit dieser Eigenschaft so aus, dass die erste Textzeile all dieser Zellen stets auf der gleichen Höhe beginnt.

<td>...</td>

Die einzelnen Zellen einer Tabellenzeile werden der Reihe nach von links nach rechts aufgelistet. Jede Zelle wird mit `<td>` (= table data) eingeleitet und mit `</td>` abgeschlossen. Dazwischen wird der Inhalt der Tabellenzelle bestimmt. Mittels diverser Attribute kann die Optik der Zelle beeinflusst werden. Diese Angaben haben Vorrang vor allen gleichnamigen Attributen der anderen Tabellenbefehle.

Beispielsweise hat die direkt bei einer Tabellenzelle angegebene Ausrichtung `align=` Vorrang vor einer entsprechenden Angabe im `<tr>`-, `<col>`-, `<colgroup>`-, `<thead>`-, `<tfoot>`- oder `<tbody>`-Tag.

<td align="right"

Die horizontale Ausrichtung von Zelleninhalten wird mit dem Attribut `align=` definiert. Folgende Werte sind möglich:

left	linksbündig
right	rechtsbündig
center	zentriert
justify	Blocksatz
char	an einem bestimmten Zeichen

Die Angabe align="char" macht nur Sinn zusammen mit dem Attribut char=.

<td background="bild.gif"

Mit background= können Sie der Tabellenzelle eine Grafik hinterlegen. Dieses Attribut gehört nicht zum HTML-Standard, wird jedoch von vielen Browsern unterstützt. Erlaubte Grafiktypen sind GIF- und JPEG-Dateien. Modernere Browser akzeptieren auch animierte GIF-Dateien.

<td bgcolor="#EEEEEE"

Nicht nur ganzen Tabellen, auch einzelnen Tabellenzellen kann mit dem Attribut bgcolor= eine Hintergrundfarbe zugeordnet werden.

Zulässige Werte sind Farbnamen und RGB-Farbwerte. Mehr dazu ist unter <font color="..."> beschrieben.

<td char=","

Durch das Attribut char= wird das Zeichen definiert, welches in den Zellen der Tabellenzeile zur Ausrichtung verwendet werden soll. Standardmäßig wird der Dezimalpunkt bzw. das Dezimalkomma (abhängig von der Sprache) verwendet. Die Angabe von char= macht nur Sinn zusammen mit align="char". Viele WWW-Browser unterstützen diese Möglichkeit der Ausrichtung leider noch nicht.

Die Angabe von char="," entfaltet ihre Wirkung nur sinnvoll über mehrere Zellen einer Tabellenspalte und wird daher sinnvollerweise bei den Befehlen <col> oder <colgroup> angegeben.

<td colspan="2"

Zellen, die sich waagerecht über zwei oder mehr Spalten hinweg ausdehnen, werden mit dem Attribut colspan= definiert. Als Wert sind nur natürliche Zahlen zugelassen. Im obigen Code-Beispiel würde sich die aktuelle Tabellenzelle über zwei Spalten erstrecken.

<td height="30"

Mit dem Attribut height= erzwingen Sie eine feste Höhe der Tabellenzelle, die auch dann gültig ist, wenn der Zelleninhalt weniger Raum einnimmt. Andererseits wird der Zelleninhalt nicht abgeschnitten, wenn die Höhe nicht ausreichend ist, sondern die Höhenangabe ignoriert und die Zellenhöhe entsprechend angepasst. Die Höhe der höchsten Tabellenzelle bestimmt die Höhe der gesamten Zeile. Es ist daher sinnvoll, das Attribut height in Verbindung mit dem <tr>-Tag einzusetzen.

Erlaubte Werte sind die Anzahl der Pixel und Prozentwerte gemessen an der Höhe des Anzeigefensters.

<td rowspan="2"

Sie können den Browser auch anweisen, Zellen vertikal miteinander zu verbinden, so dass sie sich über mehrere Tabellenzeilen erstrecken. Dazu definieren Sie in der ersten Zeile die betreffende Zelle mit dem Attribut rowspan= und geben in den folgenden Tabellenzeilen jeweils eine Tabellenzelle weniger an. Das Code-Beispiel am Anfang dieses Abschnitts bestimmt, dass sich die aktuelle Zelle über zwei Zeilen erstreckt.

Achten Sie beim Einsatz dieses Attributes darauf, dass Sie diese zusätzliche Zelle von der Zellensumme der/den nächsten Zeile(n) abziehen, da es sonst zu Verschiebungen in der Tabelle kommen kann.

Die Eigenschaften `colspan=` und `rowspan=` können zusammen angewandt werden, um eine Tabellenzelle über mehrere Zeilen und Spalten zugleich auszudehnen.

<td valign="top"

Mit dem Attribut `valign=` legen Sie die vertikale Ausrichtung von Zelleninhalten fest. Mögliche Werte sind:

top	am oberen Zellenrand
bottom	am unteren Zellenrand
middle	vertikal zentriert
baseline	an einer Basislinie

`valign="baseline"` richtet alle Zellen einer Tabllenzeile mit dieser Eigenschaft so aus, dass die erste Textzeile all dieser Zellen stets auf der gleichen Höhe beginnt. Die Angabe von `valign="baseline"` wird sinnvoller für eine ganze Tabellenzeile oder Zeilengruppen angegeben.

<tfoot>...</tfoot>

Die Fußzeilen (table foot) einer Tabelle werden zwischen `<tfoot>` und `</tfoot>` definiert. Das abschließende Tag ist nach dem HTML-Standard nicht zwingend erforderlich, wohl aber bei XHTML-Dokumenten. Wird es nicht angegeben, dann beendet das folgende einleitende Tag des Tabellenkörpers den Tabellenfuß.

Die Angabe der Fußzeilen einer Tabelle darf nicht, wie eigentlich zu erwarten wäre, nach dem Tabellenkörper erfolgen, sondern muss zwischen Tabellenkopf und Tabellenkörper definiert werden.

Die einzelnen Zeilen des Tabellenfußes werden mit dem <tr>-Befehl definiert. Tabellenkopf, Tabellenkörper und Tabellenfuß müssen jeweils die gleiche Anzahl von Spalten enthalten.

<tfoot align="right"

Die horizontale Ausrichtung von Zelleninhalten wird mit dem Attribut `align=` für alle Zellen des Tabellenfußes definiert. Folgende Werte sind möglich:

`left`	linksbündig
`right`	rechtsbündig
`center`	zentriert
`justify`	Blocksatz
`char`	an einem bestimmten Zeichen

Die Angabe `align="char"` macht nur Sinn zusammen mit dem Attribut `char=`.

<tfoot char=","

Durch das Attribut `char=` wird das Zeichen definiert, welches in den Zellen des Tabellenfußes zur Ausrichtung verwendet werden soll. Standardmäßig wird der Dezimalpunkt bzw. das Dezimalkomma (abhängig von der Sprache) verwendet. Die Angabe von `char=` macht nur Sinn zusammen mit `align="char"`. Viele WWW-Browser unterstützen diese Möglichkeit der Ausrichtung leider noch nicht.

<tfoot valign="top"

Mit dem Attribut `valign=` legen Sie die vertikale Ausrichtung von Zelleninhalten fest. Die Angabe gilt für alle Zellen des Tabellenfußes. Mögliche Werte sind:

top	am oberen Zellenrand
bottom	am unteren Zellenrand
middle	vertikal zentriert
baseline	an einer Basislinie

valign="baseline" richtet alle Zellen mit dieser Eigenschaft so aus, dass die erste Textzeile all dieser Zellen stets auf der gleichen Höhe beginnt.

<thead>...</thead>

Die Kopfzeilen (table head) einer Tabelle werden zwischen <thead> und </thead> definiert. Das abschließende Tag ist für HTML-Dokumente nicht zwingend, wird aber bei XHTML-Seiten erwartet. Wenn Sie es nicht angegeben, dann beendet das folgende einleitende Tag des Tabellenfußes oder Tabellenkörpers den Tabellenkopf.

Die einzelnen Zeilen des Tabellenkopfes werden mit dem <tr>-Befehl definiert. Tabellenkopf, Tabellenkörper und Tabellenfuß müssen jeweils die gleiche Anzahl von Spalten enthalten.

<thead align="right"

Die horizontale Ausrichtung von Zelleninhalten wird mit dem Attribut align= für alle Zellen des Tabellenkopfes definiert. Folgende Werte sind möglich:

left	linksbündig
right	rechtsbündig
center	zentriert
justify	Blocksatz
char	an einem bestimmten Zeichen

Die Angabe align="char" macht nur Sinn zusammen mit dem Attribut char=.

<thead char=","

Durch das Attribut char= wird das Zeichen definiert, welches in den Zellen des Tabellenkopfes zur Ausrichtung verwendet werden soll. Standardmäßig wird der Dezimalpunkt bzw. das Dezimalkomma (abhängig von der Sprache) verwendet. Die Angabe von char= macht nur Sinn zusammen mit align="char". Die meisten Browser unterstützen diese Möglichkeit der Ausrichtung leider noch nicht.

<thead valign="top"

Mit dem Attribut valign= legen Sie die vertikale Ausrichtung von Zelleninhalten fest. Die Angabe gilt für alle Zellen des Tabellenkopfes. Mögliche Werte sind:

top	am oberen Zellenrand
bottom	am unteren Zellenrand
middle	vertikal zentriert
baseline	an einer Basislinie

valign="baseline" richtet alle Zellen mit dieser Eigenschaft so aus, dass die erste Textzeile all dieser Zellen stets auf der gleichen Höhe beginnt.

<tr>...</tr>

Eine Zeile der Tabelle wird grundsätzlich mit <tr> (= table row) eingeleitet und mit </tr> abgeschlossen. Dazwischen werden mit den HTML-Befehlen <th> oder <td> die einzelnen Tabellenzellen definiert. Jede Zeile muss die gleiche Anzahl von Zellen enthalten.

<tr align="right"

Die horizontale Ausrichtung von Zelleninhalten wird mit dem Attribut align= für alle Zellen dieser Zeile definiert. Folgende Werte sind möglich:

left	linksbündig
right	rechtsbündig
center	zentriert
justify	Blocksatz
char	an einem bestimmten Zeichen

Die Angabe align="char" macht nur Sinn zusammen mit dem Attribut char=.

Angaben zur Ausrichtung der Tabellenzellen in einer Zeile haben Vorrang vor entsprechenden Angaben in den Befehlen <thead>, <tfoot>, <tbody>, <colgroup> und <col>.

<tr background="bild.gif"

Mit background= können Sie der Tabellenzeile eine Grafik hinterlegen. Dieses Attribut gehört nicht zum HTML-Standard, wird jedoch von vielen Browsern unterstützt. Erlaubte Grafiktypen sind GIF- und JPEG-Dateien. Modernere Browser akzeptieren auch animierte GIF-Dateien.

Auch hier gilt: Das Attribut background= hat in der Tabellenzeile Vorrang vor der Angabe im <table>-Tag.

<tr bgcolor="#EEEEEE"

Nicht nur ganzen Tabellen, auch einzelnen Tabellenzeilen kann mit dem Attribut bgcolor= eine Hintergrundfarbe zugeordnet werden.

Werden sowohl für die gesamte Tabelle als auch für einzelne Zeilen Hintergrundfarben definiert, so hat in der betreffenden Tabellenzeile die Hintergrundfarbe der Zeile Vorrang vor derjenigen der Tabelle.

Zulässige Werte sind Farbnamen und RGB-Farbwerte. Mehr dazu ist unter `<font color="...">` beschrieben.

<tr char=","

Durch das Attribut `char=` wird das Zeichen definiert, welches in den Zellen der Tabellenzeile zur Ausrichtung verwendet werden soll. Standardmäßig wird der Dezimalpunkt bzw. das Dezimalkomma (abhängig von der Sprache) verwendet. Die Angabe von `char=` macht nur zusammen mit `align="char"` Sinn. Viele Browser unterstützen diese Möglichkeit der Ausrichtung leider noch nicht.

<tr height="30"

Mit dem Attribut `height=` erzwingen Sie eine feste Höhe der Tabellenzeile, auch wenn der Inhalt weniger Raum einnimmt. Andererseits wird der Zeileninhalt nicht abgeschnitten, wenn die Höhe nicht ausreichend ist, sondern die Höhenangabe ignoriert und die Zeilenhöhe entsprechend angepasst.

Erlaubte Werte sind die Anzahl der Pixel und Prozentwerte gemessen an der Höhe des Anzeigefensters.

<tr valign="top"

Mit dem Attribut `valign=` legen Sie die vertikale Ausrichtung von Zelleninhalten fest. Die Angabe gilt für alle Zellen der Tabellenzeile. Mögliche Werte sind:

top	am oberen Zellenrand
bottom	am unteren Zellenrand
middle	vertikal zentriert
baseline	an einer Basislinie

valign="baseline" richtet alle Zellen mit dieser Eigenschaft so aus, dass die erste Textzeile all dieser Zellen stets auf der gleichen Höhe beginnt.

Die vertikale Ausrichtung einer Tabellenzeile hat Vorrang vor einer entsprechenden Angabe zur Ausrichtung in den Befehlen <thead>, <tbody>, <tfoot>, <colgroup> und <col>.

<th>...</th>

Innerhalb einer Tabellenzeile werden die Zellen der Reihe nach von links nach rechts zwischen <tr> und </tr> definiert. Jede Kopfzelle wird mit <th> (= table header) eingeleitet und mit </th> abgeschlossen. Eine Kopfzelle ist im Grunde eine normale Tabellenzelle, die jedoch auffälliger dargestellt wird. Meist werden die Inhalte von Kopfzellen von den Browsern fett und zentriert angezeigt. Ansonsten gelten für Kopfzellen alle Attribute, wie auch für gewöhnliche Datenzellen, die mit <td> eingeleitet werden. Näheres wird unter <td>...</td> erläutert.

1.9 Verweise

Verweise, vielfach auch als Links bezeichnet, werden im Textkörper der HTML-Datei zwischen <body> und </body> angegeben. Verweise sind ein wichtiger Bestandteil des World Wide Web. Sie geben uns erst die Möglichkeit, unsere Seiten mit anderen Informationsquellen – seien es Seiten auf dem eigenen Server, oder an irgendeinem Ort der Welt – zu verknüpfen.

<a>...</a>

Ein ausführbarer Verweis, ein so genannter Link wird mit dem Befehl <a> (= anchor) eingeleitet und mit </a> abgeschlossen. Der Text dazwischen dient als Verweistext. Beim Auswählen/Anklicken des Links wird der Browser angewiesen, die angegebenen Informationen vom Linkziel zu laden.

Sehen Sie zunächst eine Liste der verfügbaren Attribute für den a-Befehl.

href	Gibt die Adresse der Sprungmarke an
name	Benennt den Anker als Ziel innerhalb eines Dokumentes
rel	Stellt thematischen "Vorwärts"-Verweis zu anderem Dokument her
rev	Stellt thematischen "Rückwärts"-Verweis zu anderem Dokument her

<a href="..."

Das Verweisziel definieren Sie mit dem Attribut href=. Dabei stehen verschiedene Möglichkeiten zur Auswahl:

Verweis innerhalb der gleichen HTML-Datei

Das Linkziel kann eine bestimmte Stelle innerhalb der gleichen Datei sein. Dabei wird auf einen so genannten Anker in der Datei verwiesen.

```
<a href="#Anker1">siehe unten</a>
```

Der Verweis auf einen Anker innerhalb der gleichen HTML-Datei setzt sich zusammen aus der Raute (#) und dem Ankernamen. Wie ein solcher Anker definiert wird, wird weiter unten beim Attribut name= beschrieben.

Verweis auf eine andere HTML-Datei

Das Linkziel kann auch eine andere HTML-Datei des gleichen Web-Projektes sein:

```
<a href="datei.htm">nächstes Thema</a>
```

In diesem Fall wird dem Attribut href= der Dateiname der betreffenden HTML-Datei zugewiesen. Befindet sich diese Datei nicht im gleichen Verzeichnis, dann muss der Pfad der Datei mitangegeben werden. Dies kann relativ zu der gerade dargestellten Datei (Bsp.1) oder relativ zum Stammverzeichnis des Web-Servers (Bsp.2) erfolgen:

```
Bsp.1:
<a href="../thema2/datei.htm">nächstes Thema</a>
```

```
Bsp.2:
<a href="/dokumente/thema2/datei.htm">nächstes Thema</a>
```

Sie können auch auf eine bestimmte Textstelle in einer anderen Datei verweisen. In dem folgenden Beispiel verweisen Sie auf einen Anker in der betreffenden HTML-Datei:

```
<a href="datei.htm#anker1">nächstes Thema</a>
```

Verweis auf eine Website

Damit Sie von Ihren Seiten heraus auf andere Web-Angebote, Unterseiten dieser Angebote oder sogar auf bestimmte Textstellen fremder HTML-Dokumente verweisen können, müssen Sie den voll qualifizierten Pfad als Verweisziel definieren, wie in den beiden folgenden Beispielen gezeigt:

```
<a href="http://www.projekt.de/datei.htm">weiterführende
Informationen</a>
```

```
<a href="http://www.projekt.de/datei.htm#textstelle">nächstes Thema</a>
```

Verweisziel kann auch eine lokale Datei auf dem eigenen Rechner sein. Lokal ist in dem Fall stets der Rechner des Anwenders:

```
<a href="file://localhost/c:/datei.txt">eigene Notizen</a>
```

```
<a href="file:///c:/datei.txt">eigene Notizen</a>
```

Die Angabe von `file://` leitet den Verweis auf eine lokale Datei ein. Dahinter folgt der Name des lokalen Rechners. `localhost` ist ein reservierter Name und bezeichnet immer den eigenen Rechner. Dahinter folgt nach einem Schrägstrich (/) der Pfad und Name der betreffenden Datei. Die Angabe von `localhost` kann entfallen (siehe oben).

Verweis zu anderen Internetdiensten

Links müssen nicht ausschließlich zu HTML-Dateien führen. Sie können auch auf andere Dienste des Internets verweisen, beispielsweise auf FTP-Adressen:

```
<a href="ftp://www.projekt.de/datei.zip">Informationen zum
Projekt</a>
```

Moderne Browser starten automatisch eine entsprechende Anwendung, z.B. einen Newsreader beim Ausführen eines Verweises auf eine Newsgroup. Hierzu ist es jedoch erforderlich, dass der Betrachter von seinem Rechner aus Zugriff auf die adressierte Newsgroup hat, d.h. sein Provider muss 1. Zugriffe auf Newsreader im Allgemeinen zulassen und 2. die entsprechende Newsgroup anbieten.

Verweis auf eine E-Mail-Adresse

```
<a href="mailto:empfaenger@domain.de">Kontaktadresse</a>
```

Beim Anklicken eines solchen Links starten moderne Browser automatisch ein E-Mail-Programm und bieten dem Anwender die Erstellung einer elektronischen Mail an. Die Adresse des Empfängers wird dabei mit dem Verweisziel vorbelegt. Kennzeichen dafür, dass eine Mail verschickt werden soll, ist die einleitende Angabe von "mailto:".

```
<a href="mailto:empfaenger@domain.de?cc=muster-
mann@domain.net">Kontaktadresse</a>
```

```
<a href="mailto:empfaenger@domain.de?cc=muster-
mann@domain.net;meier@domain.net">Kontaktadresse</a>
```

Auch die Angabe mehrerer Mailempfänger ist zulässig. Möglich sind sowohl Kopienempfänger als auch so genannte Blindkopien. Dazu fügen Sie an die Adresse des ersten Empfängers ein Fragezeichen (?) an und definieren die Empfänger der Kopie mit `cc=` gefolgt von den durch Semikolon (;) getrennten Empfängeradressen. Empfänger von Blindkopien werden mit `bcc=` definiert.

Möchten Sie beides miteinander kombinieren, so müssen Sie die `cc=` und `bcc=` durch ein Kaufmannsund (&) miteinander verbinden:

```
<a href="mailto:empfaenger@domain.de?cc=muster-
mann@domain.net&bcc=meier@domain.net">Kontaktadresse</a>
```

Die Definition mehrerer Mail-Empfänger gehört nicht zum HTML-Standard, hat sich jedoch allgemein etabliert, ebenso wie die Vordefinition eines Mail-Titels oder -Inhaltes.

```
<a href="mailto:empfaenger@domain.de?subject=Kontaktauf-
nahme">Kontaktadresse</a>
```

Durch Hinzufügen von `subject=` können Sie den Betreff vordefinieren.

```
<a href="mailto:empfaenger@domain.de?body=Bitte senden Sie mir Informationsmaterial zu." >Kontaktadresse</a>
```

Durch Hinzufügen von body= können Sie einen Mail-Inhalt vordefinieren.

Definition einer Sprungmarke

```
<a name="anker1" >Anmerkung</a>
```

Um zu einer bestimmten Stelle innerhalb einer HTML-Datei verweisen zu können, muss an dieser Stelle ein Anker definiert sein. Ein solcher Anker wird durch das Attribut name= erzeugt. Auf diesen Anker kann von jeder beliebigen Stelle der gleichen Datei und von anderen HTML-Dateien aus verwiesen werden. Näheres dazu ist bei der Definition des Linkzieles mit href= beschrieben.

Angabe des Datentyps

```
<a href="rechnung.xls" type="application/msexcel">Rechnung</a>
```

Hyperlinks können auf beliebige Dateitypen verweisen. Mit der Angabe von type= wird dem Browser mitgeteilt, um welchen Dateityp es sich bei dem Verweisziel handelt. Gültige Werte sind MIME-Typen. MIME steht für "Multipurpose Internet Mail Extensions". Dies ist ein Internet-Standard, um Dateitypen zu kennzeichnen.

Thematische Verweise

```
<a href="seite3.htm" rel="next">nächste Seite</a>
```

```
<a href="seite1.htm" rev="prev">vorige Seite</a>
```

Mit den Attributen rel= und rev= besteht die Möglichkeit, die Art des Verweises festzulegen, und zwar für thematische "Vorwärtsverweise" durch rel= und für thematische "Rückwärtsverweise" durch rev=.

Im HTML-Standard ist nicht festgelegt, wie dieses Attribut von den WWW-Browsern auszuführen ist. Diese Attribute werden jedoch nur von sehr wenigen Browsern, wie z.B. ARENA unterstützt. ARENA war lange Zeit der Referenzbrowser des WWW-Konsortiums. Leider war er nur für UNIX/Linux-System verfügbar und hat nie die Serienreife erlangt.

Mögliche Werte für `rel=` und `rev=` sind:

`alternate`	alternative Version des Dokumentes, gemeinsam mit dem Universalattribut lang= wird eine andere Sprachversion definiert, gemeinsam mit dem Universalattribut media= wird eine Version für ein anderes Medium angegeben
`appendix`	Anhang
`bookmark`	Lesezeichen
`chapter`	Kapitel
`contents`	Inhaltsverzeichnis
`copyright`	Copyright-Informationen zum Dokument
`glossary`	Glossar
`help`	Hilfe
`index`	Index
`next`	nächstes Dokument
`prev`	voriges Dokument
`section`	Abschnitt in einer Sammlung von Dokumenten
`start`	erstes Dokument einer zusammengehörigen Reihe von Dokumenten
`stylesheet`	alternatives Style Sheet
`subsection`	Unterabschnitt in einer Sammlung von Dokumenten

Attribute in Verbindung mit a href

<a href="seite.htm" **charset=**"iso-8559-8">Verweistext</a>

Mit dem Attribut charset= informieren Sie den WWW-Browser über den Zeichensatz, den das Dokument am Verweisziel verwendet.

<a href="seite.htm" **hreflang=**"de">Verweistext</a>

Mit hreflang= wird die Sprache des Dokumentes am Verweisziel angegeben. Diese Information wäre für Anwender hilfreich. Leider wird dieses Attribut zur Zeit nicht unterstützt.

<a href="seite.htm" **tabindex=**"2">Verweistext</a>

Moderne Browser bieten dem Anwender die Möglichkeit, nacheinander alle Verweise innerhalb eines HTML-Dokumentes mit der Tabulator-Taste nacheinander „anzuspringen". Mittels des Attributes tabindex= können Sie die Reihenfolge beeinflussen. Gültige Werte sind ganze Zahlen zwischen 0 und 32767.

<a href="informationen.htm" **target=**"inhaltsfenster">Verweistext</a>

Ein weiteres wichtiges Attribut bei Verweisen ist die Befehlserweiterung target. Dieses wird wichtig, wenn Sie einen Verweis in einen Frame anzeigen lassen wollen, der nicht mit dem Frame des Ursprungs des Links übereinstimmt. Wenn Sie zum Beispiel von einem Navigationsframe aus auf eine Informationsseite verweisen, die jedoch in einem Fenster, das Sie zur Darstellung von Inhalten reserviert haben, angezeigt werden soll, dann müssen Sie das dem Browser mitteilen. Hierzu verwenden Sie das Attribut target, das den Namen des Zielfensters als Attributwert erhält. Damit das Zielfenster als solches erkannt wird, müssen Sie ihm bei der Definition der Frames diesen Namen zuteilen. Weitere Informationen hierzu erhalten Sie im Abschnitt Frames.

<area>...</area>

Jeder Bereich der Usemap, der zu einem bestimmten Verweisziel führen soll, wird mit dem `<area>`-Tag beschrieben. Der Befehl besitzt kein abschließendes Tag, d.h. seine XHTML-Schreibweise lautet `<area />`. Der `area`-Tag wird innerhalb der beiden Befehle `<map>` und `</map>` eingefügt.

<area href="datei.htm">

Das Verweisziel, zu dem bei einem Klick in den definierten Bereich gesprungen werden soll, wird mit dem Attribut `href=` bestimmt. Gültige Werte sind Anker und Dateien auf dem eigenen Server oder anderen Servern.

<area nohref>

Standardmäßig sind alle die Bereiche einer Grafik nicht verweissensitiv, denen nicht ausdrücklich ein Verweisziel zugeordnet ist. Durch die Angabe von `nohref` können Sie solche Bereiche auch ausdrücklich definieren.

<area shape="rect" **coords=**"1,25,25,25">

Mit den Attributen `shape=` und `coords=` legen Sie die Form und Position des verweissensitiven Bereiches fest. Mögliche Angaben sind:

- **shape="rect"**
  Viereck mit den Koordinaten coords=" x1,y1,x2,y2"
  Dabei bedeuten:
  x1 = Pixelabstand der linken oberen Ecken des Vierecks vom linken Rand der Grafik
  y1 = Pixelabstand der linken oberen Ecken des Vierecks vom oberen Rand der Grafik

x2 = Pixelabstand der rechten unteren Ecken des Vierecks vom linken Rand der Grafik

y2 = Pixelabstand der rechten unteren Ecken des Vierecks vom oberen Rand der Grafik

- **shape="polygon"**

  Polygon (Vieleck) mit den Koordinate
  n coords="x1,y1,x2,y2...xn,yn"

  Dabei bedeuten:

  x1 ... xn = Pixelelabstand einer Ecke des Polygons vom linken Rand der Grafik

  y1 ... yn = Pixelabstand einer Ecke des Polygons vom oberen Rand der Grafik

  Sie können beliebig viele Ecken definieren. Jede Ecke wird der Reihe nach in gerader Linie mit der nächsten verbunden. Vom letzten definierten Punkt wird automatisch eine Verbindung zum Ausgangspunkt erstellt.

- **shape="circle"**

  Kreis mit den Koordinaten coords=" x,y,r"

  Dabei bedeuten:

  x,y = Mittelpunkt des Kreises, Pixelabstand vom linken Rand der Grafik (x) und Pixelabstand vom oberen Rand der Grafik (y)

  r = Radius des Kreises in Pixeln

<map>...</map>

Dieser Befehl dient dazu, eine Grafik klicksensitiv zu definieren. Das heißt, dass verschiedene Bereiche einer Grafik auf verschiedene Informationsquellen verweisen können. Hierzu muss der Grafik eine so genannte Usemap zugeordnet werden. Häufig ist auch von Image Map die Rede, was im Grunde das Gleiche ist. Eine Usemap unterscheidet sich von einer Image Map jedoch dahingehend, dass eine

Image Map mit einem CGI-Skript auf dem Server korrespondiert. Eine Usemap läuft hingegen clientseitig und ist einfacher zu erstellen. Mit dem Befehl `<map>` definieren Sie eine Usemap und weisen ihr einen Namen zu. Der Befehl wird mit dem `</map>`-Tag abgeschlossen. Dazwischen werden die klickbaren Bereiche mit dem Befehl `<area>` definiert.

```
<map name="imagemap">
```

Mit dem Attribut `name=` wird der Usemap ein Name gegeben. Dieser Name darf keine Leer- oder Sonderzeichen enthalten. Er kann wie ein Anker angesprochen werden.

1.10 Grafiken

"Ein Bild sagt mehr als tausend Worte". Grafiken können nicht nur sehr aussagekräftig sein, sondern auch einen Text auflockern. Innerhalb von HTML-Dateien werden Grafiken im Textkörper zwischen `<body>` und `</body>` angegeben.

<img>

Bevor der `img`-Befehl hier ausführlicher beschrieben wird, erhalten Sie zunächst eine Übersicht über die möglichen Attribute dieses Tags.

`align`	Ausrichtung der Grafik
`alt`	Alternativtext
`border`	Rahmen für die Grafik
`height`	Höhe der Grafik
`hspace`	Horizontaler Abstand

ismap	Der Grafik zugeordnete Definition für klicksensitive Bereiche
longdesc	Längere Beschreibung der Grafik (länger als alt-Text)
name	Benennung des Bildes zur eindeutigen Identifikation
src	Adresse der Grafik
usemap	Der Grafik zugeordnete Definition für klicksensitive Bereiche
vspace	Vertikaler Abstand
width	Breite der Grafik

Grafiken werden innerhalb von HTML-Dokumenten referenziert. Die Grafik liegt dabei als eigenständige Datei auf einem Server und wird mittels des Befehles <img> (in XHTML <img />) an der Stelle des HTML-Dokumentes eingebunden, an der sie erscheinen soll. Der <img>-Befehl besitzt kein abschließendes Tag. Streng genommen ist <img> ein spezieller Typ des Befehles <object>. Darum haben viele Attribute die gleiche Ausprägung und Wirkung wie bei Objekten. Mehr zu multimedialen Objekten ist unter <object>...</object> im Abschnitt „Multimedia" beschrieben.

```
<img src="grafik.gif">
```

Sinn macht ein <img>-Befehl nur zusammen mit dem Attribut src=. Damit definieren Sie die Quelle der einzubindenden Grafik. Dies kann eine Grafikdatei im gleichen Verzeichnis, eine Grafikdatei in einem anderen Verzeichnis oder auf einem anderen Server sein.

Gängige, von den modernen Browsern unterstützte Grafikformate sind GIF, JPEG und PNG.

Ausrichtung der Grafik

```
<img src="grafik.gif" align="left">
```

Mit dem Attribut `align=` bestimmen Sie die Ausrichtung der Grafik bzw. wie nachfolgender Text neben der Grafik dargestellt wird. Mögliche Werte sind:

`left`	Grafik wird linksbündig angezeigt, Text fließt rechts um die Grafik
`right`	Grafik wird rechtsbündig angezeigt, Text fließt links um die Grafik
`center`	Grafik wird zentriert, Text fließt um die Grafik herum
`top`	Text wird als Beschriftung interpretiert und links oben neben der Grafik positioniert
`middle`	Text wird als Beschriftung interpretiert und mittig neben der Grafik positioniert
`Bottom`	Text wird als Beschriftung interpretiert und am unteren Rand der Grafik positioniert

Alternativtext für die Grafik

```
<img src="grafik.gif" alt="Kurzbeschreibung der Grafik">
```

Können Browser eine Grafik nicht anzeigen, oder hat der Anwender die Darstellung von Grafiken ausgeschaltet, dann blenden WWW-Browser anstelle der Grafik einen alternativen Text ein. Moderne Browser zeigen diesen Text auch in einem separaten kleinen Textfenster an, wenn die Maus sich über der Grafik befindet. Mit dem Attribut `alt=` wird diese alternative Beschreibung der Grafik festgelegt.

Rahmen für die Grafik

```
<img src="grafik.gif" border="5">
```

Standardmäßig werden Grafiken rahmenlos dargestellt. Bei Bedarf können Sie jedoch mit Hilfe des Attributes `border=` einen Rahmen um Ihre Abbildungen zeichnen. Dient das Bild als Verweis auf andere Quellen, können Sie die Hervorhebung, die bei Grafiken in Form eines Rahmens vorgenommen wird, unterdrücken, indem Sie dem Attribut `border` den Wert 0 zuweisen.

Höhe der Grafik

```
<img src="grafik.gif" height="200">
```

Die Höhe einer Grafik wird mit `height=` definiert. Die Angabe dieses Wertes geschieht analog zur Definition der Breite.

Horizontaler Abstand

```
<img src="grafik.gif" hspace="10">
```

Durch die Angabe von `hspace=` bestimmen Sie den Abstand, den der Fließtext auf der rechten und linken Seite der Grafik hat. Als Wert geben Sie die Anzahl der Pixel an.

Klicksensitve Bereiche (serverseitig)

```
<img src="grafik.gif" ismap>
```

Das Attribut `ismap` weist einer Grafik eine Image Map zu, in der verweissensitive Bereiche mit den zugehörigen Verweiszielen definiert sind. Anders als bei `usemap=` wird hier jedoch nicht der Name einer Image Map mitgeliefert. Stattdessen muss die Grafik in einen gewöhnlichen Verweis zwischen `<a>` und `</a>` gepackt werden. Diesem Verweis wird mit dem Attribut `href=` der Name der zu verwendenden

Image Map zugewiesen. Dies ist ein symbolischer Name, der dem Web-Server bekannt ist und von ihm in die entsprechende Zuweisung übersetzt wird.

Längere Beschreibung der Grafik

```
<img src="grafik.gif" longdesc="beschreibung.htm">
```

Mit dem Attribut `alt=` kann nur eine kurze Beschreibung zur Grafik hinterlegt werden. Ist dies nicht ausreichend, besteht die Möglichkeit, mit `longdesc=` einen Verweis zu einer Textstelle innerhalb der gleichen Datei oder zu einer anderen Datei vorzunehmen, die ein längere Beschreibung enthält. Die meisten Browser berücksichtigen dieses Attribut noch nicht.

Name des Bildes

```
<img src="grafik.gif" name="Bild1">
```

Mit dem Attribut `name=` wird einer Grafik ein Name zugewiesen. Dieser Name darf keine Leer- oder Sonderzeichen enthalten und muss auf dieser Seite als Namenswert für eine Grafik einmalig sein. Interessant ist diese Angabe im Zusammenhang mit Skript-Sprachen. Sie ermöglicht es, diese Grafik in einem Skript unter seinem Namen anzusprechen.

Klicksensitive Bereiche (clientseitig)

```
<img src="grafik.gif" usemap="#imagemap">
```

Sie können Grafiken auch als Verweis auf andere Quellen im Internet verwenden. Zu diesem Zweck wird der `<img>`-Befehl von Ankerbefehlen (`<a>`,`</a>`) umgeben. Sie können aber auch verschiedenen Bereichen der Grafik unterschiedliche Verweisziele zuordnen. Dazu muss eine so genannte Usemap definiert werden, die der Grafik mit usemap= zugewiesen wird. Gültige Werte sind Verweise zu einer Usemap in der gleichen oder einer anderen Datei.

Wie Sie eine Usemap definieren, ist unter <map>...<map> im Abschnitt „Anwendungsbeispiele" beschrieben.

Vertikaler Abstand zur Grafik

```
<img src="grafik.gif" vspace="10">
```

Durch die Angabe von vspace= legen Sie fest, dass die Grafik nach oben und unten den definierten Abstand zu allen weiteren Elementen einhält. Der Wert wird in der Anzahl der Pixel angegeben.

Breite der Grafik

```
<img src="grafik.gif" width="200">
```

Mit dem Attribut width= geben Sie die Breite der Grafik an. Zulässige Werte sind die Anzahl der Pixel und prozentuale Werte. Prozentangaben beziehen sich hierbei auf die Originalgröße der Grafik. Der Browser staucht oder streckt die Grafik entsprechend.

Die Angabe von Breite und Höhe für die Grafik hat nicht nur informativen Charakter, sondern befähigt den Browser, die Seite sofort korrekt aufzubauen, ohne den Ladevorgang der Grafik abwarten zu müssen. Der Browser reserviert entsprechend der Größenangaben den Platz bei der Darstellung. Die später geladene Grafik wird dann exakt in diese Fläche eingepasst. Geben Sie Breite und Höhe der Grafik nicht an, muss der Browser diese Informationen aus der Grafikdatei entnehmen.

Darum empfiehlt es sich auch, mit Pixelangaben statt Prozentangaben zu arbeiten.

1.11 Formulare

Formulare ermöglichen Interaktionen mit dem Anwender. Der Anwender kann Daten auswählen, eingeben und Aktionen starten. Formulare sind ein wichtiger Bestandteil aller Web-Angebote, die eine Kommunikation mit dem Besucher erlauben.

Nachdem der Betrachter ein Formular ausgefüllt, und die Richtigkeit der Daten mit einem Mausklick bestätigt hat, werden diese an den Server geschickt. Dort werden die eingehenden Daten von dem Programm abgearbeitet, das im `form`-Befehl durch das `action`-Attribut dazu bestimmt wurde. In der Regel handelt es sich dabei um ein CGI-Skript.

Die Art der Aufgaben kann sehr vielseitig sein, aber egal ob das Skript eine Mail verschickt, eine Bestellung auslöst, oder einen Eintrag in einem Gästebuch vornimmt, es sollte den Betrachter darüber informieren, das sein Auftrag erledigt wird.

Innerhalb von HTML-Dateien werden Formulare im Textkörper zwischen `<body>` und `</body>` angegeben.

Ein umfangreicheres Beispiel zu Formularen finden Sie im Abschnitt „Anwendungsbeispiele".

<button>...</button>

Mit dem Befehl `button` können Sie eine eigene Schaltfläche definieren. An sich haben Sie mit diesem Befehl die gleichen Möglichkeiten wie mit `<input type="button">`. Darüber hinaus können Sie hier auch eine Grafik bestimmen, die auf der Schaltfläche abgebildet sein soll.

`<button name="...">...`

Mit dem Attribut `name` können Sie der Schaltfläche einen Namen zuweisen, unter der Sie eindeutig zu identifizieren ist.

<button type="...">...

Das Attribut `type` ordnet die Schaltfläche einer von drei möglichen Kategorien zu:

`button`	Frei definierbare Schaltfläche ohne Standardverhaltensweise
`reset`	Standardschaltfläche für Verwerfungen
`submit`	Standardschaltfläche für Bestätigungen

<button value="...">...

Der Wert des Attributes `value` wird beim Klicken auf die Schaltfläche übertragen.

<fieldset...</fieldset>

Bei größeren Formularen ist es für eine bessere Übersichtlichkeit sinnvoll, Felder zu Gruppen zusammenzufassen. Eine solche Gruppe wird mit dem Tag `<fieldset>` eingeleitet und mit `</fieldset>` abgeschlossen. Dazwischen werden die Felder definiert, die gemeinsam zu dieser Gruppe gehören. Browsern wird damit ermöglicht, diese Gruppen optisch auch als solche darzustellen. Leider interpretieren noch nicht alle modernen Browser diesen Befehl. Dieser Befehl ist nur innerhalb der Formulardefinition `<form> ... </form>` zugelassen.

Sehen Sie hier ein Beispiel zum fieldset-Befehl. Bedenken Sie dabei aber auch, dass dieser Befehl nicht von allen Browsern korrekt interpretiert wird.

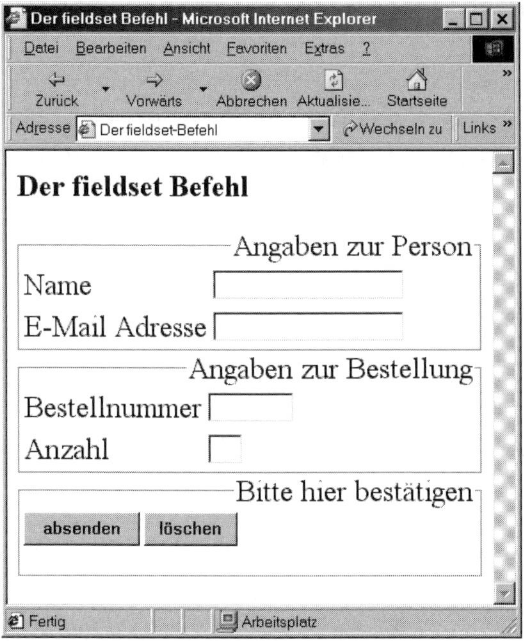

Abbildung 1.16: Der `fieldset`-Befehl in Aktion

Hier sehen Sie den relevanten Teil des Quelltextes für oben stehendes Beispiel:

```
<h4>Der fieldset Befehl</h4>

<form action="/cgi-bin/bestell.cgi method="post">

<fieldset>
```

```
<legend align="right">Angaben zur Person</legend>
<table cellspacing="2" cellpadding="2" border="0">
<tr>
    <td>Name</td>
    <td><input type="text"></td>
</tr>
<tr>
    <td>E-Mail Adresse</td>
    <td><input type="text"></td>
</tr>
</table>
</fieldset>

<fieldset>
<legend align="right" >Angaben zur Bestellung</legend>
<table cellspacing="2" cellpadding="2" border="0">
<tr>
    <td>Bestellnummer</td>
    <td><input type="text" size="8"></td>
</tr>
<tr>
    <td>Anzahl</td>
    <td><input type="text" size="2"></td>
```

```
</tr>
</table>
</fieldset>
<fieldset>
<legend align="right">Bitte hier best&auml;tigen</legend>
<table>
<tr>
    <td><input type="submit" value="absenden"></td>
        <td><input type="reset" value="l&ouml;schen"></td>
</tr>
</fieldset>
</table>
```

<form...</form>

Ein Formular wird durch den <form>-Befehl eingeleitet und mit </ form> abgeschlossen. Alle Bestandteile eines Formulars werden zwischen diesen beiden Tags angegeben.

<form accept="text/*">

Im Zusammenhang mit der Übermittlung von Dateien an den Server ist es möglich, die zulässigen Dateitypen einzuschränken. Dazu wird dem Attribut accept= eine durch Komma (,) getrennte Liste von MIME-Typen der zulässigen Dateiformate zugewiesen.

<form accept-charset="iso-8859-1">

Mit accept-charset= werden die Zeichensätze definiert, deren Zeichen gültige Eingaben bilden. Andere Zeichen werden bei der Formulareingabe nicht angenommen. Geben Sie den oder die Zeichensätze getrennt durch Kommata (,) an. Voreinstellung ist der reservierte Begriff "UNKNOWN", der den Browser anweist, den Zeichensatz zu verwenden, der dem Dokument zugrunde liegt.

<form action="/cgi/skript.pl" **method=**"post">

Bereits zu Beginn des Formulars im <form>-Tag wird mit dem Attribut action= definiert, was mit den Daten des Formulars nach dem Absenden geschehen soll. In der Regel wird hier der Pfad und Name eines Skriptes oder Programms auf dem Server angegeben, welches die Formulareingaben entgegennehmen und verarbeiten soll.

Mit dem Attribut method= wird definiert, auf welche Art die Formulardaten an das aufgerufene Programm weitergeleitet werden sollen. Welche Methode verwendet werden muss, ist vom aufgerufenen Programm abhängig. Mögliche Werte sind:

Get	Die Daten des ausgefüllten Formulars werden in der Umgebungsvariable QUERY_STRING gespeichert. Das bedeutet, dass alle übermittelten Daten mit der URL des aufgerufenen Programms übermittelt werden. Die Länge der URL ist auf 1024 Zeichen begrenzt.
Post	Die Daten des ausgefüllten Formulars werden auf dem Server-Rechner über die "Standardeingabe-Schnittstelle" zur Verfügung gestellt. Das aufgerufene Programm muss sie wie eine Benutzereingabe einlesen. Auf diese Weise können deutlich größere Datenmengen an das Skript übermittelt werden.

<form enctype="multipart/form-data">

Mit dem Attribut enctype= wird die Art der übermittelten Daten definiert. Dies ist besonders wichtig, wenn Sie verschiedene Daten mit einem Formular übermitteln, beispielsweise Formulareingaben, oder aber auch eine Datei. Übliche Werte sind:

application/x-www-form-urlencoded	Voreinstellung, es werden Formulareingaben übermittelt
multipart/form-data	es werden auch Dateien übermittelt
text/plain	die Formulareingaben sollen uncodiert als Text übertragen werden

<form name="formular1">

Im Zusammenhang mit Skript-Spachen ist das Attribut name= interessant. Es erlaubt die Zuweisung eines Namens zum Formular, unter welchem dieses später im Skript direkt angesprochen werden kann.

<form target="antwortfenster">

Wenn Sie das Anzeigefenster des Browsers durch Frames in mehrere Bereiche unterteilt haben, können Sie mit der Angabe des Attributes target= das Zielfenster angeben, in dem die Ausgabe des aufgerufenen Progammes erfolgen soll. Als Wert müssen Sie den Namen des Zielframes angeben.

<input

Mit dem Befehl <input> wird innerhalb eines Formulars ein Eingabefeld definiert. Der Befehl besitzt kein abschließendes Tag, was bedeutet, dass seine XHTML-Schreibweise <input /> lautet. Dieser Befehl kann nur innerhalb einer Formulardefinition verwendet werden. Die Ausprägung dieses Eingabefeldes wird über die folgenden Attribute gesteuert:

Multiple Auswahlmöglichkeiten: Checkboxen

<input checked>

Bei Radiobuttons (type="radio") oder Checkboxen (type= "checkbox") kann mit checked eine Vorauswahl getroffen werden, d.h. die so markierten Elemente sind standardmäßig als ausgewählt markiert und müssen gegebenenfalls vom Betrachter „von Hand" deaktiviert werden.

<input disabled>

Mit dem Attribut disabled wird der Browser angewiesen, ein Feld zu deaktivieren. Es wird dann als "inaktiv" dargestellt. Leider interpretieren viele Browser diese Eigenschaft noch nicht.

Maximale Anzahl der Zeichen

<input maxlength="30">

Neben der Länge eines einzeiligen Eingabefeldes kann auch die maximale Anzahl der Zeichen definiert werden, die das Feld akzeptiert. Zulässige Werte sind natürliche Zahlen. Wenn der Wert des Attributes maxlength den Wert von size übersteigt, rollt der Text, falls die Anzahl der Zeichen den Wert von size erreicht hat, nach links aus dem sichtbaren Bereich. Werden mehr Zeichen, als in maxlength bestimmt, eingegeben, so werden diese vom Skript ignoriert. Eventuell wird die Annahme dieser Zeichen schon vom Browser verweigert.

Name des Eingabefeldes

<input name="feld1">

Mit dem Attribut name= weisen Sie dem Eingabefeld einen Namen zu. Dies ist nicht nur relevant für clientseitige Skripts, sondern auch für das Programm, welches die Formulardaten zur Weiterverarbeitung entgegennimmt. Das Programm benötigt immer eine Zuordnung aus Name des Feldes und Wert (Eingabe) des Feldes.

Nichtüberschreibbare Eingabefelder

<input readonly>

Mit dem Attribut `readonly` können Sie ein Feld gegen eine Eingabe sperren. Das Feld wird nur angezeigt, kann aber nicht überschrieben werden. Leider interpretieren viele Browser dieses Attribut noch nicht.

Ausdehnung des Eingabefeldes

<input size="40">

Bei einzeiligen Eingabefeldern wird die Ausdehnung des Feldes bei der Darstellung mit `size=` definiert. Als Wert geben Sie die Anzahl der Zeichen ein, die in dem Feld sichtbar sein sollen. Der Browser streckt das Feld auf die entsprechende Länge. Leider hat jeder Browser seinen eigenen Maßstab bei der Umsetzung dieser Angabe.

Quelldatei für Grafiken

<input src="button.gif">

Im Zusammenhang mit `type="image"` wird die Quelle der einzubindenden Grafik durch `src=` definiert. Zugewiesen werden können Grafikdateien der gängigen Bildformate GIF und JPEG.

Zuweisen eines Tabindex

<input tabindex="3">

Moderne Browser erlauben es dem Anwender, alle Felder eines Formulars mittels der Tabulator-Taste der Reihe nach „anzuspringen". Mit dem Attribut `tabindex=` können Sie diese Reihenfolge beeinflussen. Zulässig sind ganze Zahlen. Achten Sie darauf, jeden Tabulator-Index innerhalb des Formulars nur einmal zu vergeben.

Zuweisen eines Feldtyps

<input type="text">

Neben einzeiligen Eingabefeldern sind auch weitere Typen von Formularfeldern möglich. Das Attribut type= legt die Art des Feldes fest. Gültige Werte sind:

text	einzeiliges Eingabefeld, eingegebener Text ist lesbar
password	einzeiliges Eingabefeld, eingegebene Textzeichen werden als Sternchen angezeigt
checkbox	Auswahlbox, Feld kann entweder selektiert oder nicht selektiert sein
radio	Auswahlbox, alle Radiobuttons mit gleichem Namen (name=) bilden eine Gruppe. Innerhalb einer Gruppe kann nur ein Radiobutton aktiviert sein. Bei Selektion eines anderen wird der zuvor ausgewählte Button automatisch deaktiviert.
image	grafische Schaltfläche, ein Klick auf die Grafik schickt das Formular ab. Die zu verwendende Grafik wird mit dem Attribut src= angegeben. Außerdem werden mit den Formulardaten bei einem Klick auf die Grafik die Koordinaten, gemessen von der linken oberen Ecke der Grafik, mit übermittelt.
submit	Schaltfläche, bei einem Klick wird das Formular ausgeführt. Voreingestellte Beschriftung ist "absenden" bzw. das entsprechende anderssprachige Äquivalent.

`reset`	Schaltfläche, ein Klick löscht alle Eingaben des Anwenders und setzt das Formular in den Anfangszustand zurück. Voreingestellte Beschriftung ist "abbrechen" bzw. das entsprechende anderssprachige Äquivalent.
`button`	Schaltfläche ohne vordefinierte Aktion. Diese muss mittels `onClick` zugewiesen werden.
`hidden`	unsichtbare Wertzuweisung
`file`	Dateieingabe. Dieses Feld besteht aus einem einzeiligen Eingabefeld, in das ein Dateiname (mit Pfad) eingetragen werden kann, und einer Auswahlbox, über die Dateien mit der Maus selektiert werden können.

Voreinstellungen

```
<input value="Beispiel">
```

Texteingabefelder können mit einem Wert vorbelegt werden. Dieser Wert kann vom Anwender überschrieben werden. Die Voreinstellung wird dem Attribut `value=` zugewiesen.

Radiobuttons und Checkboxen wird mit `value=` der Wert zugewiesen, der bei Selektion des Feldes übermittelt werden soll.

Schaltflächen wird mit `value=` der Text zugewiesen, den die Schaltfläche tragen soll.

<legend...</legend>

Mit dem Befehl `<legend>` wird einer Gruppe von Formularfeldern eine Beschriftung zugewiesen. Er ist innerhalb des Befehlspaares `<form>` und `</form>` zugelassen. Gruppen von Formularfeldern werden mit dem `<fieldset>`-Befehl definiert. Das `<legend>`-Tag wird innerhalb des `<fieldset>`-Befehles angegeben. Pro Feldgruppe ist nur eine Beschriftung zulässig. Diese wird mit `<legend>` eingeleitet und mit `</legend>` abgeschlossen.

<legend align="left">

Mit dem Attribut align= wird die Position der Legende festgelegt. Gültige Werte sind:

top	oberhalb der Feldgruppe
bottom	unterhalb der Feldgruppe
Center	zentriert
left	links neben der Feldgruppe
right	rechts neben der Feldgruppe

Ein Beispiel zum Befehl legend können Sie sich beim fieldset-Befehl ansehen.

<option...</option>

Ein einzelner Eintrag einer Auswahlliste oder eine Gruppe von Einträgen innerhalb der Auswahlliste wird mit dem <option>-Tag definiert. Jeder Eintrag wird mit </option> abgeschlossen. Der sichtbare Text des Listeneintrages wird dazwischen definiert. Das Einfügen von Optionsfeldern geschieht innerhalb eines Formulars, also zwischen den Befehlen <form> und </form>.

<option disabled>

Mit dem Attribut disabled wird der Browser angewiesen, den Eintrag zu deaktivieren. Viele Browser interpretieren diese Eigenschaft noch nicht.

<option selected>

Mit dem Attribut selected wird ein Eintrag vorausgewählt. Ist für die Auswahlliste keine Mehrfachauswahl zugelassen, so darf nur ein Eintrag der Liste das Attribut selected besitzen.

```
<option value="Klassik">klassische Musik</option>
```

Der mit dem Formular zu übertragende Wert des ausgewählten Eintrages wird mit dem Attribut `value=` festgelegt. Dieser kann frei gewählt werden und muss nicht mit der sichtbaren Auswahloption in Zusammenhang stehen.

<optgroup...</optgroup>

Bei längeren Auswahllisten kann es sinnvoll sein, thematisch zusammengehörende Listeneinträge zu gruppieren und so die Übersichtlichkeit zu erhöhen. Eine Gruppe von Listeneinträgen wird mit `<optgroup>` eingeleitet und mit `</optgroup>` abgeschlossen. Gruppen von Listeneinträgen dürfen im HTML 4 Standard nicht ineinander verschachtelt werden, sondern müssen zwischen `<select>` und `</select>` direkt angegeben werden. Gruppen von Listeneinträgen dürfen mit einzelnen Listeneinträgen kombiniert werden.

Viele Browser unterstützen diesen Befehl noch nicht.

```
<optgroup label="deutsche Städte">
```

Einer Gruppe von Listeneinträgen kann mit dem Attribut `label=` eine Beschriftung zugewiesen werden.

<select...</select>

Sie können dem Betrachter Ihrer Seiten eine Liste von verschiedenen Auswahlmöglichkeiten anbieten, von denen er eine oder mehrere Optionen auswählen kann. Eine solche Auswahlliste wird mit `<select>` eingeleitet und mit `</select>` abgeschlossen. Sie wird innerhalb eines Formulars eingesetzt. Die einzelnen Einträge der Liste werden mit `<optgroup>` bzw. `<option>` definiert.

Am Ende der Erläuterungen zum select-Tag werden Sie anhand eines Beispiels die verschiedenen Möglichkeiten dieses Befehls gezeigt bekommen.

Deaktiviertes Auswahlfeld

<select disabled>

Mit dem Attribut disabled wird der Browser angewiesen, die Auswahlliste zu deaktivieren. Leider interpretieren viele Browser diese Eigenschaft noch nicht.

Mehrfachauswahl

<select multiple>

Mit der Angabe multiple erlauben Sie eine Mehrfachauswahl. Um mehr als eine Option auswählen zu können, muss der Betrachter ab dem zweiten Objekt beim Anklicken der Auswahlmöglichkeiten die Steuerungstaste (STRG oder CTRL) gedrückt halten.

Benennung des Auswahlfeldes

<select name="liste1">

Mit dem Attribut name= weisen Sie der Auswahlliste einen Namen zu. Dies ist nicht nur relevant für clientseitige Skripts, sondern auch für das Programm, welches die Formulardaten zur Weiterverarbeitung entgegennimmt. Das Programm benötigt immer eine Zuordnung aus Name des Feldes und Wert des Feldes.

Größe des sichtbaren Bereichs

<select size="5">

Eine Auswahlliste besteht standardmäßig aus einem einzeiligen Eingabefeld mit einem kleinen Pfeil am Ende, der eine scrollbare Liste mit möglichen Werten aufklappt. Alternativ kann die Auswahlliste auch als mehrzeiliges scrollbares Feld angezeigt werden. Mit dem Attribut size= bestimmen Sie die Höhe der Zeilen. Gültige Werte sind natürliche Zahlen. Übersteigt die Anzahl der zur Auswahl stehenden Optionen diesen Wert, wird dem Betrachter automatisch die Möglichkeit zum vertikalen Scrollen gegeben.

Zuweisen eines Tabindex

<select tabindex="3">

Moderne Browser erlauben es dem Anwender, alle Felder eines Formulars mittels der Tabulator-Taste der Reihe nach „anzuspringen". Mit dem Attribut tabindex= können Sie diese Reihenfolge beeinflussen. Zulässig sind ganze Zahlen. Achten Sie darauf, jeden Tabulator-Index innerhalb des Formulars nur einmal zu vergeben.

Abschließend werden Ihnen die verschiedenen Möglichkeiten, die Ihnen der Befehl select bietet, noch einmal in der Praxis vorgeführt:

Abbildung 1.17: Der `select`-Befehl in Aktion

Der nachfolgende Abschnitt zeigt lediglich den für den select-Befehl relevanten Quelltext.

```
<form action="/cgi-bin/bestell.cgi" method="post">
<b>W&auml;hlen Sie den Spieler des Jahres:</b><br>
<select name="spieler" size="6" multiple>
<option value="jaf">Jan Aage Fj&ouml;rtoft</option>
<option value="hh">Horst Heldt</option>
<option value="dh">Dirk Heinen</option>
<option value="as">Alexander Schur</option>
<option value="gm">RC Guie-Mien</option>
<option value="tk">Thorsten Kracht</option>
</select>
<br>
<small>(Multiple Eingabem&ouml;glichkeiten, Wert von "size" =
6)</small>
<p>

<b>Wer wird Deutscher Meister?</b><br>
<small>(Hier ist nat&uuml;rlich nur eine Auswahl
zul&auml;ssig)</small>
<select name="meister">
<option value="sge">Eintracht Frankfurt</option>
<option value="fcb">FC Bayern</option>
<option value="s04">Schalke 04</option>
<option value="bl">Bayer Leverkusen</option>
<option value="bvb">Borussia Dortmund</option>
```

```
<option value="fck">1. FC Kaiserslautern</option>
<option value="koe">1. FC K&ouml;ln</option>
</select>
<br>
<small>(Pull Down Men&uuml;, nur eine Auswahl erlaubt)</small>
</form>
```

<textarea

Neben einzeiligen Eingabefeldern sind auch mehrzeilige Eingabefelder erlaubt, in die der Anwender einen längeren Text eingeben kann. Wie der input-Befehl kann <textarea> nur innerhalb einer Formulardefinition verwendet werden. Mehrzeilige Textfelder werden mit <textarea> eingeleitet und mit </textarea> abgeschlossen.

Wird zwischen diesen beiden Tags Text angegeben, wird dieser als Vorgabe im Eingabefeld angezeigt. Er kann vom Anwender überschrieben werden.

Breite des Eingabefeldes

<textarea cols="60">

Bei mehrzeiligen Eingabefeldern wird die Breite des Feldes mit dem Attribut cols= definiert. Angegeben wird hier die Anzahl der sichtbaren Zeichen pro Zeile. Die Browser haben teilweise unterschiedliche Auffassungen, wie diese Angabe tatsächlich umzusetzen ist.

Eingabefeld deaktivieren

<textarea disabled>

Mit dem Attribut disabled wird der Browser angewiesen, das mehrzeilige Eingabefeld zu deaktivieren. Dieses Attribut wird jedoch nicht von allen Browsern unterstützt.

Name des Eingabefeldes

<textarea name="feld1">

Mit dem Attribut name= weisen Sie dem Eingabefeld einen Namen zu. Dies ist nicht nur relevant für clientseitige Skripts, sondern auch für das Programm, welches die Formulardaten zur Weiterverarbeitung entgegennimmt. Das Programm benötigt immer eine Zuordnung aus Name des Feldes und Wert (Eingabe) des Feldes.

Nur lesbare Felder

<textarea readonly>

Mehrzeilige Textfelder können mit dem Attribut readonly als "nur lesbar" gekennzeichnet werden. Der Anwender kann den Inhalt des Feldes nicht überschreiben. Leider interpretieren viele WWW-Browser dieses Attribut noch nicht.

Höhe des Eingabefeldes

<textarea rows="10">

Bei mehrzeiligen Eingabefeldern wird die Höhe des Feldes in Zeilen gemessen. Dem Attribut rows= wird die Anzahl der Zeilen zugewiesen, die in dem Feld sichtbar sein sollen. Der Anwender kann durchaus mehr Text eingeben und über einen Scrollbalken am Rand des Feldes den sichtbaren Text verschieben.

Theoretisch ist die maximale Anzahl von Zeichen, die in ein mehrzeiliges Feld eingegeben werden können, nicht begrenzt. Viele Browser besitzen jedoch eine – von Browser zu Browser unterschiedliche – Grenze für das maximale Fassungsvermögen. Darüber hinausgehende Zeichen werden bei der Übertragung der Formulardaten ignoriert.

Tabindex zuweisen

<textarea tabindex="3">

Moderne Browser erlauben es dem Anwender, alle Felder eines Formulars mittels der Tabulator-Taste der Reihe nach „anzuspringen". Mit dem Attribut `tabindex=` können Sie diese Reihenfolge beeinflussen. Zulässig sind ganze Zahlen. Achten Sie darauf, jeden Tabulator-Index innerhalb des Formulars nur einmal zu vergeben.

Zeilenumbruch im Eingabefeld

<textarea wrap="virtual">

Für einen Anwender ist es meist sehr angenehm, wenn bei der Eingabe eines längeren Textes der Text in der Anzeige am Zeilenende des Eingabefeldes automatisch umgebrochen wird. Einige Browser erledigen dies selbständig, andere scrollen stattdessen den Anzeigebereich waagerecht. Mit dem nicht zum HTML-Standard gehörenden Attribut `wrap` können Sie dieses Verhalten beeinflussen. Mögliche Werte sind:

`virtual`	Automatischer Zeilenumbruch am Zeilenende des Eingabefeldes. Diese Zeilenumbrüche werden jedoch beim Absenden der Formulardaten nicht mit übertragen.
`physical`	Automatischer Zeilenumbruch am Zeilenende des Eingabefeldes. Diese Zeilenumbrüche werden mit übertragen.
`off`	Es erfolgt kein Zeilenumbruch.

1.12 Multimedia

Früher oder später erreicht fast jeder Autor eines World Wide Web-Projektes den Punkt, mehr als Text oder Grafik anbieten zu wollen. Seien es musikalische Untermalung, Videosequenzen oder spezielle Datenformate. Die bestehenden HTML-Befehle reichen hierfür nicht mehr aus. Trotzdem muss auf multimediale Inhalte nicht verzichtet werden. Der HTML Standard sieht besondere Tags für diese Zwecke vor. Innerhalb von HTML-Dateien werden diese Tags im Dateikörper zwischen `<body>` und `</body>` angegeben. Weitere Informationen zum Einbinden von Audio-Daten und Videos finden Sie im Abschnitt „Multimedia-Elemente in HTML" im zweiten Abschnitt des Buches.

<object...</object>

Das `<object>`-Tag ist eines der vielseitigsten im HTML-Wortschatz. Damit werden Objekte aller Art in HTML-Dateien eingebunden. Objekte sind in diesem Fall alle Typen von Dateien. Das können Videoclips, Audiodaten, spezielle Bildformate, Flash-Animationen, Java-Applets, Word-Dokumente, visualisierte chemische Formeln oder noch exotischere Dateiformate sein. Der `<object>`-Befehl ist universell ausgelegt und bietet eine einheitliche Syntax zum Einbinden von Dateitypen, die ein WWW-Browser nicht von sich aus unterstützt.

Ein Objekt wird an der Stelle innerhalb der HTML-Datei definiert, an der es später auch angezeigt werden soll. Eingeleitet wird es mit `<object>` und abgeschlossen mit `</object>`. Dazwischen können verschiedene Befehle stehen. Sinnvoll ist die Angabe eines erklärenden Textes oder einer Grafik als Alternative, falls das Objekt nicht dargestellt oder ausgeführt werden kann.

Beachten Sie bitte, dass viele Browser den `<object>`-Befehl nicht oder eventuell nur unvollständig unterstützen.

Ausrichtung des Objektes

<object align="top">

Mit dem Attribut align= bestimmen Sie die Ausrichtung einer Beschriftung oder eines um das Objekt fließenden Textes. Mögliche Werte sind:

left	Objekt wird linksbündig angezeigt, Text fließt rechts um das Objekt herum
right	Objekt wird rechtsbündig angezeigt, Text fließt links um das Objekt herum
center	Objekt wird zentriert, Text wird unterhalb des Objektes fortgeführt
top	Text wird als Beschriftung interpretiert und links oben neben dem Objekt positioniert
middle	Text wird als Beschriftung interpretiert und mittig neben dem Objekt positioniert
bottom	Text wird als Beschriftung interpretiert und am unteren Rand des Objektes positioniert

Externer Programmcode

<object archive="name.class">

Wird zur Anzeige oder Ausführung von Objekten zusätzlicher Programmcode benötigt, so können die entsprechenden Bibliotheken, durch Kommata (,) getrennt, dem Attribut archive= zugewiesen werden. Der Browser wird damit in die Lage versetzt, diese Dateien im Vorhinein zu laden. Geben Sie keinen voll qualifizierten Pfad an, werden die Programmbibliotheken in dem unter codebase= definierten Verzeichnis gesucht.

Rahmen für das Objekt

<object border="7">

Möchten Sie um das Objekt herum einen Rahmen ziehen, benutzen Sie das Attribut `border=`. Die Angabe der Rahmendicke erfolgt in Pixeln.

Das Objekt referenzieren

<object classid="http://www.projekt.de/application.ext">

Mit dem Attribut `classid=` referenzieren Sie das Programm, welches die Objektdatei ausführen oder anzeigen soll. Das ist üblicherweise ein PlugIn, welches dann auf den Rechner des Anwenders geladen wird. Sie können hier eine URL oder ein Programm ohne Pfadangabe definieren und die Pfadangabe über das Attribut `codebase=` steuern. Unter `classid=` kann aber auch eine spezielle Notation angegeben werden, wie sie beispielsweise Java-Applets verlangen. Beispiel:

<object classid="http://www.projekt.de/application.pln>

Hier wird ein ausführbares Programm angegeben.

<object classid="java:animation">

Java-Applets erwarten die Notation `f` gefolgt von der `.class`-Datei mit den ausführbaren Java-Befehlen.

<object classid="clsid:663C8FEF-1EF9-11CF-A3DB-080036F12502">

Active-X Controls erwarten die Notation `clsid:`, gefolgt von der unter Windows üblichen ID.

Vielfach liegt die Kunst der Einbindung von Objekten in der korrekten Angabe der `classid`- und begleitender Attribute. Entsprechende

Informationen dazu erhalten Sie üblicherweise beim Hersteller/Erfinder des speziellen Datentyps.

Verweis auf externe Quelle

<object codebase="http://www.projekt.de/code/ ">

Das Attribut codebase= erwartet einen relativen oder absoluten Pfad zu dem Verzeichnis, in dem sich das mit classid= definierte ausführbare Programm befindet. Geben Sie nur den Pfad ohne den Programmnamen an. Diese Angabe kann auch dann notwendig sein, wenn Sie bei classid= den voll qualifizierten Pfad definiert haben. Manche Programme laden zusätzlichen Code von dieser Adresse nach. Voreinstellung ist das Verzeichnis, in dem sich die HTML-Datei befindet.

Typ des externen Codes

<object codetype="application/octet-stream">

Das Attribut codetype= informiert den WWW-Browser darüber, von welchem Typ die unter classid= angegebenen Daten sind. Als Wert muss ein MIME-Typ zugewiesen werden. Dieses Attribut ist nicht zu verwechseln mit type=. Hier wird der Browser nicht über den Typ des Objektes informiert, sondern über den Typ des Programms, dass die Objektdaten ausführt.

Externe Daten und Datentypen

<object data="feier.avi" type="video/x-msvideo">

Ein <object>-Befehl besitzt in der Regel die beiden Attribute data= und type=.

data= definiert die einzubindende Datei. Dies kann eine beliebige Datei im gleichen Verzeichnis, auf dem eigenen Server oder auf anderen Servern sein.

Mit type= bestimmen Sie den Datentyp der einzubindenden Datei. Geben Sie einen gültigen MIME-Typ an. MIME steht für "Multipurpose Internet Mail Extensions". Dies ist ein Internet-Standard, um Dateitypen zu kennzeichnen.

Anstelle einer Objektdatei kann das Attribut data= auch den Namen einer Initialisierungsdatei für das mit classid= aufgerufene PlugIn enthalten. Welche Angabe exakt benötigt wird, ist von dem jeweiligen Datentyp und dem auszuführenden Programm abhängig.

Ankündigung eines Objektes

<object declare id="objektname"... >

Mit dem Attribut declare deklarieren Sie zunächst ein Objekt, ohne es jedoch zu aktivieren. Mit dem Attribut id= weisen Sie dem Objekt außerdem einen Namen zu, unter dem Sie es später an einer anderen Stelle der Datei ansprechen und somit aktivieren können. Beispiel:

```
<object declare id="video" data="hochzeit.mpeg" type="applica-
tion/mpeg">
  <img src="hochzeit.gif">
</object>
...
<A href="#video"> Unsere Hochzeitsfeier </A>
```

In diesem Beispiel deklarieren Sie ein Video, dass jedoch noch nicht sofort abgespielt wird. Stattdessen wird zunächst eine Grafik angezeigt. An anderer Stelle der HTML-Datei verweist ein Link auf den

Namen des Objektes, das hier wie ein Anker angesprochen wird, und aktiviert bei einem Klick das Video.

Eine Deklaration von Objekten kann auch dazu dienen, das Objekt später als Parameter für ein anderes Objekt zu verwenden. Beispiel:

```
<object declare id="schrift" type="application/x-webfont"
data="schrift.gif">
</object>
...
<object classid="http://www.projekt.de/viewer.com"
data="gedicht.txt">
  <param name="font" valuetype="object" value="#schrift">
</object>
```

In diesem ausgedachten Beispiel wird zunächst ein Objekt vom Typ „application/x-webfont" deklariert. Nehmen wir an, dieses Objekt generiert eine bestimmte Schrift, deren einzelne Zeichen es einer Grafikdatei entnimmt.

Das zweite Objekt ist ein Textbetrachter, der ein Gedicht anzeigen soll. Als Parameter wird diesem Betrachter eine Schrift angegeben, die bei der Darstellung verwendet werden soll. Diese Schrift wiederum wird durch das erste Objekt bestimmt. Die Referenz erfolgt mit dem Attribut value= im <param>-Befehl. Konkret wird die ID des ersten Objektes wie ein Anker referenziert.

Einzelheiten zum Befehl <param> sind weiter unten in diesem Kapitel beschrieben.

Höhe des Objektes

<object height="150">

Die Höhe des Objektes wird mit dem Attribut height= definiert. Zulässig sind hier ebenfalls die Anzahl der Pixel und eine prozentuale Angabe, gemessen an der Originalgröße des Objektes. Letzteres kann unter Umständen zu Problemen führen, wenn der Browser die Originalgröße nicht korrekt ermittelt.

Möglich ist auch die Angabe von width="0" height ="0", um die Anzeige zu unterdrücken. Dies kann beispielsweise sinnvoll sein, wenn zwar Sound abgespielt werden soll, aber die Anzeige der Soundsteuerung nicht gewünscht ist.

Horizontaler Abstand zum Objekt

<object hspace="10">

Durch die Angabe von hspace= bestimmen Sie den Abstand des Objektes zur rechten und linken Seite. Als Wert geben Sie die Anzahl der Pixel an.

Ladezustandsanzeige für Objekte

<object standby="Das Video wird geladen...">

Der Ladevorgang multimedialer Objekte kann längere Zeit beanspruchen, entweder, weil die Objektdatei selbst relativ groß ist, oder weil zunächst entsprechende PlugIns aktiviert werden müssen, die das Objekt anzeigen oder ausführen. Um den Anwender während dieser Zeit nicht auf eine leere Anzeigefläche starren zu lassen, besteht die Möglichkeit, mit dem Attribut standby= eine informative Meldung anzuzeigen, solange der Ladevorgang noch andauert.

Verweissensitive Bereiche

<object usemap="#imagemap">

Enthält das Objekt eine Grafik, dann kann diese Grafik mit dem Attribut usemap= als verweissensitiv definiert werden. Dazu wird als Wert der Name der Image Map mit den zu verschiedenen Zielen führenden Bereichen und Verweisen zugewiesen. Der Name der Image Map wird wie ein Anker angesprochen. Die Image Map kann sich also in der gleichen Datei oder auf einem beliebigen Server befinden.

Wie Sie eine Image Map definieren, ist unter <map>...</map> im Abschnitt „Verweise" der HTML-Referenz beschrieben.

Vertikaler Abstand

<object vspace="10">

Durch die Angabe von vspace= bestimmen Sie, dass das Objekt nach oben und unten den definierten Abstand einhält. Als Wert geben Sie die Anzahl der Pixel an.

Breite des Objekts

<object width="200">

Bei darstellbaren Objekten, die mittels eines PlugIns in die Anzeige der HTML-Datei eingefügt werden, ist es sinnvoll und oft auch notwendig, die Breite und Höhe des Objektes anzugeben. Damit wird der Browser angewiesen, eine entsprechende Freifläche zu reservieren, in die das nachgeladene Objekt eingepasst wird.

Die Breite des Objektes wird mit dem Attribut width= definiert. Zulässig sind die Anzahl der Pixel und eine prozentuale Angabe, gemessen an der Originalgröße des Objektes. Letzteres kann unter Umständen zu Problemen führen, wenn der Browser die Originalgröße nicht korrekt ermittelt.

1.13 Frames

Mit Hilfe von Frames sind Sie in der Lage, mehrere HTML-Dokumente gleichzeitig in einem Browserfenster anzuzeigen. Hierzu benötigen Sie mindestens drei Dateien:

Ein HTML-Dokument definiert die Aufteilung des Browserfensters, während die beiden anderen (oder mehr) Dokumente in diesem Fenster angezeigt werden. Zu den anzuzeigenden Dokumenten gibt es eigentlich nichts weiter zu sagen. Es handelt sich dabei um ganz „normale" HTML-Dokumente.

Weitere praktische Informationen zu Frames erhalten Sie im Kapitel „Erweiterte Möglichkeiten der Web-Seite" im Abschnitt „Anwendungsbeispiele".

Erstellen eines Framegerüstes

Anders verhält es sich mit der Datei, in der das Framegerüst definiert wird. Diese Datei gleicht nur auf den ersten Blick jeder anderen HTML-Datei.

Wie bei anderen HTML-Dokumenten auch, folgt nach dem einleitenden `<html>`-Tag der Deklarationsbereich, der sich zwischen den Befehlen `<head>` und `</head>` befindet. Daran schließt sich allerdings kein Inhaltsbereich mit `<body>` an, sondern der Definitionsteil für das Framegerüst.

In den folgenden Zeilen wird Ihnen der Aufbau einer Framedefinition erklärt und anschließend mit einem einfachen Beispiel verdeutlicht. Im Anschluss daran werden die Feinheiten beim Umgang mit Frames erläutert.

Der Framebereich eines HTML-Dokumentes wird mit dem Befehl `<frameset>` eingeleitet. Die Ausmaße der einzelnen Frames teilen Sie dem Browser mit den Attributen `cols` bzw. `rows` mit. Die Werte, die Sie diesen Attributen zuweisen können, sind entweder als absolute Zahlen oder als Prozentangaben (im Verhältnis zur Fenstergröße) zu tätigen. Ein weiterer möglicher Wert ist *. Welche Bedeutung diese Attribute im Einzelnen haben, erfahren Sie weiter unten.

Welche Seiten in welchem Frame dargestellt werden sollen, bestimmen Sie mit dem Befehl `<frame>`. Für jedes Dokument, dass Sie innerhalb Ihres Framegerüstes darstellen wollen, ist ein `<frame>`-Tag einzubinden. Mit Hilfe des Attributes `src` legen Sie fest, welche HTML-Datei innerhalb des Frames eingebunden wird.

Die einfachste Version einer Frameseite hat folgendes Aussehen:

```
<!DOCTYPE ...>
   <html>
      <head>
         <title>Das Framegerüst</title>
   </head>
      <frameset rows="50,*">
        <frame src="navi.htm">
        <frame src="inhalt.htm">
   </frameset>
   </html>
```

Wie Sie der folgenden Abbildung entnehmen können, haben wir es zwar in der Tat mit einer Frameseite zu tun, aber es gibt noch eine Menge von Verfeinerungen, mit denen Sie an der Optik und Funktionalität feilen können. Die dafür vorhandenen Befehle `<frame>`, `<frameset>`, `<noframe>` werden in alphabetischer Reihenfolge erläutert.

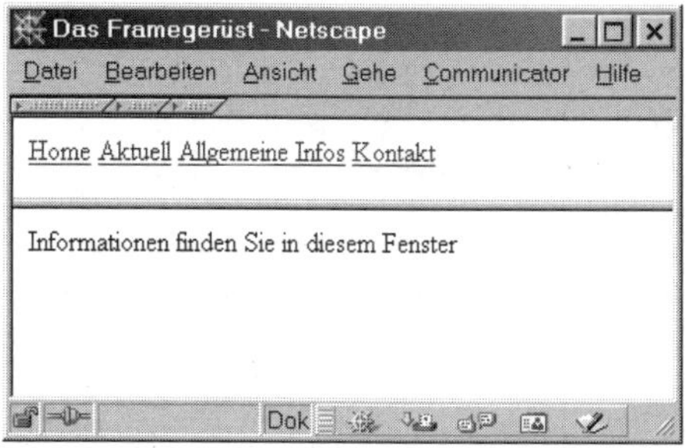

<frame>

Die einzelnen Frames werden zwischen `<frameset>` und `</frameset>` mit dem Befehl `<frame>` definiert. Da dieser Befehl keinen Schlussbefehl hat, lautet seine XHTML-Schreibweise `<frame />`. Er bietet Ihnen eine Vielzahl weiterer Einstellungsmöglichkeiten, die Ihnen hier erläutert werden.

Rahmen der Frames

```
<frame frameborder = "0"
```

Mit dem Attribut `frameborder` können Sie die Begrenzung der einzelnen Frameseiten steuern. Die zulässigen Werte für dieses Attribut sind `0` und `1`, wobei der Wert `0` die Framegrenzen unterdrückt und der Wert `1` die Grenzen für den aktuellen Frame darstellt. Beachten Sie, wenn Sie mehr als einen Frame in Ihrer Webpräsentation haben sollten, dass die obere Framegrenze kräftiger dargestellt wird als die untere. Wenn Sie keine Framegrenzen auf Ihren Seiten haben wollen, muss der Wert für alle Frames auf `0` gesetzt werden.

Abstände in einem Frame

<frame marginheight = "0"

Mit dem Attribut `marginhight` legen Sie fest, wie viel Abstand zwischen den Inhalten und den oberen und unteren Rändern der Frames ist.

<frame marginwidth = "0"

Mit dem Attribut `marginwidth` legen Sie fest, wie breit der Abstand zwischen den Inhalten und den seitlichen Rändern der Frames ist. Mit einem Attributwert von `0` können Sie die Inhalte so weit wie möglich in den Ecken Ihrer Webseiten positionieren. Allerdings werden – je nach Browser – ohnehin 1 bis 2 Pixel Freiraum reserviert.

Name des Frames

<frame name = "navigation"

Über den Namen lassen sich die Frames direkt ansprechen. Das wird in dem Moment wichtig, in dem Sie Verweise von einem Frame in einen anderen adressieren wollen. Im oben abgebildeten Beispiel würde ein Klick auf einen beliebigen Navigationspunkt das Ziel im Navigationsframe darstellen. Ziel ist es jedoch, dass der Verweis im Informationsfenster angezeigt wird. Zu diesem Zweck werden die Frames mit einem Namen versehen, der bei den korrespondierenden Verweisen als Ziel angegeben wird.

Feste Größen bei Frames

<frame noresize

Den Platz, den Sie den einzelnen Frames mit den Attributen `cols` oder `rows` zuweisen, gilt nur als Ausgangswert für die Darstellung. Nachdem die Seite(n) im Browserfenster aufgebaut ist/sind, können die Framegrenzen vom Betrachter mit der Maus verschoben werden. Falls dies nicht in Ihrem Sinne sein sollte, können Sie diese Möglichkeit mit dem Attribut `noresize` unterdrücken.

Rollbalken in Frames

<frame scrolling = "auto"

Das Attribut scrolling ermöglicht es Ihnen, die Darstellung einer Bildlaufleiste zu unterdrücken oder zu erlauben (yes). Die Standardeinstellung auto schaltet eine Bildlaufleiste nur im Bedarfsfall zu.

Quelle des Framedokumentes

<frame src = "url"

Dieses Attribut ist im <frame>-Befehl zwingend erforderlich. Mit dem Attribut src teilen Sie dem Browser mit, welche Datei in dem aktuellen Frame dargestellt werden soll.

<noframes>...</noframes>

Für Betrachter, die nicht über einen frametauglichen Browser verfügen, können Sie nach dem schließenden </frameset>-Befehl spezielle Informationen bereitstellen. Diese werden wie eine eigene HTML-Seite zwischen dem Befehlspaar <noframes> und </noframes> eingegeben. Innerhalb dieses Bereiches sind alle HTML-Befehle zulässig.

<frameset>...</frameset>

Der <frameset>-Befehl dient ausschließlich dazu, den einzelnen Frames ihren Raum zuzuweisen.

<frameset cols="150,400">

Mit dem cols-Attribut teilen Sie das Browserfenster in mehrere Spalten (cols = Spalten) auf. Für jede Spalte müssen Sie einen Wert eingeben, der festlegt, wie groß der jeweilige Anteil des Fensters ist.

Die Werte gelten für die anzuzeigenden Dokumente links nach rechts.

Folgende Werte sind möglich:

`Ganze Zahlen`	Absolute Breite des Frames. Anzahl in Pixeln.
`Prozentzahl`	Anteil am Gesamtfenster in Prozent
`*`	Die nicht anderweitig vergebene Fläche

Für jeden Frame wird dem Attribut ein Wert zugewiesen. Die Werte werden durch Kommata voneinander getrennt.

Eine absolute Zahl gibt an, wie viele Reihen dem entsprechenden Frame zugewiesen werden. Prozentzahlen bestimmen den Raum des Frames, relativ zum gesamten Browserfenster gesehen. Die Summe sollte also 100% nicht übersteigen. Mit * können Sie angeben, dass der Frame, dem dieser Wert zugewiesen wurde, den Platz erhält, der nicht von den anderen Frames belegt wird. In Verbindung mit einer Ganzzahl können Sie das Sternchen allerdings auch dazu verwenden, ein Größenverhältnis zwischen den einzelnen Frames zu bestimmen. Ein Attributwert `rows="2*,*"` legt fest, dass der obere Frame immer doppelt so groß ist wie der untere.

<frameset rows="160,400">

Analog zu der Aufteilung in Spalten können Sie ein Browserfenster auch in Reihen (`rows` = Reihen) aufteilen.

Auch hier stehen Ihnen verschiedene Attributewerte zur Modifikation der einzelnen Frames zu Verfügung:

Folgende Werte sind möglich:

`Ganze Zahlen`	Absolute Höhe des Frames. Anzahl in Pixeln.
`Prozentzahl`	Anteil am Gesamtfenster in Prozent
*	Die nicht anderweitig vergebene Fläche

Für jeden Frame wird dem Attribut ein Wert zugewiesen. Die Werte werden durch Kommata voneinander getrennt.

Eine absolute Zahl gibt an, wie viele Spalten bzw. Reihen der jeweilige Frame einnimmt; Prozentzahlen bestimmen den Raum des Frames, relativ zum gesamten Browserfenster gesehen. Die Summe sollte also 100% nicht übersteigen. Mit * können Sie angeben, dass der Frame, dem dieser Wert zugewiesen wurde, den Platz erhält, der nicht von den anderen Frames belegt wird. In Verbindung mit einer Ganzzahl können Sie das Sternchen allerdings auch dazu verwenden, ein Größenverhältnis zwischen den einzelnen Frames zu bestimmen. Ein Attributwert `rows="2*,*"` legt fest, dass der linke Frame immer doppelt so groß ist wie der rechte.

1.14 Layer

Mit Layern kann man Ebenen definieren, die man unterschiedlich zum eigentlichen HTML-Dokument füllen kann. So können Ebenen eine eigene Hintergrundfarbe oder ein eigenes Hintergrundbild haben. So können Sie z.B. Text wie eine transparente „Folie" über eine Grafik legen. Ihre besondere Eigenschaft besteht darin, dass man sie frei positionieren und mit Hilfe von JavaScript bewegen kann. Man stelle sich diese Ebenen als zusätzliche Fenster innerhalb des Browsers vor, nur dass sie keinen Rahmen haben.

Innerhalb eines Layers können sämtliche HTML-Befehle benutzt werden, die auch im `<body>`-Block zur Anwendung kommen. Auch das Verschachteln mehrerer Layer ineinander ist möglich.

Die Layer wurden von Netscape in der Version ab 4.0 eingeführt, wurden aber nicht in den HTML-Standard aufgenommen. Daher funktionieren sie nur unter Netscape 4.xx. Selbst die Netscapeversion 6.0 ignoriert diese Befehle. Daher sollte man sie nicht mehr verwenden.

Der HTML-Standard sieht für diesen Zweck die Befehle `<div>` und `<span>` vor, die allerdings ausschließlich mit Hilfe von CSS positioniert und gestaltet werden können.

<div> ... </div>

`<div>` steht für Division und heißt auf deutsch Bereich. Der `<div>`-Tag kennt im Vergleich zum `<layer>`-Tag recht wenige Attribute, weil die grundlegenden Eigenschaften über Style Sheets definiert werden.

Auch die Positionierung und die Größe bestimmen Sie mit Hilfe von Style Sheets, dafür gibt es die Attribute `style` und `class`. `Style` nimmt man, um innerhalb des `<div>`-Tags die Stilelemente zu bestimmen, und mit Hilfe von `class` kann man außerhalb definierte Styles übernehmen. Ich werde die Parameter zur Positionierung mit Hilfe von `style` weiter unten erklären. Die weiteren Möglichkeiten, die Ihnen zur Verfügung stehen, entnehmen Sie bitte dem CSS-Kapitel.

Zur Ausrichtung des Bereichsinhalts gibt es noch `align`, welches inzwischen allerdings nicht mehr zum HTML-Standard gehört und nicht verwendet werden sollte.

`align:`

Dieses Attribut ist dazu da, den Inhalt des Bereichs auszurichten. Mögliche Werte sind da:

center	zentriert
justify	Blocksatz
left	linksbündig
right	rechtsbündig

```
<div align="center"> Zentrierter Text </div>
```

Hier wird der Text zentriert dargestellt.

class:

Wenn man die Eigenschaften eines Bereichs außerhalb des <div>-Tags definieren möchte, so braucht man das Attribut class.

Zunächst wird gewöhnlicherweise im HTML-Header der entsprechende Style definiert. Hier nur ein kleines Beispiel, da die Definition von StyleSheets im CSS-Kapitel beschrieben wird:

```
<style type="text/css">
div.x { position:absolute; top:40px; left:30px; width:100px;
   height:300px}
</style>
```

Hier haben wir eine so genannte Klasse für div erstellt und diese „x" genannt. Die einzelnen Parameter haben folgende Bedeutung:

height	Höhe des Bereichs
left	Abstand zum linken Rand
position	absolute bedeutet hier, dass absolut zum Dokumentrand positioniert wird. Im CSS-Teil erfahren Sie mehr über position.
top	Abstand nach oben
width	Breite des Bereichs

Diese Klasse können wir dann im <div>-Tag wie folgt anwenden:

```
<div class="x"> … </div>
```

Die Eigenschaften, die im Style-Sheet unter div.x definiert wurden, werden hier durch class="x" übernommen.

style:

Mit Hilfe des Arguments style kann man die Stilelemente direkt im <div>-Tag selbst bestimmen:

```
<div style="position:absolute; left:30px; top:40px; width:300px; height:100px;"> … </div>
```

Hier wird also wie im obigen Beispiel schon ein Bereich definiert, der 30 Punkte vom linken und 40 Punkte vom oberen Dokumentrand entfernt ist. Die Höhe ist 100 Punkte und die Breite 300 Punkte.

Die Möglichkeiten, die sich durch CSS ergeben, sind mannigfaltig. Sie werden im CSS-Teil dieses Buches genauer beschrieben.

<ilayer> ...</ilayer>

ilayer heißt inline layer und bedeutet einfach, dass ein Layer innerhalb der aktuellen Zeile erstellt wird. Die Angaben left und top beziehen sich dann folgerichtig auf die aktuelle Zeile, in der der Layer erstellt wird:

<ilayer top="5" left="5" …> … <ilayer> erstellt einen inline Layer, der 5 Punkte tiefer und 5 Punkte weiter rechts ist als der bisherige Zeilenverlauf.

Bis auf diesen Unterschied ist die Verwendung von <ilayer> analog zu <layer>.

Die weiteren Attribute, die Sie in Verbindung mit <ilayer> verwenden können, werden unter <layer> beschrieben.

<layer> ... </layer>

Mit dem Befehl `<layer>` wird eine Ebene eingeleitet und mit `</layer>` wieder abgeschlossen. Zur Gestaltung der Layer werden eine Reihe von Attributen verwendet.

Zur Positionierung eines Layers gibt es die Attribute `left` und `top`, bzw. `pagex` und `pagey`.

Die Größe eines Layers wird mit `width` und `height` definiert. Wenn der Inhalt eines Layers größer ist als mit diesen Werten angegeben, dann wird der Layer automatisch vergrößert. Das verhindert man mit dem Attribut `clip`.

Um den Hintergrund des Layers zu gestalten, nimmt man die Attribute `background`, `bgcolor` und `src`.

Zur Organisation von Layern untereinander gibt es `above`, `below`, `id`, `name` und `z-index`. Diese Attribute sind notwendig, um die Überlappung der einzelnen Layer festzulegen.

Zu guter Letzt gibt es noch das Attribut `visibility`, das bestimmt, ob ein Layer zum Zeitpunkt der Erstellung bereits sichtbar sein soll oder nicht.

above:

Mit `above` kann man festlegen, dass ein vorher definierter Layer oberhalb des gerade erstellten Layer angezeigt werden soll. Damit `above` die einzelnen Layer auch identifizieren kann, muss dem Layer mit Hilfe von `id` oder `name` eine Bezeichnung vergeben worden sein (siehe weiter unten).

```
<layer id="layer1" ...>

<layer id="layer2" above="layer1" ...>
```

In diesem Beispiel überdeckt „layer1" den „layer2".

background:

Mit background wird einem Layer ein Hintergrundbild zugewiesen. Die Anwendung entspricht dabei dem <body>-Tag.

```
<layer background="bild.gif" ...>
```

below:

below ist das Gegenstück zu above und bewirkt, dass ein vorhandener Layer unterhalb des gerade erstellten Layers erscheint. Auch hier muss zur eindeutigen Identifizierung dem Layer mit Hilfe von id oder name eine Bezeichnung vergeben werden.

```
<layer id="layer1" ...>
<layer id="layer2" below="layer1" ...>
```

In diesem Beispiel überdeckt „layer2" den „layer1".

bgcolor:

Mit bgcolor kann man eine Hintergrundfarbe für den Layer festlegen. Die Anwendung ist genauso wie beim <body>-Tag:

```
<layer bgcolor="#dd0000" ...>
```

Hier hat der Layer eine rote Hintergrundfarbe.

clip:

Layer haben die Eigenschaft, dass Höhen- und Breitenangaben nur dann eingehalten werden, wenn der Inhalt nicht größer als der Layer selbst ist. Ansonsten wird der Layer kurzerhand vergrößert.

Das können Sie mit dem Attribut clip verhindern. Dabei kann man clip mit zwei oder vier Parametern verwenden. Beispiel:

```
<layer clip="200, 100" ... >
```

In diesem Fall bedeutet, dass der angezeigte Bereich des Layers auf die Breite 200 und Höhe 100 begrenzt wird. Dabei ist es unerheblich, welche Werte man bei `width` und `height` angegeben hat.

Gibt man aber vier Parameter an, so definieren die ersten beiden Werte die linke obere Ecke des Ausschnittes, die beiden anderen Werte dementsprechend die rechte untere Ecke. Dabei beziehen sich die Abstände stets auf den linken oberen Punkt des Layers:

```
<layer clip="20,30,150,100" ... >
```

In diesem Fall wird also ein Ausschnitt des Layers angezeigt, der 20 Punkte rechts und 30 Punkte weiter unten von der linken oberen Ecke des Layers beginnt und 150 Punkte rechts und 100 Punkte weiter unten aufhört. Der Ausschnitt hat somit eine Größe von 120 x 70 Bildpunkten.

height:

Mit `height` bestimmt man die Höhe eines Layers:

```
<layer height="50" … >
```

Id:

Die beiden Attribute `id` und `name` werden gebraucht, um einem Layer eine eindeutige Bezeichnung zu geben. Die Bezeichnung wird in Verbindung mit den Attributen `above` und `below` gebraucht. Des Weiteren wird die Identifikation benötigt, wenn einzelne Layer mit Hilfe von Javascript manipuliert werden sollen. Die Verwendung von `id` und `name` ist gleich.

```
<layer id="layer1" … >

<layer name="layer1" … >
```

left:

Mit left bestimmt man den Abstand zum linken Rand. Dabei bezieht sich left in der Regel auf den linken Dokumentrand. Bei verschachtelten Layern bezieht sich left auf den linken Rand des übergeordneten Layers.

name:

Das Attribut name wird dieselbe Funktion wie id (siehe weiter oben).

pagex:

Mit pagex bestimmt man genauso wie mit left den Abstand zum linken Rand. Der Unterschied hierbei ist, dass pagex sich immer auf den Dokumentrand bezieht.

```
<layer pagex="30" … >
```

pagey:

Mit pagey bestimmt man den Abstand zum oberen Dokumentrand.

```
<layer pagey="40" … >
```

src:

Man kann man mit dem Attribut src= einen Layer mit Inhalt aus einer externen Datei füllen:

```
<layer src="fremdedatei.htm" … >
```

Auch in diesem Fall gilt, dass der Layer automatisch vergrößert wird, falls der Inhalt der externen Datei größer ist. Abhilfe schafft man sich auch hier mit dem Attribut clip.

top:

Mit `top` bestimmt man den Abstand zum oberen Rand. Auch hier gilt wie bei `left`, dass es sich in der Regel um den Dokumentrand handelt. Wenn der Layer verschachtelt ist, bezieht sich `top` auf den Rand des Vorgängerlayers. Möchte man stattdessen den Abstand zum oberen Dokumentrand bestimmen, so nimmt man `pagey`.

```
<layer top="30" … >
```

visibility:

Mit `visibility` kann man bestimmen, ob zum Zeitpunkt der Erstellung ein Layer sichtbar sein soll oder nicht. Dabei gibt es 3 Möglichkeiten: `show`, `hide` und `inherit`.

Dabei steht `show` für Zeigen und `hide` für Verstecken. `Inherit` findet Verwendung bei verschachtelten Layern und bedeutet, dass der Layer den gleichen Zustand einnimmt wie der Layer, in den er verschachtelt ist:

```
<layer id="x" visibility="hide" …> …
<layer id="y" visibitity="inherit" …> … </layer>
… </layer>
```

Hier wird der Layer „y" innerhalb des Layers „x" erstellt und ist somit verschachtelt. Layer „x" ist durch das Attribut `visibility="hide"` unsichtbar. Da beim Layer „y" `visibility="inherit"` steht, nimmt dieser den gleichen Zustand ein wie sein Elternteil und ist somit auch unsichtbar.

width:

Mit `width` legt man fest, wie breit ein Layer sein soll.

```
<layer width="300" … >
z-index:
```

Eine Möglichkeit, die Reihenfolge der Layer festzulegen, ist das Attribut `z-index`. Dem `z-index` werden Zahlen zugewiesen. Dabei werden Layer mit einem höheren `z-index` weiter im Vordergrund dargestellt als jene mit einem kleineren `z-index`.

```
<layer id="x" z-index="4" ...> ... </layer>
<layer id="y" z-index="1" ...> ... </layer>
```

In diesem Beispiel wird Layer „y" von Layer „x" überdeckt.

<span> ... </span>

`<span>` generiert einen Bereich innerhalb der aktuellen Zeile und erzeugt keinen eigenen Absatz wie `<div>`. Somit ist `<span>` vergleichbar mit `<ilayer>` unter Netscape.

Genau genommen wird `<span>` verwendet, um im Verlauf einer Zeile die Stilelemente zu ändern:

```
Vorhergehender Text <span style="color:#AA0000; background-color:#009900;"> Text in Rot auf Grün </span> weiterer Text
```

Hier wird ein kleiner Bereich eingeschoben, in dem die Text- und Hintergrundfarbe sich vom umgebenden Text unterscheiden. Wie bereits erwähnt, sind die Anwendungsmöglichkeiten von Styles sehr reichhaltig und sollten im entsprechenden Kapitel nachgeschlagen werden.

2 CSS-Referenz

2.1 Was ist CSS ?

Bei CSS (Cascading Style Sheets) handelt es sich um eine Style Sheet-Sprache. Mit Hilfe von Style Sheets können Formateigenschaften von HTML-Befehlen bestimmt werden. Sie gehören offiziell zu HTML. Das W3-Konsortium schlägt CSS als Style Sheet-Sprache ausdrücklich vor, da es hervorragend auf HTML abgestimmt ist. Es existieren zwar noch andere Style Sheet-Sprachen, die mit Abstand bekannteste und am meisten eingesetzte ist jedoch CSS.

Die aktuellsten Informationen zu CSS, HTML, XHTML und XML findet man immer unter `http://www.w3.org` (die URL führt zur Homepage des W3-Konsortiums).

CSS wird, wie auch HTML, regelmäßig aktualisiert. So gibt es zwei Versionen, 1.0 und 2.0. Leider setzen die meisten aktuellen Browser nicht alle Befehle korrekt um oder verwenden sogar eigene (z. B. Hover beim Internet Explorer). Grundsätzlich unterstützen die beiden großen Browser, Netscape Navigator und Internet Explorer jedoch das komplette CSS 1.0 ab der Browserversion 4.0. Teilweise werden auch einzelne Befehle der CSS-Version 2.0 unterstützt.

Zur Zeit wird auch an der neuen CSS 3.0-Version gearbeitet, die – wie auch CSS 2.0 – diese Style Sheet-Sprache weiterentwickeln wird. Mit CSS 3.0 wird es möglich werden, vollwertige Klassen und Module zu definieren, was einem Webmaster einen größeren Spielraum beim Design erlaubt. Die neuesten Informationen zu CSS 3.0 findet man auf den oben angegebenen Webseiten des W3-Konsortiums.

In dieser Referenz wird bei jedem Befehl erwähnt, zu welcher CSS-Version er gehört. Es liegt im Ermessen des Programmierers, ob er die neuen CSS 2.0-Befehle mit dem Risiko anwenden will, dass sie fehlerhaft umgesetzt werden, oder lieber nur CSS 1.0 verwendet.

2.2 Anwendung von CSS

Der Einbau von CSS in HTML-Dokumente ist auf drei Arten möglich. Zum einen kann man Style Sheet-Befehle innerhalb des <HEAD>-Tags einbauen, damit sie für eine ganze Webseite gelten, sie direkt in einen HTML-Tag einbauen, damit sie nur für diesen Tag gelten oder sie extern aus einer separaten Datei mit den Endungen .css oder .txt aufrufen. Alle Versionen haben Vor- und Nachteile.

Baut man Style Sheets direkt in die Webseite ein, so wird die Ladezeit jeder einzelnen Webseite einer umfangreichen Homepage vergrößert. Änderungen am Layout oder an Formaten sind nur umständlich möglich, da man jede Webseite einzeln ändern muss. Der Vorteil ist jedoch die geringere Fehlerquote, da die meisten Browser diesen Einbau von CSS unterstützen.

Externe Style Sheets in Text- oder CSS-Dateien bereiten hingegen einigen Browsern Probleme. Bereits beim Einbau der externen Style Sheets gibt es zwei Varianten, von denen die HTML-Version wesentlich sicherer ist als die CSS-Version. Hieran sieht man schon, dass diese Einbau-Version etwas riskanter sein kann. Der große Vorteil von externen Style Sheets ist jedoch klar. Die Ladezeiten aller Webseiten einer Homepage werden verringert und Änderungen am Layout und an Formatierungen sind in wenigen Minuten für die gesamte Homepage machbar.

In der Praxis finden sich beide Einbau-Versionen, wobei der Trend eher zu den externen Style Sheets geht. Da beide Einbau-Versionen auch kombinierbar sind, kann man auch immer „auf Nummer sicher gehen" und sowohl externe Style Sheets benutzen, wie auch einige, in der Webseite, eingebettete Style Sheets verwenden. Im Konfliktfall werden die eingebetteten Befehle bevorzugt.

2.3 Beispiele

Zum besseren Verständnis folgt nun jeweils ein Beispiel für eingebettete Style Sheets und externe Style Sheets. Hier das Beispiel für ein eingebettetes Style Sheet:

```
<html>
<head>
<style type="text/css">
<!--
h1 { font-size:12pt; color:#FF0000; font-family:arial; }
b { font-size:24pt;color:#0000ff;font-family:arial; }
//-->
</style>
</head>
<body>
Normaler Text<br>
<h1>Text mit dem neuen h1-Format</h1>
<b>Text mit dem neuen b-Format</b>
</body>
</html>
```

Möchte man hingegen nicht eine ganze Webseite formatieren, sondern nur einzelne Stellen eines Codes, kann man auch diese Variante einsetzen:

```
<html>
<body>
Normaler Text<br>
<i style="font-size:40pt;color:#ff00ff;">Text mit dem neuen
   i-Format</i>
</body>
</html>
```

Für ein externes Style Sheet benötigt man zwei Dateien, eine HTML und eine Style Sheet-Datei. Es folgt erst einmal die HTML-Datei:

```
<html>
<head>
<link rel="stylesheet" type="text/css" href="cssvor-
   lage.css">
</head>
<body>
Dies ist ein normaler Text.<br>
<b>Dies ist ein fetter Text.</b><br>
<i id="neu">Dies ist ein kursiv-formatierter Text.</i><br>
<p class="neu">Neues Textformat.</p>
<h3>Überschrift h3</h3>
<h4>Überschrift h4</h4>
</body>
</html>
```

Die dazugehörige CSS-Datei muss für dieses Beispiel im gleichen Verzeichnis wie die vorhergehende HTML-Datei als `cssvorlage.css` gespeichert werden:

```
<!
body { margin-top:100px;margin-bottom:10px;margin-
   left:100px;}
b { font-family:Courier New,Courier;font-size:30pt;
   color:#FF0000; }
i { font-family:Courier New,Courier;font-size:20pt;
   color:#0000FF; }
p.neu { font-size:16pt;color:#987654;font-family:Arial,Cou-
   rier New,Times; }
h1,h2,h3 { color:pink; }
h4,h5 { color:green; }
//-->
```

2.4 Klassen

CSS ermöglicht auch einen begrenzten Einsatz von Klassen. So kann einer Webseite im `<head>`-Tag eine individuelle Formatierung zugewiesen werden, die dann auf der Webseite aufgerufen werden kann. Um eine Klasse zu erstellen, wird hinter dem zu beeinflussenden Tag ein Punkt und ein frei wählbarer Name angegeben, bevor dann die Definitionen folgen. Der individuelle Name sollte keine Sonderzeichen enthalten, da dies zu Fehlern führen kann. Hier ein Beispiel:

```
<html>
<body>
<head>
```

```
<style type="text/css">
<!--
i.rot { font-size:10pt;color:red; }
i.blau { color:blue; }
//-->
</style>
</head>
<body>
Ein normaler Text mit <i>kursivem Buchstaben</i> und <i
   class="rot"> der modifizierte rote Kursivschrift.</
   i><br>
<i class="blau">Die blau formatierte Kursivschrift</i> ist
   aber auch sehr schön.
</body>
</html>
```

Möchte man hingegen eine allgemeine Formatierung für mehrere Tags zuweisen, wäre diese Variante sehr umständlich. Mit dem Attribut `all` vor einem Klassennamen und einer Definition kann dies jedoch erheblich vereinfacht werden:

```
<html>
<body>
<head>
<style type="text/css">
<!--
all.exotic { font-size:14pt;color:yellow;font-weight:bold;
   }
```

```
//-->
</style>
</head>
<body>
Mit <i>all</i> können wir <i class="exotic">jeden beliebi-
    gen</i> Text und Tag die definierte Klasse zuweisen.
    Dies funktioniert natürlich auch bei <u
    class="exotic">unterstrichenem Text</u> oder auch <h3
    class="exotic">Überschriften</h3>.
</body>
</html>
```

2.5 Kurzbeschreibung aller CSS-Befehle der Version 1.0 und 2.0

Die Befehlsreferenz beschreibt kurz jeden CSS-Befehl, weist die Version des Befehles aus und stellt ein kurzes Beispiel vor. Der Übersicht zuliebe wurden die Befehle in folgende Abschnitte aufgeteilt:

- Textformatierungen
- Filter
- Layout
- Multimedia

Textformatierungen

:active

CSS: **2.0**

Mit `:active` werden die grafischen Eigenschaften eines aktiven Links (also eines Links beim Anklicken) definiert. Dieser Befehl ist um zahlreiche Formatierungen z. B. Farbe, Schriftart usw. erweiterbar.

```
<style type="text/css">
a:active { color:#0000ff;font-style:none; }
</style>
```

:after

CSS: **2.0**

Dieser Befehl ermöglicht das Einfügen eines vordefinierten Standardtextes nach einem anderen Element.

```
<style type="text/css">
p.beispiel:after { content:" Meldung nach einem Element"; }
</style>
```

:before

CSS: **2.0**

Mit `:before` ist das Einfügen eines vordefinierten Standardtextes vor einem anderen Element möglich.

```
<style type="text/css">
p.beispiel:before { content:" Meldung vor einem Element" }
</style>
```

:first-letter
CSS: **1.0**

Dieser Befehl verleiht dem ersten Schriftzeichen eines Absatzes eine individuelle Formatierung.

```
<style type="text/css">
p:first-letter { font-variant:small-caps;font-size: 50%;  }
</style>
```

:first-line
CSS: **2.0**

Mit `:first-line` verleiht man der ersten Textzeile eines Absatzes eine individuelle Formatierung. Im Gegensatz zu `:first-letter` steht `:first-line` direkt nach dem zu beeinflussenden Tag.

```
<style type="text/css">
p:first-line { color:blue;  }
</style>
```

:hover
CSS: **2.0**

Dieser Befehl gehört nicht offiziell zu CSS und wird nur vom Internet Explorer von Microsoft unterstützt. `:hover` verändert die optischen Linkeigenschaften eines Links, wenn Sie mit dem Mauszeiger auf diesen Link zeigen. Auch dieser Befehl ist um zahlreiche Formatierungen wie z. B. Farbe, Schriftart oder Unter-/Überstreichungen erweiterbar.

```
<style type="text/css">
a:hover { color:#ff0000;font-style:overline;  }
</style>
```

:link

CSS: **2.0**

Mit `:link` werden die grafischen Eigenschaften eines unbesuchten Links definiert. Dieser Befehl ist um zahlreiche Formatierungen wie z. B. Farbe, Schriftart usw. erweiterbar.

```
<style type="text/css">
a:link { color:blue;font-style:underline; }
</style>
```

:visited

CSS: **2.0**

Mit dem Befehl `:visited` werden die grafischen Eigenschaften eines besuchten Links definieret. Dieser Befehl ist um zahlreiche Formatierungen wie z. B. Farbe, Schriftart usw. erweiterbar.

```
<style type="text/css">
a:visited { color:#330033;font-style:none; }
</style>
```

alignment

CSS: **1.0**

Mit diesem Befehl werden Absätze bündig oder zentriert ausgerichtet. `alignment` kann folgende Werte annehmen:

left	Linksbündig
center	Zentriert
right	Rechtsbündig
justify	Blocksatz

```
<style type="text/css">
ul { alignment:center; }
</style>
```

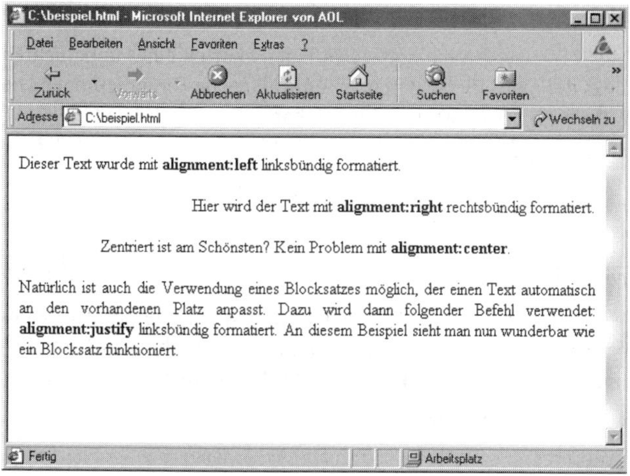

Abbildung 2.1: Ein Beispiel für die Ausrichtung von Text.

color CSS: **1.0**

Mit color wird einem Text eine Schriftfarbe zugewiesen. Der Wert von `color` kann ein RGB-Farbcode oder Farbenwert sein.

```
<body>
<p style="color:red;"> Farbiger Text</p>
</body>
```

@font-face

CSS: **2.0**

Dieser neue CSS-Befehl ermöglicht die sehr detaillierte Definition einer Schriftart. Hinter font-family steht der Name der Schriftart (z. B. Arabian), hinter src die URL, wo sich diese Schriftart befindet. Es ist erlaubt, mehrere Schriftarten anzugeben, was auch sinnvoll ist, da einige Browser nur EOT- oder nur PFR-Dateien akzeptieren.

```
<style type= „text/css">
   @font-face { font-family:Baloon; src:url(../../
   baloon.eot),url(../../baloon.pfr); }
   </style>
```

font

CSS: **1.0**

Mit `font` können Schriftformatierungen inklusive weiterer Attribute wie z. B. Schriftgröße und Schriftart definiert werden.

```
<body>
Hier steht Text in NORMAL<br>
<p style ="font:bold 12pt Arial;">Hier steht Text in ARIAL,
   12pt und fett</p>
</body>
```

font-family

CSS: **1.0**

Mit `font-family` kann Texten eine Schriftart zugewiesen werden. Alternative Schriftarten werden durch Kommata getrennt angegeben. Sollte die zuerst aufgeführte Schrift auf einem Computer nicht vorhanden sein, wird automatisch die nächste verwendet. Befindet sich keine der aufgeführten Schriften auf dem Rechner, so wird die Standardschrift benutzt. Das W3-Konsortium empfiehlt die Auflistung eines allgemeinen Schrifttypes als letzte Alternative. Allgemeine Schrifttypen sind:

cursive	z. B. Zapf-Chancery	Eine kursive Schriftart.
fantasy	z. B. Western	Eine verzierte Schriftart.
monospace	z. B. Courier	Eine gleichmäßige Schriftart.
sans-serif	z. B. Helvetica	Eine modern-römische Schriftart.
serif	z. B. Times	Eine klassisch-römische Schriftart.

```
<style type = „text/css">
b { font-family:Verdana,Helvetica,Arial;sans-serif; }
</style>
```

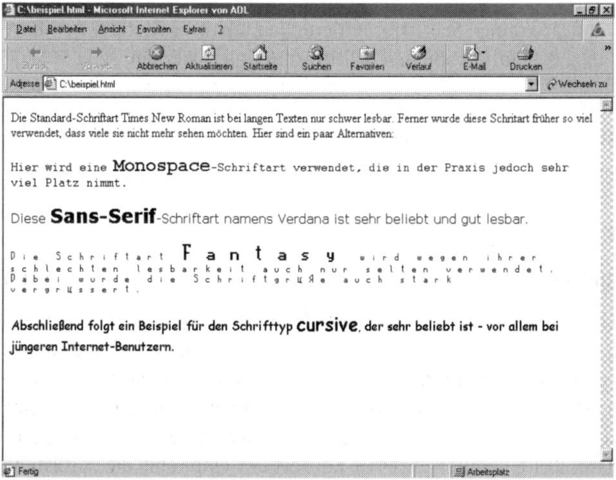

Abbildung 2.2: Jede Schriftart hat Vor-und Nachteile.

font-size

CSS: **1.0**

Dieses Tag bestimmt die Schriftgröße. `font-size` kann einen Zahlenwert annehmen, der die Größe in Punkten angibt (z. B. `10pt`), oder einen Prozentwert annehmen, der die Schriftgröße prozentual zum Standardtext definiert (z. B. `200%`). Statt Zahlen können auch folgende Werte verwendet werden:

xx-small	Extrem klein
x-small	Sehr klein
small	Klein
medium	Normal
large	Groß
x-large	Sehr groß
xx-large	Extrem groß

```
<body>
Hier steht Text in NORMAL<br>
<i style ="font-size:500%">Dieser Text ist 500% größer als
   der Standardtext</i>
</body>
```

font-style

CSS: **1.0**

Mit diesem Befehl wird der Stil der Schriftart bestimmt. `font-style` kann folgende Werte annehmen: `normal`, `italic`, `oblique`. Die beiden Letztgenannten sind kursive Schriftarten.

```
<body>
Hier steht Text in NORMAL<br>
<p style ="font-style:italic">Kursiver Text</p>
</body>
```

font-variant

CSS: **1.0**

Dieser Befehl ermöglicht den Einsatz von Kapitälchen. `font-variant` kann den Wert `normal` oder `small-caps` annehmen, um die Kapitälchen aus- oder einzuschalten.

```
<style type="text/css">
b { font-variant:small-caps }
</style>
```

font-weight

CSS: **1.0**

Dieses Tag bestimmt die Gewichtung der Schriftart. `font-weight` kann folgende Werte annehmen: Einen Wert von 100 bis 900, wobei 100 für dünn und 900 für dick steht, sowie die Werte `lighter`, `normal`, `bold` und `bolder` für die Abstufungen von dünn zu dick geschriebenen Texten.

```
<style type="text/css">
tt { font weight:bold }
</style>
```

letter-spacing

CSS: **1.0**

Durch den Einsatz dieses Befehles kann der Leerraum zwischen den Buchstaben im Text definiert werden.

```
<body>
<p style="letter-spacing:10px;"> Text mit 10px Zeichenab-
   stand.</p>
</body>
```

line-height

CSS: **1.0**

Mit dem Befehl `line-height` wird die Zeilenhöhe eines Textes geregelt.

```
<body>
<p style="line-height:24px;"> Text der Webseite.</p>
</body>
```

list-style

CSS: **1.0**

Dies ist der Basisbefehl für Listentags und regelt die optische Ausgabe von Listen. Je nach Erweiterung dieses Tags kann das Listensymbol, die Listenausrichtung und die Listenart bestimmt werden.

```
<style type="text/css">
ul { list-style:disc; }
</style>
```

list-style-image

CSS: **1.0**

Mit diesem Tag wird das Verwenden von eigenen Listenpunkten im JPG-, PNG- oder GIF-Format ermöglicht, die unter der angebenen URL zu finden sein müssen.

```
<style type="text/css">
ul { list-style-image:url(bild.png); }
</style>
```

list-style-position

CSS: **1.0**

Dieses Tag definiert das Einrückverhalten der Liste. Der Wert von `list-style-position` kann `inside` für eine "Einrückung" oder `outside` für eine "Ausrückung" annehmen.

```
<style type="text/css">
ul { list-style-position:inside; }
</style>
```

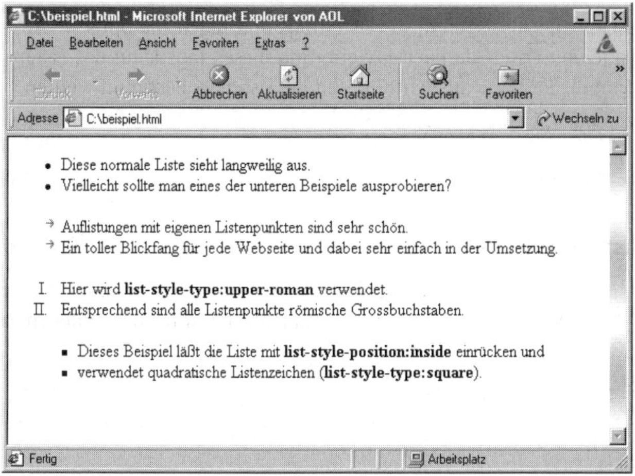

Abbildung 2.3: Listen können individuell gestaltet werden.

list-style-type

CSS: **1.0**

Durch `list-style-type` wird das Listensymbol, welches vor jedem Listeneintrag angezeigt wird, definiert. Folgende Werte sind möglich:

none	Kein Listensymbol
circle	Kreis (Voreinstellung)
square	Quadrat
disc	Diskette
decimal	Dezimalzahlen (1,2,3...)
lower-roman	Römisch, klein (i, ii, iii...)
upper-roman	Römisch, groß (I, II, III...)
lower-alpha	Arabisch, klein (a, b, c...)
upper-alpha	Arabisch, groß (A, B, C...)

```
<style type="text/css">
   ul { list-style-type:square; }
   </style>
```

text-align CSS: **1.0**

Dieser Befehl ermöglicht das automatische Ausrichten von Texten in bestimmte Richtungen. Folgende Werte sind möglich:

center	Zentrieren
justify	Blocksatz
left	Linksbündig
right	Rechtsbündig

```
<style type="text/css">
   b { text-align:justify; }
</style>
```

text-decoration CSS: **1.0**

Mit `text-decoration` kann einem Text eine optische Verschönerung zugewiesen werden. Dabei sind folgende Werte möglich:

none	Normal
blink	Blinkend
underline	Unterstrichen
overline	Überstrichen
line-through	Durchgestrichen

```
<style type="text/css">
u { text-decoration:blink; }
</style>
```

text-indent CSS: **1.0**

Dieser Befehl ermöglicht das Einrücken der ersten Textzeile in einem Absatz.

```
<body>
<p style="text-indent:10px;"> Text der Webseite </p>
</body>
```

text-shadow CSS: **2.0**

Hiermit lässt sich ein Schatten hinter einem Text mit einer beliebigen Farbe `color` erzeugen. `color` kann ein RGB-Farbcode oder ein Farbwert sein.

```
<body>
<p style="text-shadow:red;"> Text einer Webseite </p>
</body>
```

text-transform

CSS: **1.0**

Dieses Tag regelt die Schreibweise des Textes, wobei folgende Möglichkeiten bestehen:

None	Normal
Capitalize	Wortbeginn in Großbuchstaben
Lowercase	Kleinbuchstaben
Uppercase	Großbuchstaben

```
<body>
<p style="text-transform:capitalize;"> Webseitentext </p>
</body>
```

vertical-align

CSS: **1.0**

Mit `vertical-align` wird die Ausrichtung von Elementen in einer Tabellenzeile definiert. Dabei sind folgende Werte möglich:

Top	Oben ausrichten
Bottom	Unten ausrichten
Middle	In der Mitte ausrichten
Baseline	Ab der unteren Linie ausrichten
Super	Hochstellen
Sub	Tiefstellen
text-top	Am oberen Rand ausrichten
text-bottom	Am unteren Rand ausrichten

```
<table>
<tr>
<td style="vertical-align:sub;"> Text in einer Tabelle </td>
</tr>
</table>
```

white-space CSS: **2.0**

Mit diesem Befehl kann man die Eigenschaften des Zeilenumbruchs innerhalb einer Webseite bestimmen. Dabei sind folgende Werte möglich:

normal	Normaler Zeilenumbruch
nowrap	Kein Zeilenumbruch
pre	Zeilenumbruch durch ENTER-Taste

```
<body>
<p style="white-space:nowrap;">Text der Webseite</p>
</body>
```

word-spacing CSS: **1.0**

Mit `word-spacing` wird der Leerraum zwischen Wörtern bestimmt.

```
<style type="text/css">
i { word-spacing:2mm; }
</style>
```

Layout

@page CSS: **2.0**

Mit diesem Befehl wird das Layout beim Ausdrucken der Webseite definiert. Dabei sind sowohl feste Vorgaben möglich, wie auch eine automatische Ausrichtung.

```
<style type="text/css">
@page { size:auto; }
</style>
```

background CSS: **1.0**

Hiermit wird ein bildlicher Hintergrund mit der Quellenangabe in der Klammer eingefügt. Die Quellenangabe kann eine URL oder ein Pfad sein und sollte auf ein Bild im Format GIF, JPG oder PNG verweisen. Weitere Attribute der background-Befehlsklasse können angefügt werden.

```
<body>
<p background:url(../bild.gif)>Normaler Text</p>
</body>
```

background-attachment CSS: **1.0**

Der Befehl `background-attachment` bestimmt die Scroll-Eigenschaften eines Hintergrundbildes. `background-attachment` darf die Werte `fixed` und `scroll` annehmen, um einen feststehenden Hintergrund oder einen scrollbaren Hintergrund zu erzeugen..

```
<body>
<p style="background-image:url(grafik.jpg); background-
   attachment:scroll;">Normaler Text</p>
</body>
```

background-color CSS: **1.0**

Durch dieses Tag wird eine Hintergrundfarbe definiert, die mit einem RGB-Farbwert (z. B: `#ff00ff`) oder einem Farbwert (z. B. `pink`, `yellow`, `blue`) angegeben wird.

```
<style type="text/css">
b { background-color:red; }
</style>
```

background-image CSS: **1.0**

Der Befehl `background-image` fügt eine Hintergrundgrafik im Dateiformat GIF, JPG oder PNG ein. PNG wird teilweise von älteren Browsern nicht unterstützt.

```
<body>
<p style="background-image:url(grafik.jpg);">Text der Webs-
   eite</p>
</body>
```

background-position CSS: **1.0**

Dieser Befehl bestimmt die Ausrichtung einer eingebauten Grafik. `background-position` kann per Zahlenwert (z. B. background-position:`10pt 10pt;`) oder Ausrichtungswert (z. B. background-position:`middle;`) bestimmt werden. Bei einem Zahlenwert wird der Abstand in Punkten von links und von oben angegeben. Bei Ausrichtungswerten stehen folgende zur Auswahl: `left`, `center`, `right`, `top`, `middle`, `bottom`.

```
<style type="text/css">
<body { background-image:url(bild.gif); background-posi-
   tion:bottom; }
</style>
```

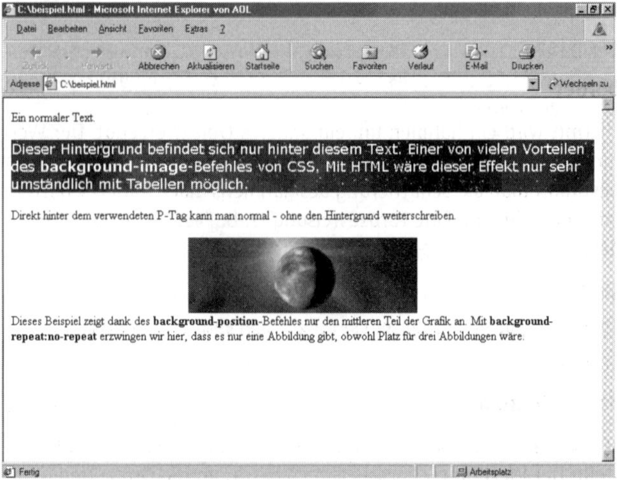

Abbildung 2.4: Ein Beispiel für Hintergründe.

background-repeat CSS: **1.0**

Mit `background-repeat` wird die Darstellung von Hintergrundbildern definiert. Folgende Werte können verwendet werden:

no-repeat	Bild wird einmal dargestellt
repeat	Bild wird gekachelt dargestellt
repeat-x	Bild erscheint x-mal pro Zeile
repeat-y	Bild erscheint y-mal pro Spalte

```
<style type="text/css">
<body { background-image:url(bild.gif); background-
```

```
   repeat:no-repeat; }
</style>
```

border CSS: **1.0**

Hiermit wird ein Rahmen um ein anderes Objekt erzeugt. Der Wert hinter border ist die Größe und Maßeinheit. Mit `outset` oder `inset` bestimmt man die Schattierung des Rahmens (nach außen schattiert oder nach innen). Eine Farbzuweisung (z. B. `#00ff00`) ist auch möglich.

```
<body>
<p style="border:10pt outset;">Eingerahmter Text</p>
</body>
```

border-bottom CSS: **1.0**

Mit `border-bottom` wird ein Rahmen unter einem anderen Objekt erstellt. Der Wert hinter `border-bottom` bestimmt die Größe und Maßeinheit, inset und outset bestimmen die Schattierung. Dem Rahmen kann ein Farbwert (z. B. `#ff00ff`) zugewiesen werden.

```
<body>
<p style="border-bottom:double inset #00ff00;">Text mit
   buntem Rahmen</p>
</body>
```

border-bottom-width CSS: **1.0**

Dieser Befehl bestimmt die Dicke des Rahmens unter einem Objekt. Hinter `border-bottom-width` steht die Größe und Maßeinheit; ein Farbwert kann ebenfalls zugewiesen werden.

```
<body>
```

```
<p style="border-bottom-width:3pt; border-bottom-
   style:solid;">Text der Webseite</p>
</body>
```

border-color

CSS: **1.0**

Hiermit wird eine Rahmenfarbe definiert. Der Wert von `border-color` kann ein RGB-Code (z. B. `#ff0000`) oder Farbwert (z. B. `green`, `red`, `yellow`...) sein.

```
<body>
<p style="border:10pt inset; border-color:#123456;">Text
   der Webseite</p>
</body>
```

border-left

CSS: **1.0**

Mit `border-left` lassen sich die Rahmeneigenschaften für einen Rahmen links von einem Objekt bestimmen.

```
<body>
<p style="border-left:5pt outset;">Webseiten-Text</p>
</body>
```

border-left-width

CSS: **1.0**

Hiermit wird die Breite des Rahmens links von einem Objekt definiert, wobei der Wert hinter `border-left-width` für die Größe und Maßeinheit steht. Ein Farbwert kann zugewiesen werden.

```
<body>
<p style="border-left-width:5pt; border-left-
   style:solid;">Text der Webseite</p>
</body>
```

border-right CSS: **1.0**

Dieser Befehl definiert die Breite des Rahmens rechts von einem Objekt. Der Wert hinter `border-right` steht für die Größe und Maßeinheit; ein Farbwert kann ebenfalls zugewiesen werden.

```
<body>
<p style="border-right:5pt inset;">Etwas Text aus einer
   Webseite.</p>
</body>
```

border-right-width CSS: **1.0**

Mit `border-right-width` wird die Dicke des Rahmens rechts von einem Objekt bestimmt. Der Wert von `border-right-width` steht für die Größe und Maßeinheit; ein Farbwert kann angefügt werden.

```
<body>
<p style="border-right-width:5pt; border-right-
   style:solid;">Text der Webseite</p>
</body>
```

border-style CSS: **1.0**

Dieser Befehl definiert die Rahmeneigenschaften. Der Wert von `border-style` kannn folgende Werte annehmen:

none	Kein Rahmen
solid	Linie
double	Doppelte Linie
dotted	Gepunktete Linie
dashed	Gestrichelte Linie
inset	3D-Effekt
outset	3D-Effekt

ridge	3D-Effekt
groove	3D-Effekt

```
<body>
<p style="border-style:ridge; border-width:15pt;">Text der
   Webseite</p>
</body>
```

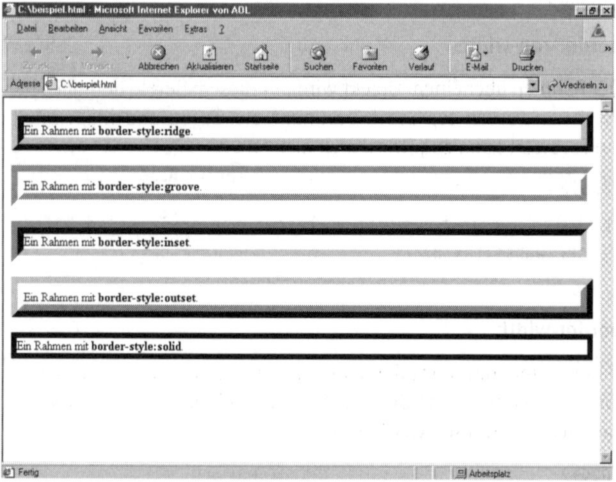

Abbildung 2.5: Rahmen sind sehr praktisch.

border-top

CSS: **1.0**

Mit `border-top` wird ein Rahmen über einem Text erzeugt. Der Wert von `border-top` bestimmt die Größe und Maßeinheit. Farbzuweisungen sind möglich.

```
<body>
<p style="border-top:5 inset;">Text der Webseite</p>
</body>
```

border-top-width

CSS: **1.0**

Der Rahmen über einem Objekt wird mit diesem Befehl definiert. Der Wert von `border-top-width` bestimmt die Größe und Maßeinheit; ein Farbwert kann zugewiesen werden.

```
<body>
<p style="border-top-width:3; border-top-style:solid;">Text
   der Webseite</p>
</body>
```

border-width

CSS: **1.0**

Dieser Befehl bestimmt die Rahmenstärke um ein Objekt, wobei der Wert von `border-width` die Größe und Maßeinheit bestimmt und ein Farbwert zugewiesen werden kann.

```
<body>
<p style="border-width=6; border-style:groove;">Text der
   Webseite</p>
</body>
```

bottom

CSS: **2.0**

Mit bottom wird der Abstand eines Objektes in einem Dokument bestimmt. Der Wert von bottom ist ein Zahlenwert oder auto für eine automatische Platzierung.

```
<body>
<p style="position:relative; bottom:30pt";>Hier steht ein
   Objekt oder Text</p>
</body>
```

caption-side

CSS: **2.0**

Dieser Befehl erzeugt eine Tabellenüber- bzw. unterschrift. caption-side kann folgende Werte annehmen:

Topleft	Linksbündige Überschrift
Top	Zentrierte Überschrift
Topright	Rechtsbündige Überschrift
Bottomleft	Linksbündige Unterschrift
Bottom	Zentrierte Unterschrift
Bottomright	Rechtsbündige Unterschrift

```
<table>
<caption style="caption-side:topright;">Überschrift der
   Tabelle, rechtsbündig platziert.
<tr><td>Inhalt der Tabelle</td></tr>
</table>
```

clear

CSS: **2.0**

clear verhindert, in Kombination mit dem Befehl float, ein Umfließen an bestimmten, definierbaren Stellen. Folgende Werte kann clear annehmen:

none	Umfließ-Elemente sind überall erlaubt
left	Elemente auf der linken Seite werden unten fortgesetzt
right	Elemente auf der rechten Seite werden unten fortgesetzt
both	Text wird unten fortgesetzt

```
<body>
<p style="clear: left;">Linke Elemente werden umflossen.</
   p>
</body>
```

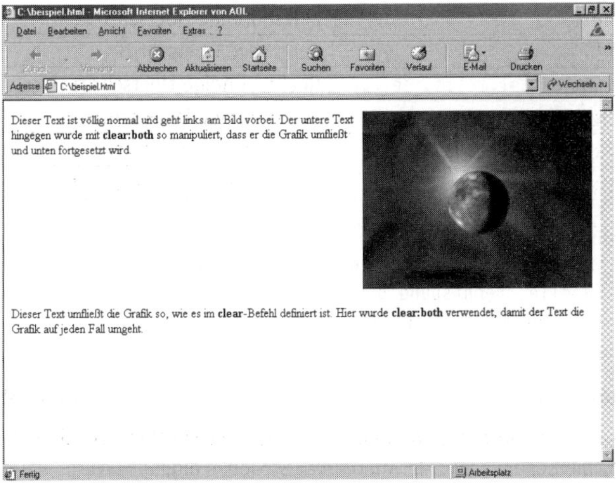

Abbildung 2.6: clear ist ein sehr praktischer Befehl.

clip

CSS: **2.0**

Es wird ein rechteckiger Bereich für eine Grafik festgelegt. Als Werte in Klammern können Zahlen oder der Wert `auto` verwendet werden. Die Reihenfolge der bestimmten Werte ist: Obere Grenze, rechte Grenze, untere Grenze und linke Grenze.

```
<body>
<p style="clip:rect(60px auto 60px 60px);"> Text der Webs-
   eite </p>
</body>
```

column-gap

CSS: **2.0**

Mit dem Befehl `column-gap` wird der Spaltenabstand einer Tabelle definiert.

```
<body>
<p style="columns:3; column-gap:20px;"> Webseiten-Text</p>
</body>
```

columns

CSS: **2.0**

Dieser Befehl legt die Anzahl der Spalten einer Tabelle fest. Eine Erweiterung um Angaben zur Breite, Farbe, Art und Verhalten ist möglich.

```
<body>
<p style="columns:4;"> Text in vier Spalten</p>
</body>
```

column-rule

CSS: **2.0**

Hiermit werden Trennlinien in Tabellen mit Breite, Art und Farbe definiert.

```
<body>
<p style="column-rule:20px double yellow"> Text in einer
   Tabelle</p>
</body>
```

column-rule-color CSS: **2.0**

Dieser Befehl bestimmt die Farbe der Trennlinien innerhalb von Tabellen.

```
<style type="text/css">
div.beispiel  { columns:3;column-rule-width:4mm;column-
   rule-color:blue; }
</style>
```

column-rule-style CSS: **2.0**

Mit `column-rule-style` wird die Art der Trennlinien innerhalb von einer Tabelle bestimmt. Der Wert von `column-rule-style` kann folgende Werte annehmen:

none	Keine Linie
solid	Linie
double	Doppelte Linie
dotted	Gepunktete Linie
dashed	Gestrichelte Linie
inset	3D-Effekt
outset	3D-Effekt
ridge	3D-Effekt
groove	3D-Effekt

```
<style type="text/css">
div.beispiel2 { columns:2;column-rule-style:double; column-
   rule-width:3mm;column-rule-color:#996633; }
</body>
```

column-rule-width CSS: **2.0**

Dieser Befehl regelt die Breite der Trennlinien innerhalb von Tabellen.

```
<body>
<p style="columns:4;column-rule-width:3mm;column-rule-
   style:dotted;"> Text in vier Spalten</p>
</body>
```

column-span CSS: **2.0**

Mit `column-span` können mehrere Zellen einer Tabelle zu einer Zeile verbunden werden.

```
<style type="text/css">
 div.beispiel3 { column-span:2; }
</style>
```

cursor CSS: **2.0**

Dieser Befehl definiert das Cursorsymbol über Elementen der Webseite. `cursor` kann folgende Werte annehmen:

url(bild.gif)	URL zu einem individuellen Cursor im JPG- oder GIF-Format
default	Standard Cursor des Rechners
auto	Automatische Bestimmung
text	Textcursor

wait	Sanduhr
pointer	Pfeil
crosshair	Fadenkreuz
help	Hilfe
move	Beweglichkeitsanzeige
n-resize	Pfeil nach Norden
ne-resize	Pfeil nach Nordosten
nw-resize	Pfeil nach Nordwesten
s-resize	Pfeil nach Süden
se-resize	Pfeil nach Südosten
sw-resize	Pfeil nach Südwesten
e-resize	Pfeil nach Osten
w-resize	Pfeil nach Westen

```
<body>
<p style="cursor:pointer;"> Text mit individuellem Cur-
   sor.</p>
</body>
```

direction CSS: **2.0**

Hiermit wird die Ausrichtung von Elementen einer Webseite bestimmt. `direction` kann den Wert `ltr` für links-nach-rechts oder `rtl` für rechts-nach-links annehmen.

```
<body>
<p style="direction:ltr;"> Text mit links-zu-rechts-Aus-
   richtung.</p>
</body>
```

display CSS: **2.0**

Mit `display` wird die Art, wie Webseiten-Elemente auf dem Bildschirm angezeigt werden, definiert. `display` kann folgende Werte annehmen:

None	Unsichtbar
Block	Neuer Absatz
Inline	Innerhalb eines Textes
list-item	Auflistung mit vorangestelltem Punkt

```
<body>
<p style="display:none;"> Unsichtbares Element</p>
</body>
```

float CSS: **2.0**

Mit `float` wird das Umfließen von Text um ein beliebiges Element ermöglicht.

None	Kein Umfließen
Left	Linkes Element wird umflossen
Right	Rechtes Element wird umflossen
Both	Text wird unten fortgesetzt

```
<style type="text/css>
img { float:right; }
</style>
```

height CSS: **2.0**

Dieser Befehl bestimmt die Höhe eines definierbaren Bereiches.

```
<body>
<p style="height:20pt"> Text der Webseite</p>
</body>
```

left CSS: **2.0**

Hiermit wird der Abstand zum linken Rand der Webseite bestimmt. Ein Wert von auto ermöglicht eine automatische Ausrichtung.

```
<body>
<p style="position:relative;left:20px;"> Text mit 20 Pixel
   Abstand nach links.</p>
</body>
```

margin CSS: **2.0**

Mit margin wird der Abstand zwischen Elementen und dem Seitenrand definiert.

```
<style type="text/css">
body { magin-bottom:50px;margin-top:50px; }
</style>
```

margin-bottom CSS: **1.0**

Hiermit wird der Abstand zwischen Elementen zum unteren Rand bestimmt.

```
<style type="text/css">
   table { magin-bottom:10cm; }
   </style>
```

margin-left CSS: **1.0**

Dieser Befehl definiert den Abstand zwischen Elementen zum linken Rand.

```
<style type="text/css">
ul { magin-left:50px; }
</style>
```

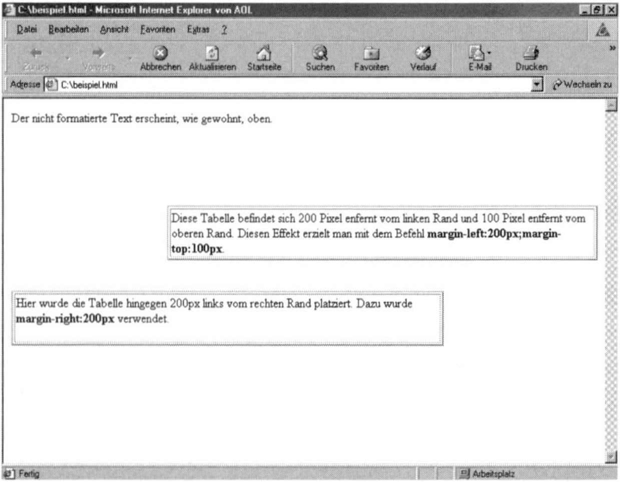

Abbildung 2.7: Die margin-Befehle im Einsatz.

margin-right

CSS: **1.0**

Mit `margin-right` wird der Abstand zwischen Elementen zum rechten Rand definiert.

```
<style type="text/css">
body { magin-right:20pt; }
</style>
```

margin-top CSS: **1.0**

Dieser Befehl definiert den Abstand zwischen Elementen zum oberen Rand.

```
<style type="text/css">
body { magin-top:10px; }
</style>
```

marks CSS: **2.0**

Mit `marks` wird die Art der Schnitt- und Parsermarkierungen bestimmt. Der Wert von `marks` kann `none` für keine Markierungen annehmen, `crop` für Schnittmarkierungen oder `cross` für Parsermarkierungen.

```
<style type="text/css">
@page { marks:none; }
</style>
```

max-height CSS: **2.0**

Hiermit wird die Maximalhöhe eines Elementes auf der Webseite definiert.

```
<style type="text/css">
p { max-height:50px; }
</style>
```

max-width CSS: **2.0**

Hiermit wird die Maximalbreite eines Elementes auf der Webseite definiert.

```
<style type="text/css">
p { max-width:10cm; }
</style>
```

min-height CSS: **2.0**

Dieser Befehl definiert die Minimalhöhe eines Elementes auf der Webseite.

```
<style type="text/css">
p { min-height:20pt; }
</style>
```

min-width CSS: **2.0**

Mit `min-width` wird die Minimalbreite eines Elementes auf der Webseite bestimmt.

```
<style type="text/css">
p { min-width:20%; }
</style>
```

orphans CSS: **2.0**

Dieser Befehl erzwingt eine bestimmte Anzahl an Zeilen vor einem Zeilenumbruch.

```
<style type="text/css">
p { orphans:5; }
</style>
```

overflow CSS: **2.0**

Der Befehl `overflow` regelt den Einbau von Bildern, die größer als ein vorhandener Bereich sind. Folgende Werte sind möglich:

Auto	Automatische Anpassung
Scroll	Scrollbalken
Visible	Bereich wird an Bild angepasst
Hidden	Bild nur im Bereich sichtbar

```
<body>
<img src="bild.jpg" style="overflow:scroll;"
</style>
```

padding CSS: **1.0**

Dies ist der Grundbefehl für die Definition von Innenabständen. Die Werte können sowohl feste Zahlenwerte wie auch Prozentwerte sein. Negative Werte sind verboten.

```
<style type="text/css">
h1 { padding:20px; }
</style>
```

padding-bottom CSS: **1.0**

Dieser Befehl definiert den unteren Innenabstand. Die Werte können sowohl feste Zahlenwerte wie auch Prozentwerte sein. Negative Werte sind verboten.

```
<style type="text/css">
blockquote { padding-bottom:10pt; }
</style>
```

padding-left CSS: **1.0**

Hiermit wird der linke Innenabstand definiert. Die Werte können sowohl feste Zahlenwerte wie auch Prozentwerte sein. Negative Werte sind verboten.

```
<style type="text/css">
body { padding-bottom:30%; }
</style>
```

padding-right CSS: **1.0**

Hiermit wird der rechte Innenabstand definiert. Die Werte können sowohl feste Zahlenwerte wie auch Prozentwerte sein. Negative Werte sind verboten.

```
<style type="text/css">
h2 { padding-right:20px;background:yellow; }
</style>
```

padding-top CSS: **1.0**

Mit `padding-top` wird der obere Innenabstand bestimmt. Die Werte können sowohl feste Zahlenwerte wie auch Prozentwerte sein. Negative Werte sind verboten.

```
<style type="text/css">
body { padding-top:16pt }
</style>
```

page-break-after CSS: **2.0**

Hiermit wird der Seitenumbruch nach einem Objekt geregelt. Dabei kann `page-break-after` folgende Werte annehmen:

auto	Automatischer Umbruch
always	Umbruch nach jedem Objekt
avoid	Kein Umbruch
left	Nach Umbruch Objekt nach links schieben
right	Nach Umbruch Objekt nach rechts schieben

```
<body>
<p style="page-break-after:auto;"> Text der Webseite </p>
</body>
```

page-break-before CSS: **2.0**

Dieser Befehl regelt einen Seitenumbruch vor einem Objekt. Dabei kann `page-break-before` folgende Werte annehmen:

auto	Automatischer Umbruch
always	Umbruch nach jedem Objekt
avoid	Kein Umbruch
left	Nach Umbruch Objekt nach links schieben
right	Nach Umbruch Objekt nach rechts schieben

```
<body>
<p style="page-break-before:avoid;"> Text der Webseite </p>
</body>
```

position CSS: **2.0**

Hiermit wird der Ort eines Elementes der Webseite definiert. Dabei sind folgende Werte möglich:

static	Normale Platzierung
absolute	Absolute, veränderliche Platzierung
fixed	Fixe, unveränderliche Platzierung
relative	Relative Platzierung

```
<body>
<p style="position:static;"> Text der Webseite </p>
</body>
```

right CSS: **2.0**

Mit right wird der Abstand zur rechten Seite der Webseite mit einem festen Wert oder dem Wert auto für eine automatische Ausrichtung bestimmt.

```
<body>
<p style="position:relative;right:50px;> Webseitentext </p>
</body>
```

row-span CSS: **2.0**

Der Befehl row-span ermöglicht das Vereinen von Tabellenzellen zu einer Spalte.

```
<style type="text/css">
td.user { row-span:5; }
</style>
```

size CSS: **2.0**

Die Ausmaße einer Webseite werden mit size bestimmt. Statt festen Werten sind auch folgende Werte möglich:

auto	Automatische Formatermittlung
landscape	Landschaftsformat – breit
portrait	Portraitformat - hochkant

```
<style type="text/css">
@page { size:21cm 28cm; }
</style>
```

top CSS: **2.0**

Dieser Befehl definiert einen Abstand nach oben. Mit dem Wert auto wird dieser Wert automatisch ermittelt.

```
<body>
<p style="position:absolute;top:50px;"> Text der Webseite
   </p>
</body>
```

visibility CSS: **2.0**

Mit visibility wird geregelt, ob ein Element sichtbar (visible) oder unsichtbar (hidden) ist.

```
<style type="text/css">
p.text { visibility:visible; }
</style>
```

widows CSS: **2.0**

Hiermit wird die Anzahl an Textzeilen, die nach einem Seitenumbruch auf einer Seite stehen dürfen, geregelt.

```
<style type="text/css">
b { widows:5; }
</style>
```

width CSS: **2.0**

Der Befehl width definiert die Breite eines beliebigen Bereiches einer Webseite. Wird statt einem Zahlenwert der Wert auto eingesetzt, so wird die Breite automatisch bestimmt.

```
<body>
<p style="position:solid;width=200px;"> Text einer Webseite
   </p>
</body>
```

z-index CSS: **2.0**

Dieser Befehl ermöglicht durch die Vergabe von Prioritäten ein Überblenden von Elementen. Das Element mit dem höchsten Wert steht im Vordergrund.

```
<div style="position:absolute;z-index:1;>
Element mit Priorität 1.
</div>
```

Filter

Die Filter-Befehle sind von Microsoft eingeführt worden und ermöglichen zahlreiche Bildbearbeitungsmöglichkeiten direkt in CSS. Allerdings wird dieser Befehl nur von den aktuellsten Browsern interpretiert. Der Explorer kann ab Version 4.0 mit Filtern umgehen, der Navigator ab Version 6.0. Entsprechend gehören alle Filter auch zur CSS-Version 2.0.

filter CSS: **2.0**

Dies ist der Grundbefehl für alle Filter. Je nach Filter wird ein Attribut hinter `filter:` angefügt, welches dann den Filtertyp und die Filterstärke bestimmt.

```
<body>
<img src="bild.jpg" style="filter:alpha(opa-
   city=100,style=3)">
</body>
```

filter:alpha

CSS: **2.0**

Dieser Befehl bestimmt den Grad der Verschmelzung von Vordergrund und Hintergrund. Folgende Werte kann `filter:alpha` annehmen:

style	Bestimmt die Art der Verschmelzung:
	0: Gleichmäßiger Verlauf
	1: Linearer Verlauf über startx und starty bis finishx und finishy
	2: Radialer Verlauf von opacity bis finishopacity
	3: Rechteckiger Verlauf von opacity bis finishopacity
opacity	Transparenzgrad, Wert von 0-100, wobei 0=transparent und 100=solide
finishopacity	Ende der Verschmelzung, Wert von 0-100, wobei 0=transparent und 100= solide.
startx	X-Koordinate des Startpunktes in Pixel
starty	Y-Koordinate des Startpunktes in Pixel
finishx	X-Koordinate des Endpunktes in Pixel
finishy	Y-Koordinate des Endpunktes in Pixel

```
<body>
<img src="bild.jpg" style="filter:alpha(opa-
   city=20,style=1)">
</body>
```

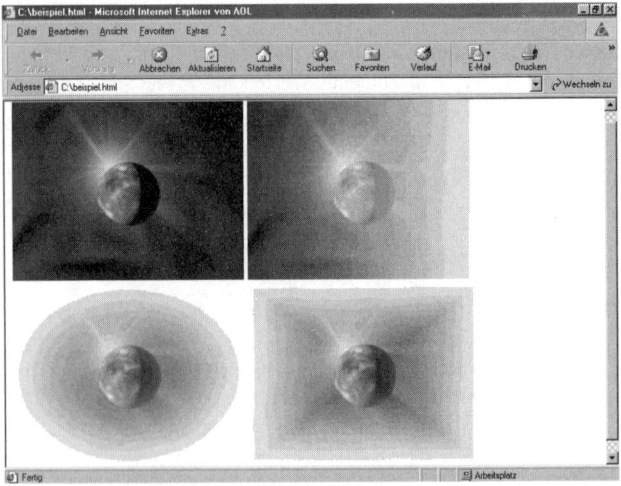

Abbildung 2.8: Mit filter:alpha lassen sich interessante Effekte erzielen!

filter:blur

CSS: **2.0**

Mit `filter:blur` wird ein Bewegungs-Schatteneffekt erzeugt, indem das Bild unscharf wird. Dabei kann `filter:blur` folgende Werte annehmen:

add	Sichtbarkeit des Elementes, wobei true für sichtbar und false für unsichtbar steht.
direction	Bestimmt die Richtung der Verwischung in 45-Grad-Schritten von 0 bis 315 Grad

enabled	Aktivierung des Filters bei true, Abschaltung bei false
strength	Stärke der Verwischung mit einem Wert von 0 bis 255, wobei 0 für keinen Effekt und 255 für maximale Verwischung steht

```
<body>
<img src="bild.jpg" style="filter:blur(strength=30,direc-
   tion=180)">
</body>
```

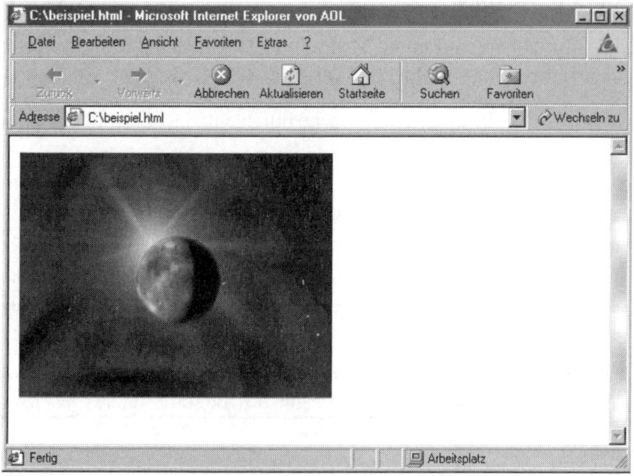

Abbildung 2.9: Mit filter:blur verschwimmt das Bild.

filter:chroma

CSS: **2.0**

Hiermit wird eine Farbe eines Elementes transparent dargestellt. Dabei wird filter:chroma ein RGB-Farbwert zugewiesen. Mit dem Attribut enabled kann ferner bestimmt werden, ob der Filter aktiviert (true) oder ausgeschaltet (false) ist.

```
<body>
<img src="bild.jpg" style="filter:chroma(color=#ffff00)">
</body>
```

filter:dropshadow

CSS: **2.0**

Dieser Befehl erzeugt einen Schatten zu einem Element in der Farbe color. Dabei können folgende Werte verwendet werden:

color	Bestimmen der Farbe durch einen RGB-Farbcode oder Farbwert
enabled	Bestimmt, ob der Filter aktiviert (true) oder ausgeschaltet (false) ist
offx	Bestimmt die Position auf der X-Achse. Positive Werte verschieben nach rechts, negative Werte nach links.
offy	Bestimmt die Position auf der Y-Achse. Positive Werte verschieben nach oben, negative nach unten.
positive	Bestimmt, ob auch transparente Elemente einen Schatten erzeugen sollen (true) oder nicht (false).

```
<body>
<div style="filter:dropshadow(color=red,offx=10,offy=15)">
   Text der Webseite </div>
</body>
```

filter:fliph() CSS: **2.0**

Mit `filter:flip()` wird eine horizontale Spiegelung des Elementes bewirkt. Bei dem Wert `enabled` kann festgestellt werden, ob der Filter aktiv (`true`) oder ausgeschaltet ist (`false`).

```
<body>
<img src="bild.jpg" style="filter:fliph()">
</body>
```

filter:flipv() CSS: **2.0**

Dieser Befehl bewirkt eine vertikale Spiegelung des Elementes. Mit `enabled` kann festgestellt werden, ob der Filter aktiv (`true`) oder ausgeschaltet ist (`false`).

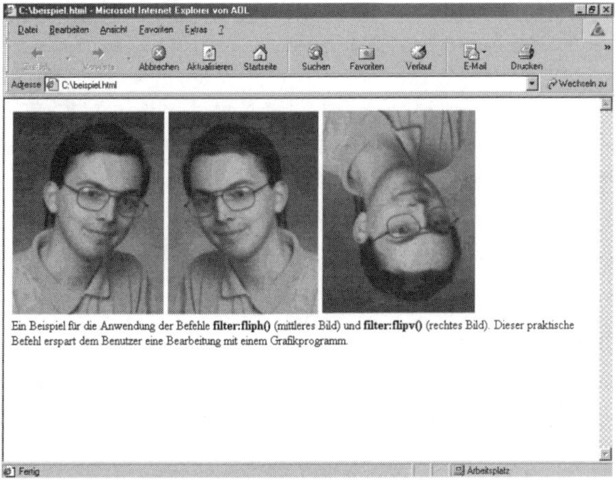

Abbildung 2.10: Filter erzeugen mit wenigen Befehlen interessante Effekte.

```
<body>
<img src="bild.jpg" style="filter:flipv()">
</body>
```

filter:glow CSS: **2.0**

Hiermit wird ein leuchtender Schatten am Rande des Elementes erzeugt. `color` bestimmt die Farbe durch einen RGB-Farbcode oder Farbwert, `strength` definiert die Intensität des Effektes mit einem Wert von 1-255, wobei 1 für schwach und 255 für maximal stark ist. Mit `enabled` kann festgestellt werden, ob der Filter aktiv (`true`) oder ausgeschaltet ist (`false`).

```
<body>
<div style="filter:glow(color=yellow, strength=100)"> Text
   der Webseite </div>
</body>
```

filter:gray CSS: **2.0**

Mit `filter:gray` kann eine Grafik in Graustufen dargestellt werden. Mit `enabled` kann der Zustand des Filters ermittelt werden.

```
<body>
<img src="bild.jpg" style="filter:gray()">
</body>
```

filter:invert CSS: **2.0**

Die Grafik wird invertiert dargestellt. Mit `enabled` kann festgestellt werden, ob der Filter aktiv (`true`) oder ausgeschaltet ist (`false`).

```
<body>
<img src="bild.jpg" style="filter:invert()">
</body>
```

filter:mask CSS: 2.0

Mit diesem Befehl werden transparente Bereiche einer GIF-Grafik mit einer Farbe ausgefüllt. `color` bestimmt die Füllfarbe mit einem RGB-Farbcode oder Farbwert. Mit `enabled` kann festgestellt werden, ob der Filter aktiv (`true`) oder ausgeschaltet ist (`false`).

```
<body>
<img src="bild.jpg" style="filter:mask(color=#ff0000)">
</body>
```

filter:shadow CSS: 2.0

Dieser Befehl erzeugt einen Schatten um ein Element herum. Folgende Werte sind möglich:

color	RGB-Farbcode
direction	Richtung des Schatten in 45-Grad-Schritten von 0 bis 315 Grad
enabled	Ermittelt, ob der Filter aktiv (true) oder ausgeschaltet ist (false)

```
<body>
<img src="bild.jpg" style="fil-
   ter:shadow(color=ff0033,direction=45)">
</body>
```

filter:wave CSS: 2.0

Mit diesem Befehl wird ein Welleneffekt bei einem Element erzeugt. Für `filter:wave` sind diese Werte möglich:

add	Bestimmt, ob die Grafik vom Effekt betroffen ist (true) oder nicht (false)
freq	Bestimmt die Frequenz der Wellen
light	Bestimmt die Lichtstärke mit einem Wert von 0 bis 100
phase	Bestimmt den Wellengrad mit einem Wert von 0 bis 100
strength	Bestimmt die Stärke des Effektes mit einem Wert von 1 bis 255
enabled	Ermittelt, ob der Filter aktiv (true) oder ausgeschaltet (false) ist

```
<body>
<div style="filter:wave(freq=10,light=50,phase=30,
   strength=5"> Text oder Grafik </div>
</body>
```

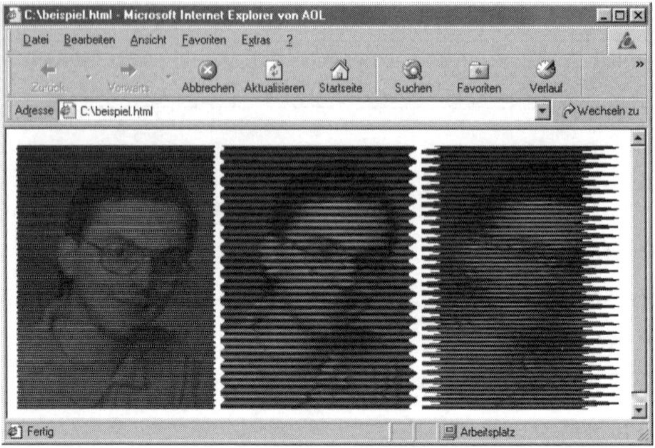

Abbildung 2.11: Welleneffekte mit filter:wave

filter:xray

CSS: **2.0**

Hiermit wird eine Grafik invertiert und in Graustufen (Negativ-Effekt) verwandelt. Mit enabled kann festgestellt werden, ob der Filter aktiv (true) oder ausgeschaltet ist (false).

```
<body>
<img src="bild.jpg" style="filter:xray()">
</body>
```

Multimedia

cue

CSS: **2.0**

Der Tag cue ermöglicht den Einbau von Musikdateien im Format WAV, AI und AU. Erweiterbar um eine Angabe zum Zeitpunkt des Abspielens (vor oder nach einem Element).

```
<body>
<p style="cue:url(musik.wav);"> Text der Webseite</p>
</body>
```

cue-after

CSS: **2.0**

Mit cue-after wird es möglich, eine Musikdatei nach einem beliebigen Element abspielen zu lassen.

```
<body>
<p style="cue-after:url(musik.wav);"> Text der Webseite</p>
</body>
```

cue-before

CSS: **2.0**

Mit cue-before wird es möglich, eine Musikdatei vor einem beliebigen Element abspielen zu lassen.

```
<body>
<p style="cue-before:url(musik.wav);"> Text der Webseite</
   p>
</body>
```

elevation

CSS: **2.0**

Das Tag elevation bestimmt die Ausgaberichtung von Musikstücken bei Surround Sound-Systemen. Die Angabe ist mit einem Zahlenwert (z. B. 190deg) oder mit einem festen Wert möglich:

above	Soundausgabe: Oben
higher	Soundausgabe: Ganz Oben
level	Soundausgabe: Normal
below	Soundausgabe: Unten
lower	Soundausgabe: Ganz Unten

```
<style type="text/css">
i { elevation:180deg; }
</style>
```

pause

CSS: **2.0**

Hiermit wird eine Pause in eine akustische Ausgabe eingefügt. Die Angabe erfolgt in der Regel in ms (Millisekunden).

```
<style type="text/css">
b { pause:100ms; }
</style>
```

pause-after

CSS: **2.0**

Mit `pause-after` wird eine Pause nach einer akustischen Ausgabe eingefügt. Die Angabe erfolgt in der Regel in ms (Millisekunden).

```
<style type="text/css">
ul { pause-after:50ms; }
</style>
```

pause-before

CSS: **2.0**

Mit `pause-before` wird eine Pause vor einer akustischen Ausgabe eingefügt. Die Angabe erfolgt in der Regel in ms (Millisekunden).

```
<style type="text/css">
h1 { pause-before:2s; }
</style>
```

pitch

CSS: **2.0**

Dieser Befehl definiert die Stimmtiefe der Soundausgabe. Folgende Werte sind möglich:

x-high	Sehr hoch
high	Hoch
medium	Normal
low	Tief
x-low	Sehr tief

```
<style type="text/css">
h1 { pitch:medium; }
</style>
```

pitch-range CSS: **2.0**

Hiermit wird die Frequenz der Wiedergabe mit einem Wert zwischen 0 für schnell und monoton bis 100 für stark animiert bestimmt.

```
<style type="text/css">
h2 { pitch-range:40; }
</style>
```

play-during CSS: **2.0**

Mit `play-during` wird das Abspielen von Sounddateien im Hintergrund ermöglicht. Folgende Werte sind möglich:

none	Keine Hintergrundmusik
auto	Automatisches Abspielen
repeat	Endlosschleife
mix	Ermöglicht das Mischen des vorhandenen Sounds mit einem play-during Sound

```
<style type="text/css">
span.musik { play-during:url(„sound.wav"); }
</style>
```

richness CSS: **2.0**

Der Befehl `richness` bestimmt die Intensität der Sprachausgabe mit einem Wert von 0 für sehr weich bis 100 für sehr intensiv.

```
<style type="text/css">
h1 { richness:50; }
</style>
```

speak

CSS: **2.0**

Dieser Befehl regelt die Wiedergabegeschwindigkeit der Sounddatei. Folgende Werte sind möglich:

none	Kein Sound
normal	Normaler Sound
spell-out	Stark verlangsamt, Buchstabier-Effekt

```
<style type="text/css">
<p style="speak:spell-out;"> Text der Webseite </p>
</body>
```

speak-date

CSS: **2.0**

Mit `speak-date` wird die Aussprache des Datums geregelt, wobei folgende Werte möglich sind:

dmy	Tag, Monat und Jahr
myd	Monat, Jahr und Tag
ymd	Jahr, Monat und Tag

```
<style type="text/css">
h1 { speak-date:dmy; }
</style>
```

speak-header-cell

CSS: **2.0**

Hiermit wird das Leseverhalten von Tabellen bestimmt. Mit dem Wert `always` wird die Spaltenüberschrift stets mitgelesen, bei dem Wert `once` nur einmal pro Spalte.

```
<table>
<tr>
<th style="speak-header-cell:once;"> Tabellentext </th>
<tr>
</table>
```

speak-numeral CSS: **2.0**

Mit Hilfe von speak-numeral wird das Leseverhalten von Zahlen definiert. Bei dem Wert digits werden Zahlen einzeln ausgegeben (z. B. eins, null, null), bei dem Wert continous zusammenhängend (z. B. einhundert).

```
<body>
<p style="speak-numeral:continous;"> Text der Webseite </p>
</body>
```

speak-punctuation CSS: **2.0**

Um Satzzeichen aussprechen zu lassen, muss der Wert code verwendet werden; sollen Satzzeichen übergangen werden, der Wert none.

```
<style type="text/css">
b { pause:100ms; }
</style>
```

speech-rate CSS: **2.0**

Die Geschwindigkeit der Sprachausgabe wird mit speech-rate angegeben, wobei folgende Werte möglich sind:

x-fast	Sehr schnell
Fast	Schnell
Faster	Etwas schneller
Medium	Normal

Slower	Etwas langsamer
Slow	Langsam
x-slow	Sehr langsam

```
<body>
<p style="speech-rate:medium;"> Etwas Text </p>
</body>
```

speak-time CSS: **2.0**

Mit speak-time wird die Sprachausgabe von Uhrzeiten bestimmt. Bei dem Wert 24 werden Uhrzeiten nach deutschem System ausgegeben, bei dem Wert 12 nach englischem am-/pm-System.

```
<style type="text/css">
h2 { speak-time:24; }
</style>
```

stress CSS: **2.0**

Dieser Befehl bestimmt die Geschwindigkeit der Sprachausgabe mit einem Wert von 0 für deutlich bis 100 für sehr schnell.

```
<style type="text/css">
h1 { stress:40; }
</style>
```

voice-family CSS: **2.0**

Hiermit wird die Art der Stimmausgabe definiert. Von der Befehlsstruktur mit font-family vergleichbar. Neben eigenen Sprachausgaben sind folgende Standardewerte möglich:

Child	Kindlich
Female	Weiblich
Male	Männlich

```
<style type="text/css">
h1 { voice-family:instructor,teacher,male; }
</style>
```

volume CSS: **2.0**

Der Befehl `volume` bestimmt die Lautstärke der Sprachwiedergabe mit einem Wert von 0 für sehr leise bis 100 für sehr laut. Alternativ sind folgende Werte möglich (die Werte entsprechen 25er-Schritten):

x-loud	Sehr laut
loud	Laut
medium	Normal
soft	Leise
x-soft	Sehr leise
silent	Kein Ton

```
<style type="text/css">
i { volume:soft; }
</style>
```

Teil II

HTML-Praxis

3 Erweiterte Möglichkeiten der Web-Seite

Bisher haben Sie die Möglichkeiten kennen gelernt, die Ihnen HTML zum Erstellen von Web-Seiten bietet. Sie können Ihre Web-Seiten jedoch mit wenig Aufwand sehr viel attraktiver machen.

Bauen Sie kleine Effekte, Animationen oder Multimediaelemente ein. Machen Sie Ihre Seiten interaktiv. Bieten Sie aktuelle Informationen.

Je attraktiver Ihre Seiten sind, desto größer wird der Beliebtheits- und damit der Bekanntheitsgrad Ihrer Seiten sein.

Dabei sind aber auch einige mögliche Probleme und Fußangeln zu beachten: Jedes Extra, das Sie in Ihre Seiten integrieren, birgt die Gefahr der Inkompatibilität. Das heißt, sobald Sie den sicheren Pfad von HTML verlassen, laufen Sie Gefahr, dass das, was Sie auf Ihrem Monitor sehen, auf anderen Rechnern nicht funktioniert. Das fängt bei einfachen JavaScripts an – der Betrachter könnte einem der unzähligen Sicherheitstipps aus einer Computerzeitschrift folgen und JavaScript deaktiviert haben – und hört bei einem fehlenden PlugIn noch lange nicht auf.

3.1 Schriftarten

Wie Sie schon bei den Erläuterungen zu den Befehlen `basefont` und `font` erfahren haben, können Sie bestimmen, in welchen Schrifttypen Ihre Texte angezeigt werden sollen. Dabei sollten Sie bedenken, dass nicht alle Besucher Ihrer Seiten über die gleiche Ausstattung wie Sie verfügen. Sie sollten also darauf achten, beim Bestimmen der Schrifttypen mehrere Alternativen anzugeben, da nicht jede Schrift für jedes Betriebssystem verfügbar ist. So ist z.B. die Schriftart ARIAL zwar auf fast jedem Windows-Rechner zu finden, bei Apple-Computern allerdings standardmäßig nicht installiert. Sie sollten also zumindest die gewünschte Schriftenfamilie mit angeben. Besser ist es jedoch, wenn Sie zu der gewünschten Schrift das Gegenstück auf einem anderen Betriebssystem kennen. So heißt das ARIAL - Äquivalent auf einem Apple-Rechner HELVETICA.

Der Befehl, mit dem Sie diese Schriftart für Ihre HTML-Dokumente festlegen, sollte also folgendes Aussehen haben:

```
<font face ="ARIAL, HELVETICA, Sans Serif">
```

3.2 Downloadable Fonts

Eine weitere Möglichkeit, mit der Sie das Schriftbild festlegen können, sind herunterladbare Schriftarten. Diese Schriftarten werden lokal speziell aufbereitet und anschließend zusammen mit Ihren Web-Seiten ins Internet kopiert. Der Browser lädt dann beim Seitenaufruf die verknüpfte Schriftart zusammen mit den anderen zugehörigen Dateien (wie z.B. Grafiken) aus dem Netz und verwendet diese, um den Text darzustellen. Das hat den Vorteil, dass diese Schriftart nicht auf dem System des Betrachters installiert sein muss. Sie können also systemunabhängig jeden beliebigen Fonttyp verwenden. Wie bei so vielen technischen Möglichkeiten im Internet gibt es auch hier zwei konkurrierende Systeme zum Einbinden von externen Schriften.

TrueDoc - Der Netscape-Ansatz

Das Einbinden des von Netscape unterstützten TrueDoc-Systems funktioniert wie beim Style Sheet. Sie können es mit einer Testversion des WebFont Wizard ausprobieren. Mit Hilfe dieses Programms wandeln Sie den gewünschten Schrifttypen von einer TrueType-Schriftart in eine komprimierte .pfr-Datei (pfr = portable font ressource). Diese Datei wird beim Seitenaufruf mitgeladen und für die Darstellung des Seitentextes verwendet. Sie können sich das erforderliche Programm kostenlos zur Probe unter `http://www.bitstream.com` aus dem Internet laden.

Microsofts WEFT-Technologie

Der Ansatz von Microsoft sieht vor, dass nur die Textzeichen in den herunterladbaren Fontsatz eingebunden werden, die tatsächlich auf der Seite verwendet werden. Das reduziert zwar die Dauer des Seitenaufbaus auf den ersten Blick, macht aber eine universale Verwendung des erstellten Fonts für eine ganze Site nur bedingt möglich, denn selbst wenn Sie eine Schriftdatei für ein ganzes Projekt erstellen, kann es nach einer Aktualisierung einer einzelnen Seite nötig werden, den Schriftsatz neu zu erstellen. Für das WEFT (Web Embedding Fonts Tool) spricht, dass die benötigte Software kostenlos von Microsoft bezogen werden kann. Die mit WEFT erstellte Datei hat die Endung .eot (Embeddable Open Type) und wird durch Verknüpfung im Kopfbereich der Seite mit Hilfe des link-Befehls oder durch Einbinden in ein Cascading Style Sheet in Ihre Web-Seiten integriert.

Einbinden von herunterladbaren Schriften

Egal, ob Sie sich nun für das TrueDoc- oder das WEFT-Verfahren entschieden haben, bei beiden Varianten müssen Sie den Browser anweisen, die entsprechenden Schriftendateien aus dem Netz zu laden. In jedem Fall findet die Definition der Schriftarten im Dokumentkopf statt.

Bei pfr-Schriften können Sie das mit Hilfe des link-Befehls oder durch eine entsprechende Befehlszeile im Style Sheet erledigen. Wenn Sie die Verknüpfung mit dem `link`-Befehl erstellen wollen, benötigen Sie die Attribute `rel` und `src`. Der dem Attribut `rel` zugewiesene Wert `fontdef` teilt dem Browser mit, dass sich die Verknüpfung auf eine Schrift bezieht. Mit dem Attribut `src` teilen Sie dem Browser mit, von wo er die zu ladende Schrift beziehen kann. Die Adressierung kann sowohl relativ als auch absolut erfolgen. Dabei spielt es keine Rolle, auf welchem Server sich die Schriftdatei befindet.

Der komplette `link`-Befehl für die Verbindung Ihrer Web-Seiten mit einer pfr-Datei hat folgendes Aussehen:

```
<link rel="fontdef" src="/schriften/sge.pfr">
```

Das Einbinden externer Schriften mit Hilfe von Style Sheets ist bei `.pfr`- und .eot-Dateien identisch. Sie müssen dem Browser lediglich zu Beginn der Style-Sheet-Definition mitteilen, dass eine externe Schriftart geladen werden soll, und wo er diese finden kann. In der Praxis hat das folgendes Aussehen:

```
<style type="text/css">
@font-face { font-family: Diva; src:url(schriften/sge.eot)}
@font-face { font-family: Diva; src:url(schriften/sge.pfr)}
</style>
```

Im Beispiel sehen Sie, dass der Schrifttyp `sge.*` sowohl als `.eot`- als auch als `.pfr`-Datei vorliegt. Das bedeutet, dass sowohl der Netscape Communicator als auch der Microsoft Internet Explorer in der Lage wären, diese Seiten so darzustellen, wie sich der Autor das vorgestellt hat. Zu diesem Zweck muss die Original-Schriftdatei natürlich in die beiden Formate konvertiert worden sein. Es reicht nicht, die Dateien einfach umzubenennen.

3.3 Farben in HTML-Dokumenten

Eine weitere einfache Möglichkeit, eine Web-Seite seinen eigenen Vorstellungen anzupassen, ist die Farbgebung. Um das Farbschema, das hier Anwendung findet, zu verstehen, bedarf es jedoch einiger Vorbemerkungen.

Das RGB-Farbschema

Das System, in dem Farben im WWW definiert werden, ist das RGB-System. Dieses System geht davon aus, dass sich jede beliebige Farbe aus den Grundfarben Rot, Grün und Blau zusammenstellen lässt. Die Farben werden durch einen Zahlenwert dargestellt, der sich aus drei Einzelzahlen zusammensetzt. Jede dieser drei Zahlen, die zwischen 0 und 255 liegen darf, bestimmt den Anteil der Grundfarben an der Gesamtfarbe. Je höher der Zahlenwert ist, desto stärker ist die jeweilige Farbe vertreten.

Die Farbpalette des RGB-Systems reicht somit von 0 0 0 bis 255 255 255, wobei der erste Wert für Schwarz (keine Farbe), und der letzte Wert für Weiß (alle Farben sind zu 100%) vertreten) steht. Immerhin lassen sich mit diesem Verfahren 16,7 Millionen (= 256^3) verschiedene Farben darstellen.

Farbe	RGB-Code
Schwarz	00 00 00
Gelb	ff ff 00
Türkis	00 ff ff

Tabelle 3.2: Einige RGB-Farbcodebeispiel

Websichere Farben

Das RGB-Farbschema erlaubt zwar 16,7 Millionen verschiedene Farben, aber es ist alles andere als sinnvoll, von dieser Vielfalt Gebrauch zu machen. Natürlich können Sie mit der Zahlenkombination „804040" einen Braunton definieren, es kann Ihnen aber durchaus passieren, dass das Ergebnis alles andere als befriedigend sein wird. Was bei Ihnen auf dem Bildschirm vollkommen erscheint, kann auf einem anders konfigurierten System eher unansehnlich wirken. Letztendlich hängt die genaue Darstellung von den Gegebenheiten des Rechners ab, auf dem Ihre Seiten betrachtet werden. Und darauf haben Sie nun mal keinen Einfluss. Farben, die ein System nicht korrekt darstellen kann, werden vom Browser näherungsweise angezeigt, was meistens wie eine grobe Rasterung wirkt.

Es gibt lediglich 216 Farben, die als wirklich „websicher" gelten. Welche das genau sind, können Sie sich ganz einfach merken, wenn Sie sich als Fan der Serie „Akte X" eine Gedächtnisstütze mit der sagenumwobenen „Area 51" bauen. Websichere Farben lassen sich nämlich bilden, indem man sich auf die Farbwerte beschränkt, deren Farbwerte 0 oder ganzzahlig durch 51 teilbar sind. Das sind alle Kombinationen aus 0, 51, 102, 153, 204 und 255, also 6^3 (= 216) Farben. Die Hexadezimalwerte dieser Zahlen sind 00, 33, 66, 99, CC und FF.

Farben mit zugewiesenen Namen

Eine Reihe von Farben wurde vom W3-Konsortium in den HTML-Standard aufgenommen. Wenn Sie diese Farben verwenden möchten, müssen Sie den Farbwert nicht in Form des RGB-Codes eingeben. Sie können stattdessen auch den Code für diese reservierten Namen als Attributwert übergeben. So ist es z.B. unerheblich, ob in Ihrem HTML-Dokument `color="#ff0000"` oder `color="red"` steht. Leider sind diese Farbnamen nicht immer so aussagekräftig wie in diesem Beispiel. Wahrscheinlich können sich nur die wenigsten etwas Genaues unter `firebrick`, `linen`, `papayawhip`, `peachpuff`, `peru` oder `seashell` vorstellen. Eine Liste der fest zugewiesenen Farbnamen und deren RGB-Code finden Sie im Anhang.

4 Multimedia-Elemente in HTML

In diesem Kapitel wenden wir uns dem Thema Multimedia im weiteren Sinne zu. Sie werden hier Informationen darüber erhalten, wie Sie Töne und bewegte Bilder in Ihren Internetauftritt einbinden können.

Da wir uns hier etwas abseits von reinem HTML bewegen, möchte ich schon am Anfang ganz allgemein darauf hinweisen, dass das natürlich mit einigen Risiken behaftet ist, da der Betrachter Ihrer Seiten über die entsprechende Ausstattung verfügen muss, um in den vollen Genuss Ihrer Seiten zu kommen. Je nach der Art der Information sind die Folgen mehr oder weniger schwerwiegend. Auf eine Sounddatei, die im Hintergrund eine Melodie in einer Endlosschleife wiederholt, kann man sicher getrost verzichten. Eine voll animierte Seite, deren gesamte Navigation mit Flash realisiert wurde, ist allerdings ohne das benötigte PlugIn völlig wertlos.

Beachten Sie dies, wenn Sie Ihre Seiten um diverse Extras erweitern und weisen Sie die Besucher Ihres Internetauftritts auf diese „Gefahren" hin. Gegebenenfalls sollten Sie zwei Versionen Ihrer Seiten anbieten oder wenigstens auf Orte verweisen, von denen man sich die benötigten Zusatzprogramme laden kann.

4.1 Audio-Dateien

Zunächst sollten Sie sich Gedanken darüber machen, ob es wirklich notwendig ist, Ihre Seiten mit Geräuschen jeglicher Art zu untermalen. Über den Sinn oder Unsinn gehen die Meinungen jedenfalls weit auseinander. Unbestritten ist jedoch, dass die Verwendung von Soundfiles zusätzlichen Datenverkehr mit sich bringt. Versuchen Sie also zumindest, die Größe dieser Dateien im Rahmen zu halten.

In der Praxis sieht es auf jeden Fall so aus, dass es zwei verschiedene Ansätze gibt, wie man eine akustische Untermalung in die HTML-Dokumente einbinden kann.

Einbinden von statischen Audiodateien

Der einfachste Weg, eine Sounddatei in die Web-Seiten einzubinden, ist die Verknüpfung durch einen Verweis. Dabei verfahren Sie wie beim Verknüpfen Ihrer Web-Seiten mit jeder beliebigen anderen Quelle im Internet. Verwenden Sie einfach den Befehl `a` und adressieren Sie die gewünschte Sounddatei mit dem `href`-Attribut. Allerdings wird beim Klick auf diesen Verweis in der Regel kein PlugIn, sondern ein externes Programm für das Abspielen verwendet. Verwenden Sie also besser einen der wirklich dafür vorgesehenen Befehle.

<bgsound ...

Um Ihre Webseiten mit einer akustischen Untermalung zu versehen, können Sie zwei verschiedene Befehle verwenden. So können Sie mit Hilfe des `bgsound`-Befehles eine Audiodatei bestimmen, die nach dem Aufbau des HTML-Dokuments im Hintergrund abgespielt wird. Diese Methode ist zwar sehr einfach umzusetzen, da dieser Befehl lediglich zwei Attribute kennt, allerdings wird er lediglich vom Microsoft Internet Explorer unterstützt. Die beiden Attribute, mit denen

Sie die Soundwiedergabe steuern können, sind das src-Attribut, dessen Wert die Audiodatei und gegebenenfalls der Pfad zu ihr sind, und das loop-Attribut, mit dem Sie dem Browser mitteilen, wie oft die Datei abgespielt werden soll. Die möglichen Werte sind ganze Zahlen oder infinite, was für eine Endlosschleife sorgt. Wenn Sie Ihren Betrachter mit einem dreifachen "Hurra" begrüßen wollen, sieht der entsprechende bgsound-Befehl wie folgt aus:

```
<bgsound src="jubel.wav" loop="3">
```

Da der bgsound-Befehl keinen Schlussbefehl hat, müssen Sie bei XHTML-Dateien vor der schließenden Klammer einen Schrägstrich einfügen:

```
<bgsound src="jubel.wav" loop="3" />
```

<embed ...></embed>

Allgemein sollten Multimediadaten jedoch mit dem Befehl embed in Web-Seiten eingebunden werden. Auch hier stehen Ihnen wieder die Attribute src und loop mit den gleichen Attributwerten wie beim Befehl bgsound zur Verfügung. Sie können darüber hinaus festlegen, ob eine Kontrollkonsole eingeblendet wird und welche Ausmaße diese dann auf dem Bildschirm haben soll. Um eine Kontrollmöglichkeit anzubieten, benötigen Sie das Attribut controls. Die möglichen Attributwerte lauten console (für eine Konsole), smallconsole (für eine kleine Konsole), playbutton (um lediglich einen Startbutton einzublenden), pausebutton (um dem Betrachter die Möglichkeit zu geben, die Wiedergabe zu unterbrechen) und stopbutton (um das Abspielen zu beenden). Mit den Attributen height und width legen Sie fest, in welcher Größe die Konsole angezeigt werden soll. Sollten Sie mehr Raum als benötigt für eine Konsole reservieren, wird der nicht benötigte Platz mit grauer Farbe gefüllt.

Um die Sounddatei automatisch zu starten, fügen Sie das Attribut autostart mit dem Wert true ein. Lautet der Wert false, wird ein Mausklick auf das Kontrollfeld notwendig, um die Wiedergabe zu starten. Des Weiteren können Sie den Ausgangswert für die Lautstärke mit dem volume-Attribut steuern. Mögliche Attributwerte sind alle ganzen Zahlen zwischen 0 und 100. Der Zahlenwert repräsentiert eine Prozentskala der möglichen Lautstärke, wobei der Wert 0 die Wiedergabe unterdrückt. Sollten Sie mehrere Multimedia-Elemente mit dem embed-Befehl auf einer Seite eingebunden haben, können Sie mit dem Attribut mastersound bestimmen, welche Datei von der Kontrollkonsole gesteuert werden soll.

Sehen Sie hier noch ein Anwendungsbeispiel für den Einsatz des embed-Befehles, bei dem das Abspielen der Musik erst nach einen Mausklick durch den Betrachter beginnt:

```
<embed src="musik.wav" controls="console" width="145"
height="15" autostart="false"></embed>
```

Abbildung 4.1: Audiodateien im Microsoft Internet Explorer (links) und im Netscape Communicator (rechts)

Streaming Audio

Neben den verschiedenen Problemen, die es mit möglichen Inkompatibilitäten aufgrund nicht unterstützter Dateiformate gibt, hat das oben beschriebene Verfahren den Nachteil, dass eine Audiodatei erst dann abgespielt werden kann, wenn die Datei komplett auf den Server des Betrachters transferiert wurde. Das kann vor allem dann, wenn Sie einen längeren Titel als Hintergrundmusik wählen, recht lange dauern.

Dies können Sie umgehen, indem Sie Ihre akustische Untermalung als "Streaming Audio" in Ihre Seiten einbauen. In diesem Fall beginnt der Browser bereits kurz nach dem Laden der Seite mit dem Abspielen der Musik. Das PlugIn, das Sie zum Abspielen des Audio Streams benötigen, ermittelt aus der Größe der gesamten Audiodatei und der Geschwindigkeit, mit der die Daten übermittelt werden, die zu erwartende Gesamtladedauer. Die Musik beginnt in dem Augenblick zu erklingen, in dem bei gleichbleibender Übertragungsgeschwindigkeit damit gerechnet werden kann, dass das ganze Stück lückenlos abgespielt werden kann. Das bedeutet, dass der Browser mit dem Abspielen der Musik beginnt, obwohl erst ein geringer Bruchteil der Datei beim Betrachter angekommen ist. Die hierfür benötigten PlugIns sind in den meisten Browsern bereits installiert. Allerdings muss der Server, auf dem Ihre Web-Seiten gehostet werden, mit einem entsprechenden Streaming-Server ausgestattet sein, was – zumindest bei Standardpaketen – selten der Fall ist.

Darüber hinaus können Sie nur Audiodateien, die mit einer entsprechenden Software, einem so genannten Encoder, aufbereitet wurden, für diese Art der Übertragung anbieten. Ein weiteres Manko ist die Tatsache, dass die Soundqualität von der jeweiligen Übertragungsgeschwindigkeit abhängt, was unter Umständen zu eher unbefriedigenden Ergebnissen führen kann.

Das Einbinden von Streaming Audio-Dateien auf Ihren Web-Seiten kann ebenfalls auf zwei verschiedene Arten erfolgen. Das liegt allerdings vor allem an den Vorgaben der Herstellerfirmen, deren Streaming Audio-Technologie Sie nutzen wollen.

Zum einen können Sie, wie schon bei den statischen Audiodateien, das `embed`-Tag verwenden. Das geschieht ähnlich wie oben beschrieben, ist aber im Detail vom verwendeten Datentyp und den angesteuerten PlugIns abhängig. Bei allen Varianten muss jedoch mit dem `src`-Attribut festgelegt werden, welche Sounddatei abgespielt werden soll. Auch das `autostart`-Attribut mit den möglichen Werten `true` oder `false` sowie die Größenangaben mit `height` und `width` für das Kontrollfeld kann bei allen PlugIns verwendet werden.

Eine genaue Auflistung aller Einstellungsmöglichkeiten ist an dieser Stelle nicht möglich, da es zu viele verschiedene Anbieter gibt. Die bekanntesten Hersteller sind Real Networks mit "RealAudio", Apple mit "QuickTime Audio", Macromedia mit "Shockwave Audio" und LiquidAudio mit dem "Liquid Music System". Ein Grund für ihre Verbreitung dürfte die Tatsache sein, dass sie sowohl für Windows als auch für Macintosh-Systeme verfügbar sind. Genaue Informationen erhalten Sie auf deren Web-Seiten.

Anbieter	**Produkt**	**Internet-Adresse**
Real Networks	RealAudio	http://www.real.com
Apple	QuickTime	http://www.apple.com/QuickTime
Macromedia	ShockwaveAudio	http://www.macromedia.com/
LiquidAudio	Liquid Music System	http://www.liquidaudio.com

Tabelle 4.1: Streaming Audio-Anbieter und ihre Web-Adressen

Die zweite Möglichkeit zum Einbinden von Streaming Audio-Dateien ist die Verknüpfung mit Hilfe des a-Befehles. Im Gegensatz zu den statischen Audiodateien ist das allerdings keine Notlösung, sondern eine Besonderheit des RealAudio-Formats. In diesem Fall wird die Verknüpfung zur eigentlichen RealAudio-Datei (Dateiendung .ra) aus einer Metafile genannten Steuerdatei hergestellt. In diesem Metafile werden alle erforderlichen Einstellungen vorgenommen. Der Vorteil dieser Vorgehensweise ist die Tatsache, dass bei Änderungen lediglich das Metafile editiert werden muss, das auch auf einem externen Server liegen kann. Dem Betrachter wird das nicht auffallen, da es sich bei dieser Datei um eine sehr kleine Textdatei handelt.

Datei-Formate

Neben der Einbindung der Daten, die zumindest bei Standardanwendungen keine Probleme bereiten sollte, stehen Sie aber vor einer weiteren Frage: Welches Format wählen Sie für Ihre Sounds?

Dabei sollten Sie neben der Tonqualität und den Dateigrößen vor allem auch auf die Verbreitung der zum Abspielen benötigten Software achten. Wenn der Betrachter auf Dateitypen stößt, die von seinem System nicht unterstützt, bzw. nicht erkannt werden, z.B., weil er nicht über das zum Abspielen erforderliche PlugIn verfügt, wird ihm vorgeschlagen, die Dateien auf seiner Festplatte zu speichern.

Am weitesten dürfte das Wave-Format (Dateiendung .wav für Waveform Audio File) verbreitet sein, das als Standardformat für das Windows-System entwickelt wurde, aber inzwischen auch von Macintosh unterstützt wird.

Ebenfalls sehr verbreitet sind MIDI-Dateien (Musical Instrument Digital Interface). Es wurde entwickelt, um elektronischen Instrumenten die Kommunikation untereinander zu ermöglichen, und speichert nicht wirklich Audiodaten, sondern mathematische Befehle, die eine Abfolge von Noten definieren. Damit MIDI-Dateien wirklich den gewünschten akustischen Effekt haben, wird auf der Betrachterseite eine MIDI-taugliche Soundkarte benötigt. Es lassen sich zwar ausschließlich Instrumentalstücke in diesem Format abspeichern, dafür können jedoch unglaubliche Kompressionsraten erzielt werden. Eine Midi-Datei kann bei gleicher Länge ca. 1000 mal kleiner als eine Wave-Datei sein.

Nicht zuletzt durch Internettauschbörsen, wie z.B. Napster, hat aber vor allem auch das von der "Moving Pictures Expert Group" entwickelte gleichnamige MPEG-Format (Dateiendung `.mp3`) an Bekanntheit und Beliebtheit gewonnen. Neben den sehr guten Kompressionsraten spricht auch die Möglichkeit, MPEG als Streaming Audio-Format einzusetzen, für dieses Format.

Für alle Formate gilt, dass Sie versuchen sollten, die Datenmenge so gering wie möglich zu halten. Das können Sie z.B. dadurch erreichen, dass Sie Ihren Audioclip so kurz wie möglich halten und nach Möglichkeit auf eine Stereo-Wiedergabe verzichten. Eine Monodatei ist etwa nur halb so groß wie eine Stereodatei.

4.2 Animationen

Ein weiterer Schritt, Ihre Web-Seiten attraktiver zu machen, ist das Arbeiten mit bewegten Bildern.

Animierte GIFs

Dank der Weiterentwicklung des GIF-Formats von der Version 87a zur Version 89a ist es nun möglich, Animationen in einer (relativ) kleinen Datei zu erstellen. Der Vorteil von animierten GIFs liegt auf der Hand: Es wird kein PlugIn benötigt, der Speicherbedarf ist (relativ) gering, sie können von jedem (grafischen) Browser angezeigt werden und sind sehr einfach zu erstellen.

Ein animiertes GIF ist, einfach ausgedrückt, die digitale Version des Daumenkinos. Eine beliebige Anzahl von Grafiken wird nacheinander angezeigt und erweckt so beim Betrachter den Eindruck einer fließenden Bewegung.

Animierte GIFs werden, wie jede andere Grafik auch, mit dem `img`-Befehl auf der Web-Seite platziert und können mit den gleichen Attributen versehen werden.

Um ein animiertes GIF zu erstellen, benötigen Sie zunächst die einzelnen Grafiken, die natürlich alle die gleichen Ausmaße haben müssen. Anschließend werden diese Bilder von dem Animationsprogramm in der richtigen Reihenfolge angeordnet und nach Belieben modifiziert. Für die Modifikation stehen verschiedene Möglichkeiten zur Verfügung. So können Sie zum Beispiel bestimmen, ob und wie oft die Animation sich wiederholen soll. Sie können die Zeitspanne zwischen den einzelnen Bilderwechseln für jeden Übergang einzeln bestimmen. Um die Dateigröße zu verringern, können Sie bestimmte Bereiche transparent machen. Im Kapitel "Editoren und Tools" werden Ihnen einige dieser Programme vorgestellt.

Obwohl animierte GIFs Ihre Web-Seiten bestimmt auflockern, sollten Sie sparsam mit dieser Form der Illustration umgehen. Zum einen werden Animationen von vielen Betrachtern als lästig empfunden, zum anderen kann zu viel Bewegung beim Lesen störend wirken.

Macromedia Flash

Ein aufregend neues Spielzeug für Webdesigner brachte die Firma Macromedia auf den Markt: Flash. Das Sensationelle an Flash ist die Tatsache, dass es sich hier um ein Vektorgrafikformat handelt, das Animationen und Soundeffekte zulässt, Interaktionen mit dem Betrachter unterstützt, frei skalierbar ist und noch dazu extrem wenig Speicherplatz benötigt.

Sicher werden Sie sich nun fragen, wo denn nun der Pferdefuß ist.

Nun, es gibt mehrere. Das beginnt damit, dass der Betrachter ein PlugIn benötigt, das von Macromedia zwar kostenlos, aber doch leider nur ziemlich umständlich bezogen werden kann. Auf nicht-grafischen Browsern wird keine Information angezeigt. Auch UNIX-Benutzer bleiben außen vor, da es für sie kein PlugIn gibt. Schließlich ist das Programm zum Erstellen von Flash-Animationen nicht gerade billig und erfordert darüber hinaus einiges an Einarbeitungszeit.

Dafür erhalten Sie dann jedoch eine Software, mit der es wirklich Spaß macht, zu arbeiten. Sie können über Zeitleisten verschiedene Ebenen bearbeiten und diese mit zeitlich perfekt abgestimmten Soundeffekten versehen. Die Grafiken, die Sie mit Flash erstellen, lassen sich ohne Qualitätsverlust skalieren und können auch als animierte GIF-Grafik gespeichert werden. Durch die Unterstützung von JavaScript und der Macromediasprache ActiveScript, aber auch durch einfache, in Flash erstellte Navigationselemente können Sie Ihrem Betrachter eine interaktive Website anbieten.

Sie sehen, es gibt eine Vielzahl von Argumenten für und gegen Flash. Es werden auch immer häufiger Stimmen laut, die sich vehement gegen Flash aussprechen. Das dieser Zwiespalt sowohl von Betrachtern als auch von Entwicklern so gesehen wird, spiegelt sich unter anderem in der Tatsache wieder, dass viele Seiten in einer Flash- und einer reinen HTML-Version angeboten werden.

Wie auch immer, wenn Sie neugierig geworden sind, sollten Sie sich eine Demoversion von Flash von der Macromedia-Site (`http://www.macromedia.com`) laden und es selbst einmal probieren.

Das Einbinden von Flash-Animationen geschieht abhängig vom verwendeten Browser mit dem `embed`- oder dem `object`-Befehl.

Der `embed`-Befehl wird für den Netscape Browser verwendet. Neben den mittlerweile bekannten Attributen `src`, `height` und `width` können Sie mit dem Attribut `pluginspage="url"` einen Verweis auf die Seite angeben, von der der Betrachter sich bei Bedarf das Flash-PlugIn laden kann. Es gibt eine Vielzahl weiterer Attribute, darunter `loop` mit den Werten `true` oder `false`, und `bgcolor`, mit dem Sie die Hintergrundfarbe des Flash-Films bestimmen können, um sie der Hintergrundfarbe der übrigen Web-Seite anzupassen. Als gültige Werte werden RGB-Farbkodes im Hexadezimalformat akzeptiert. Für Betrachter, die nicht über das Flash-PlugIn verfügen, können Sie mit dem Befehl `noembed` einen Bereich erstellen, in dem alternativ Informationen angeboten werden.

Um Ihren Flash-Film auch Benutzern des Microsoft Internet Explorers zugänglich zu machen, müssen Sie den `object`-Befehl verwenden. Dieser weist den Browser an, den Actice-X Player für Flashdateien zu starten, oder ihn bei Bedarf zu laden und zu installieren. Hierzu benötigen Sie die exakte `classid` und `codebase`, die Sie dem nachfolgenden Beispielcode entnehmen können. Die Attribut-Wert-Paare, die Sie dem `embed`-Befehl zugewiesen haben, können Sie dem `object`-Befehl als Parameter zuweisen, wobei der Parameter `movie` dem Attribut `src` entspricht.

Sehen Sie hier ein etwas komplexeres Beispiel, das sowohl den Netscape Browser als auch den Microsoft Internet Explorer dazu anweist, eine Flash-Animation zu laden:

```
<object classid="clsid:D27CDB6E-AE6D-11cf-96B8-444553540000"
codebase="http://active.macromedia.com/flash2/cabs/
swflash.cab#version=4,0,0,0" width=550 height=400>

<param name="movie" value="cracks.swf">

<param name ="loop" value="false">

<param name ="bgcolor" value="#006600">

<embed src="cracks.swf" loop=false quality=autohigh bgco-
lor=#006600 width=550 height=400 TYPE="application/x-shock-
wave-flash" pluginspage="http://www.macromedia.com/shockwave/
download/index.cgi?P1_Prod_Version=ShockwaveFlash"></embed>

<noembed>Sie benötigen zum Betrachten dieser Seiten das Flash-
PlugIn von Macromedia</noembed>

</object>
```

4.3 Videos im World Wide Web

Mit der Bereitstellung immer höherer Transferraten gewinnt auch die Möglichkeit, Videodateien über das Internet anzubieten, immer mehr an Beliebtheit. Als Anbieter von Filmsequenzen sollten Sie trotzdem immer im Auge behalten, dass viele Betrachter noch immer über ein Modem mit dem Internet verbunden sind. Diese Personen werden jedoch wenig Lust haben, fast eine Stunde vor dem Computer zu sitzen, um dann einen wenige Sekunden langen Videoclip zu sehen.

Eine sinnvolle Alternative zum Herunterladen von Videodateien kann auch hier der Einsatz der Streaming-Technologie sein. Diese Technologie ermöglicht es, den Film bereits anzuzeigen, obwohl der Download erst teilweise erfolgt ist. Näheres hierzu erfahren Sie im vorangegangenen Abschnitt "Streaming Audio". Die Übermittlung der Videodaten erfolgt analog zu diesem Verfahren, und auch sonst gelten prinzipiell die im Audio-Abschnitt gemachten Aussagen.

Transfervolumen: Qualität vs. Ladezeit

Gerade bei Videodateien sollten Sie versuchen, die Datenmengen so gering wie möglich zu halten. Auf die Dateigröße eines digitalen (Kurz-)Films können Sie mit verschiedenen Parametern einwirken.

Den größten Einfluss auf das Transfervolumen hat natürlich die Länge des Films. Versuchen Sie die Dauer auf weniger als eine Minute zu reduzieren. Wenn sich das nicht bewerkstelligen lässt, überprüfen Sie, ob Sie auf Streaming Video ausweichen, oder den Film in mehreren, kürzeren Sequenzen anbieten können.

Ein weiterer nicht zu unterschätzender Faktor ist der Ton. Wenn Ihr Film lediglich Hintergrundmusik ohne wichtige Informationen enthält, ist eventuell eine "Stummfilmversion" zu bevorzugen.

Auch die Größe des Rahmens, in dem das Video ablaufen soll, wirkt sich deutlich auf die Ladezeiten aus. Allerdings macht es auch wenig Sinn, den erwartungsfrohen Zuschauer mit einem 20 mal 40 Pixel kleinen "Mäusekino" zu enttäuschen.

Da ist es schon eher eine Überlegung wert, die Bildrate etwas zu reduzieren. Wie Ihnen wahrscheinlich bekannt ist, wirkt ein Film ab einer Bildrate von 24 Bildern pro Sekunde flüssig. Der Standard bei Fernsehbildern ist 30 Bilder pro Sekunde. Je nach Sinn und Zweck des Videos, das Sie auf Ihren Web-Seiten integrieren wollen, kann auch eine Bildrate von 15 bis 18 Bildern noch brauchbare Ergebnisse liefern. Bei Animationen können Sie sogar mit niedrigeren Werten experimentieren.

Ein weiterer Faktor, der Ihnen einen gewissen Spielraum beim Beeinflussen der Dateigröße gibt, ist die Farbtiefe des Films. Genau wie bei normalen Grafiken bewirkt die Reduktion der Farbtiefe von 24 auf 8 Bit wahre Wunder. Es soll aber nicht verschwiegen werden, dass Ihre Videos durch all diese Maßnahmen auch einige Qualitätseinbußen erleiden werden.

Software und Formate

Welche Modifikationen Sie an Ihren Videodateien vornehmen können und welche Ergebnisse Sie damit erzielen, hängt in erster Linie von der von Ihnen verwendeten Software und dem von Ihnen gewählten Format ab. Hier bieten sich viele verschiedene Software-Lösungen mit ebenso vielen Einstellungsmöglichkeiten und Formaten an. Für welche davon Sie sich entscheiden, ist sicherlich eine Frage des Geschmacks und nicht zuletzt auch eine Kostenfrage.

Von der Vielzahl der existierenden Video-Formate gibt es vier, die für sich beanspruchen können, webtauglich zu sein und ausreichend Verbreitung gefunden zu haben: AVI, MPEG, QuickTime und RealVideo.

Das AVI-Format (Audio/Video Interleaved) wurde 1992 von Microsoft eingeführt und hat sich als Standard für Windows-Systeme durchgesetzt. Das liegt nicht zuletzt daran, dass es mittlerweile fester Bestandteil der Microsoft-Betriebssysteme geworden ist. Apple-Anwender müssen entweder nachträglich einen AVI-Viewer installieren oder mit Hilfe eines Zusatzprogramms AVI-Filme in das QuickTime-Format konvertieren.

Das MPEG-Format wurde von der Moving Pictures Expert Group entwickelt und besticht vor allem durch seine hervorragenden Kompressionsraten. Darüber hinaus ist es das einzige Video-Format, das auf UNIX-Maschinen produziert werden kann. Aufgrund der Vielzahl von MPEG-Standards und der ständigen Weiterentwicklung werden ständig neue Tools für das Erstellen und Bearbeiten von MPEG-Videos entwickelt. Weitere Informationen erhalten Sie auf der Web-Seite der Moving Pictures Expert Group: `http://www.mpeg.org/`

Bereits 1991 führte Apple QuickTime (Dateiendung `.mov`) als Format für die Wiedergabe von Audio- und Video-Daten ein. In der Zwischenzeit hat sich QuickTime zu einem Standard auf Apple- und Microsoft-Systemen entwickelt und kann auf beiden Plattformen erstellt, bearbeitet und angezeigt werden. Es sind PlugIns sowohl für den Microsoft Internet Explorer als auch für den Netscape Communicator verfügbar, so dass Sie mit diesem Format fast die gesamte Internet-Community erreichen können. Darüber hinaus zeichnet sich QuickTime durch seine sehr guten Kompressionsraten aus, was sich positiv auf die Ladezeiten auswirkt. Mit der "Fast Start"-Technologie können QuickTime-Filme auch als Streaming Video angeboten werden.

Marktführer der Streaming Technologie dürfte jedoch nach wie vor RealNetworks sein. Deren RealVideo-Format hat sich als Standard für Streaming Video etabliert und wird von allen Browsern und Betriebssystemen unterstützt. Seine Verfahrensweise basiert auf dem QuickTime-Format von Apple. Der Datenstrom von RealVideo kann für Modems mit einem Datendurchsatz ab 14.400 bps optimiert werden. Darüber hinaus lassen sich Videos, die im `.mov` oder `.avi` Format gespeichert wurden, leicht nach RealVideo konvertieren.

Zusätzlich zu diesen Formaten stehen Ihnen verschiedene "Video Codecs" (Video compression/decompression Algorithmen), auf die hier allerdings nicht näher eingegangen werden soll, zur Verfügung. Welches dieser Verfahren Sie verwenden können, hängt ohnehin von dem von Ihnen verwendeten Programm ab. Viele dieser Codecs sind für verschiedene Video-Formate verfügbar.

Einbinden von Videos in HTML-Dokumente

Die einfachste Möglichkeit, Ihrem Betrachter eine Filmsequenz anzubieten, ist der Standardlink.

```
<a href="29Mai99.mpeg">Jan Aages schönster Tag</a>
```

Ein Klick auf den Verweistext veranlasst den Browser, ein Programm zu suchen, das den Dateityp "mpeg" verarbeitet, und weist ihn an, die verknüpfte Datei wiederzugeben. Falls es ein PlugIn gibt, das mit diesem Dateityp verknüpft wurde, wird die Datei im Browser geöffnet. Allerdings ersetzt die Filmsequenz die Ursprungsseite im Browserfenster.

Bei Verweisen auf ein "Streaming Video" wird nicht direkt auf die Video-, sondern auf eine Metadatei verwiesen. Mehr dazu erfahren Sie im Abschnitt "Streaming Audio".

Soll die Filmsequenz jedoch direkt auf der Seite angezeigt werden, müssen Sie auch hier wieder auf das `embed`-Tag zurückgreifen. Wie schon bei den Audiodateien hat auch hier jedes PlugIn seine eigenen Attribute. Welche das in Ihrem Fall sind, hängt vom Format ab, in dem Sie das Video anbieten. In der Regel können Sie jedoch davon ausgehen, dass die Attribute `src="url"` für den Verweis auf die Videodatei, `height` und `width` für die Größenangabe des Wiedergabefensters (in Pixeln) und `loop` für die Anzahl der Wiederholungen (mögliche Werte sind ganze Zahlen, true oder false) bei allen PlugIns funktionieren sollten.

Auf jeden Fall sollten Sie Ihren Betrachter darauf hinweisen, welche Datenmengen sich hinter dem Link verbergen, damit er entscheiden kann, ob seine Geduld und die Bandbreite seiner Internetverbindung einen Download sinnvoll erscheinen lassen.

```
<embed src="fck_5-1.mov" height="200" width="350"
loop="true"></embed>
```

5 Skripte

Nachdem die Möglichkeiten von HTML fast ausgereizt waren, wurde der Wunsch nach dynamischen Seiten laut. Dynamische Web-Seiten sollten Informationen vom Betrachter sammeln und ein auf seine Bedürfnisse ausgerichtetes HTML-Dokument generieren. Interaktion mit dem Betrachter, direkte Reaktionen auf dessen Aktionen und Wünsche sollten die Web-Seiten attraktiver machen.

Die Antwort auf diese Wünsche war JavaScript. Diese Skriptsprache, die ursprünglich als LiveScript von Netscape entwickelt wurde, basiert zwar auf der von der Sun Corporation entwickelten Programmiersprache Java, ist aber eine komplett andere Sprache mit einer anderen Syntax und einem anderen Anspruch.

Nach und nach entwickelten sich weitere konkurrierende Skriptsprachen. Microsoft entwickelte VB Script und ASP als Gegengewicht zu **JavaScript**. Die Microsoftsprachen haben jedoch den Nachteil, dass sie nicht von allen Entwicklungs- und Serverplattformen unterstützt werden.

Eine wirkliche Weiterentwicklung war hingegen die von Rasmus Lerdorf 1995 entwickelte Skriptsprache PHP.

Ein Grund für den Erfolg aller Skriptsprachen ist die Tatsache, dass es keiner aufwendigen Entwicklungsumgebung bedarf. Die Skripte werden einfach als ASCII-Text in den Quelltext der HTML-Dokumente eingebunden. Bei Anforderung der jeweiligen Web-Seiten werden sie, vom Betrachter unbemerkt, abgearbeitet, bevor das Ergebnis bei ihm auf dem Bildschirm erscheint.

Es gibt allerdings auch einige Unterschiede zwischen den Skriptsprachen: Während JavaScript und VB Script auf Seiten des Betrachters vom Browser interpretiert werden, arbeiten ASP und PHP auf dem Server. Für Sie als Programmierer heißt das, dass Ihr Provider seinen Web-Server entsprechend konfiguriert haben muss, damit Sie ASP und PHP einsetzen können. Serverseitige Skriptsprachen haben allerdings auch einige nicht zu unterschätzende Vorteile: Zum einen wird der Quelltext auf dem Server ausgelesen und abgearbeitet. Der Server leitet das Ergebnis in Form einer „reinen" HTML-Datei zurück. Der Vorteil besteht darin, dass diese Seiten auf allen Browsern und Plattformen lauffähig sind. Daraus resultiert auch der zweite Vorteil, denn der Skriptcode ist für den Betrachter nicht sichtbar, so dass Ihr geistiges Eigentum an Ihren Programmen besser geschützt ist als bei JavaScript oder VB Script.

Am Ende dieses Kapitels wird der Vollständigkeit halber noch einmal kurz die Java- und die CGI-Programmierung erwähnt. Letzteres scheint vor allem deshalb wichtig, weil die Daten aus HTML-Formularen meistens von CGI-Skripten verarbeitet werden. Darüber hinaus gibt es eine einfache Möglichkeit, CGI-Skripte und andere dynamische Erweiterungen mit Server Side Includes (SSI) auf Web-Seiten zu integrieren. Ein kurzer Ausblick auf Java ist vor allem deshalb interessant, weil viele Java-Programme, so genannte Applets, im Internet frei verfügbar und relativ leicht in die eigene Seite einzubinden sind.

Im Folgenden werden Ihnen jedoch zunächst die Skriptsprachen etwas genauer vorgestellt, wobei der Schwerpunkt aufgrund der weiten Verbreitung und der einfacheren Erlernbarkeit auf JavaScript liegen wird.

5.1 JavaScript

Wie bereits eingangs des Kapitels erwähnt, war JavaScript die erste Skriptsprache im World Wide Web. Der Quelltext wird von den Befehlen `<script>` und `</script>` umgeben. Die einzigen Attribute des `script`-Befehles lauten `language`, `type` und `src`, mit denen Sie die verwendete Skriptsprache, ihren Mimetyp und gegebenenfalls – bei ausgelagerten Skripten – ihren Standort definieren. Das Skript im folgenden Beispiel liegt z.B. im Ordner Skripte und wird beim Aufruf der Seite von diesem Ort geladen.

```
<script language="javascript" type="text/javascript"
scr="skripte/mietz.js"></script>
```

Grundsätzlich kann das Skript an jedem beliebigen Ort des HTML-Dokuments eingebunden werden. Es empfiehlt sich jedoch, Skripts im Deklarationsteil, also zwischen den Befehlen <head> und </head> einzubinden, da es dann bereits geladen wird, bevor der Seitenaufbau beginnt. Je nach Aufgabe des Skripts können auf diese Weise längere Wartezeiten bei der Aktion, die das Skript auszuführen hat, umgangen werden.

Im Gegensatz zu "echten" Programmen wird bei Skriptsprachen nicht mit kompilierten, also in Computer-Sprache übersetzte, ausführbaren Programmen gearbeitet. Bei Skriptsprachen wird der Quelltext, der im Originaltext vorliegt, von einem im Browser integrierten Interpreter umgesetzt und ausgeführt. Das ist zwar etwas zeitintensiver als der Ablauf eines bereits kompilierten Programms, hat aber den Vorteil, dass ein solches Skript auf allen Betriebssystemen lauffähig ist.

Trotzdem soll hier nicht der Eindruck entstehen, dass JavaScript keine "echte" Programmiersprache ist. Mit JavaScript können durchaus sehr komplexe und aufwendige Programme erstellt werden.

Programmieren in JavaScript

Bei JavaScript geht es, mal abgesehen von der Tatsache, dass es sich um eine Skriptsprache handelt, wie bei jeder anderen Programmiersprache um ein Konstrukt aus Funktionen, Objekten, Anweisungen, Schleifen, Variablen und reservierten Wörtern.

Es würde den Rahmen dieses Buches sprengen, auf alle Einzelheiten von JavaScript einzugehen. Anhand einiger einfacher, nützlicher Beispiele soll hier versucht werden, Ihnen die Funktionsweise von JavaScript zu verdeutlichen. Beginnen wir zu diesem Zweck mit dem einfachst möglichen "Standard"-Programm in diesen Fällen: "Hallo Welt". Das Skript wird hier im Inhaltsteil eingebunden, damit das Skript nicht gesondert aufgerufen werden muss.

```
<html>
<head>
<title>JavaScript Test Nr. 1</title>

</head>
<body>

<script language="javascript" type="text/javascript">

document.write("Hallo Welt");

</script>

</body>
</html>
```

Das ist natürlich nicht sonderlich aufregend und sieht auf dem Browser auch nur so aus:

Abbildung 5.1: Die Ausgabe des ersten JavaScript-Tests

Die Anweisung `document.write` hat zur Folge, das alles, was innerhalb der Anführungszeichen in der Klammer steht, im aktuellen HTML-Dokument ausgegeben wird. Groß- und Kleinschreibung spielt hier übrigens eine wichtige Rolle! Jeder Befehl wird mit einem Semikolon abgeschlossen.

Mit Interaktion hat unser erstes Skript allerdings nicht viel zu tun. Das wird sich aber schon beim zweiten Beispiel ändern. Wir werden eine Schaltfläche definieren, mit der das JavaScript aufgerufen wird. Ein Mausklick auf diese Schaltfläche wird ein Nachrichtenfenster auf den Bildschirm zaubern, das nach einem bestätigenden Klick wieder verschwindet.

```
<html>
<head>
<title>JavaScript Test Nr. 2</title>
<script language="javascript" type="text/javascript">
function test2() {
alert("Klick mich weg!");
}
</script>
</head>
<body>
<form>
<input type="submit" value="Alert Fenster" onclick="test2()">
</form>
</body>
</html>
```

Hier ist der Quelltext schon etwas umfangreicher. Sie sehen, dass das Skript im Deklarationsteil steht und die Funktion von einem "Submit"-Button aus aufgerufen wird. Außerdem sollte Ihnen aufgefallen sein, dass die Funktion nach der Definition von geschwungenen Klammern umgeben wird. Diese Schreibweise ist zwingend für alle JavaScript-Funktionen. Eine weitere Neuerung ist der Aufruf der Funktion selbst. Dieser erfolgt in Form eines Attributes im `input`-Befehl. Die Anweisung `onclick` ist ein so genannter Event-Handler. Er bestimmt, was beim Eintritt eines bestimmten Ereignisses passieren soll. Der Wert dieses Attributes ist die zu startende Funktion.

Und so sieht es auf dem Bildschirm aus:

Abbildung 5.2: Der zweite JavaScript-Test in Opera

Event-Handler

Event-Handler gibt es ganz unterschiedliche. Sie haben alle eines gemeinsam: Event-Handler reagieren auf ein Ereignis und führen dann erst den definierten Befehl aus. Im obigem Beispiel, wird das Script `test2()` nicht sofort ausgeführt, sondern das Nachrichtenfenster erscheint erst, wenn der Leser die Schaltfläche anklickt. Dann erst tritt das Ereignis ein, das den Event-Handler veranlasst, das Script zu starten.

Es existieren ganz unterschiedliche Event-Handler. Einige reagieren auf direkte Aktionen des Lesers. Dazu gehören beispielweise das Anklicken einer Schaltfläche oder das Überfahren eines Textes mit der

Maus. Andere Event-Handler reagieren eher indirekt auf Aktionen des Lesers. Dazu gehören beispielsweise `onLoad()` beim Aufruf der Seite oder `onResize()` beim Verändern der Fenstergröße. Der Anwender erwartet in diesem Fall nicht direkt eine Aktion, so wie nach dem Anklicken einer Schaltfläche etwas geschehen sollte. Als Web-Autor haben sie jedoch die Möglichkeit auch auf Aktionen des Lesers zu reagieren, bei denen dieser nicht direkt eine Reaktion erwartet. Diese Event-Handler dienen vor allem der individuellen Anpassung der Darstellung an die Einstellungen des Benutzers. Mit `onResize()` können Sie z.B. dafür sorgen, dass die Darstellung der Webseite der neuen Fenstergröße angepasst wird.

Die folgende Tabelle gibt einen Überblick über die gängigsten Event-Handler und ihren Einsatz.

Event-Handler	**Ereignis und Einsatz**
onBlur	Das Element verliert den Focus. *Häufiger Einsatz:* Ändern des Aussehens eines Elementes oder Verhindern, dass ein Fenster in den Hintergrund geschoben wird.
onChange	Ein Formularfeld verliert den Focus und sein Inhalt ist verändert worden. *Gilt für:* `<input>, <select> und <textarea>` *Häufiger Einsatz:* Überprüfen der Formulareingabe.
onClick	Das Element wird mit der linken Maustaste angeklickt. *Häufiger Einsatz:* Images als grafische Schaltflächen reagieren lassen. Ausgeben eines Hilftetextes zu einem Element.

Event-Handler	Ereignis und Einsatz
onDblClick	Doppelter Klick mit der linken Maustaste. Tritt `onDblClick()` ein, dann tritt zuvor immer auch `onClick()` ein! *Häufiger Einsatz:* Mit `onClick()` wird ein Warnhinweis angezeigt der zunächst bestätigt werden muss, und mit `onDblClick()` wird die Aktion dann ausgeführt. Beispielsweise das Verlassen des Angebotes und Wechseln zu einer fremden Webseite.
onFocus	Das betreffende Element erhält den Focus. *Gilt für:* `<a>`, `<area>`, `<label>`, `<input>`, `<select>`, `<textarea>` und `<button>` *Häufiger Einsatz:* Anzeigen eines Hinweises zu Links, Formularfeldern oder anklickbaren Grafiken.
onKeyDown	Der Anwender drückt eine Taste. *Häufiger Einsatz:* Längenbeschränkung für die Eingabe in eine Textarea. Wird auch gerne für spielerische Aha-Effekte verwendet. *Anmerkung:* Der Einsatz macht nur bei Tags Sinn, die mit der Tastatur zu erreichen sind.

Event-Handler	Ereignis und Einsatz
onKeyPress	Der Anwender drückt eine Taste und hält sie gedrückt. *Häufiger Einsatz:* Wird gerne für spielerische Aha-Effekte verwendet. *Anmerkung:* Der Einsatz macht nur bei Tags Sinn, die mit der Tastatur zu erreichen sind.
onKeyUp	Der Anwender lässt eine Taste wieder los. *Häufiger Einsatz:* Suchen einer Eingabe in einer Liste. Wird auch gerne für spielerische Aha-Effekte verwendet. *Anmerkung:* Der Einsatz macht nur bei Tags Sinn, die mit der Tastatur zu erreichen sind.
onLoad	Eine Webseite wird in ein Fenster oder Frame geladen. *Gilt für:* `<body>, <frameset>` *Häufiger Einsatz:* Werbefenster, die sich beim Laden einer Seite öffnen.
onMouseDown	Die linke Maustaste wird gedrückt. *Häufiger Einsatz:* Informationstexte, die beim Anklicken eines Elementes beispielsweise in der Statuszeile erscheinen.
onMouseMove	Die Maus wird bewegt, während sie sich über einem Element befindet. *Häufiger Einsatz:* Um den Mauszeiger herum fliegende Objekte oder Texte.

Event-Handler	Ereignis und Einsatz
onMouseOut	Die Maus verlässt das Element, über dem sie sich befand. *Häufiger Einsatz:* Sogenannte RollOver-Effekte. Dabei wird eine Grafik beim Überfahren mit dem Mauszeiger ausgewechselt.
onMouseOver	Die Maus verlässt das Element, über dem sie sich befand. *Häufiger Einsatz:* Sogenannte RollOver-Effekte. Dabei wird eine Grafik beim Überfahren mit dem Mauszeiger ausgewechselt.
onMouseUp	Die Maus verlässt das Element, über dem sie sich befand. *Häufiger Einsatz:* Informationstexte, die angezeigt werden, bevor ein Link ausgeführt wird.
onReset	Der Inhalt eines ausgefüllten Formulars wird verworfen. *Gilt für:* `<form>` *Häufiger Einsatz:* Rückfrage, ob die Eingaben wirklich verworfen werden sollen.
onResize	Das Browserfenster oder Frame wird in der Größe verändert. *Gilt für:* `<body>` *Häufiger Einsatz:* Anpassung der Darstellung an die neue Fenstergröße
onSelect	Der Text in einem Formularfeld wird markiert. *Gilt für:* `<input>, <textarea>` *Häufiger Einsatz:* Anzeigen eines Hilfstextes

Event-Handler	Ereignis und Einsatz
onSubmit	Der Inhalt eines ausgefüllten Formulars wird zur Verarbeitung abgeschickt. *Gilt für:* `<form>` *Häufiger Einsatz:* Überprüfung von Abhängigkeiten im Formular.
onUnload	Die Webseite wird verlassen. *Gilt für:* `<body>, <frameset>` *Häufiger Einsatz:* Beliebt bei diversen Angeboten, um beim Verlassen der Seite ein weiteres Angebot anzuzeigen.

Tabelle 5.1: Die wichtigsten Event-Handler

Sofern in der Tabelle nicht anders angegeben, können die Event-Handler bei nahezu allen HTML-Tags eingesetzt werden. Der Einsatz macht meist jedoch nur bei wenigen Objekten Sinn. Auch unterstützt nicht jeder Browser alle Event-Handler. Es würde den Rahmen dieses Kapitels sprengen, die Kompatibilitäten und Abhängigkeiten hier aufzuführen.

Wenn Sie Event-Handler einsetzen wollen, achten Sie auch auf die korrekte Groß- und Kleinschreibung. Einige Browser reagieren sehr empfindlich darauf und führen bei einer falschen Schreibweise die gewünschte Aktion nicht aus.

Die Event-Handler, die wohl am häufigsten Verwendung finden, dürften das Ereignispaar `onmouseover`/`onmouseout` und das mittlerweile schon fast lästige `onload` sein.

onmouseover und onmouseout begegnen Ihnen beim Surfen häufig in Verbindung mit Navigationsleisten. Der sehr beliebte Rollover-Effekt basiert auf diesen beiden Event-Handlern. Wenn Sie mit der Maus über eine Grafik ziehen, ändert diese ihr Aussehen, um nach dem Entfernen des Mauszeigers aus diesem Bereich wieder seine ursprüngliche Form anzunehmen. Wie das realisiert wird, soll Ihnen das nächste Beispiel zeigen. Da für diesen Effekt keine Funktion aus dem Dokumentkopf aufgerufen werden muss, reicht es aus, nur den relevanten Ausschnitt des Quelltextes abzudrucken.

```
<a href="naechste_seite.htm"
onmouseover="document.images.bild1.src='bild1-b.gif'; return
true;"
onmouseout="document.images.bild1.src='bild1-a.gif'; return
true;">
<img src="bild1-a.gif" width=45 height=18 alt="" border=0
name="bild1"></a>
```

Sie sehen eine Verknüpfung zu einem anderen HTML-Dokument mit dem Dateinamen naechste_seite.htm. Dieser Verweis könnte durch einen Klick auf die Grafik bild1-a.gif erreicht werden. Neben den "üblichen" Attributen wurde dieser Grafik ein Name (bild1) zugewiesen. Über diesen eindeutigen Namen kann das Bild direkt durch verschiedene Funktionen angesprochen werden. Das geschieht mit den Attributen onmouseover und onmouseout aus dem a-Befehl. Beim Überfahren der mit dem Link verbundenen Grafik mit dem Namen bild1 ändert sich dessen Dateiquelle nach bild1-b.gif. Das ist alles, was die Quelltextzeile onmouseover="document.images.bild1.src= 'bild1-b.gif' aussagt. Mit onmouseout wird festgelegt, welche Aktion stattfindet, wenn die Maus aus dem markierten Bereich herausgeführt wird: Die anzuzeigende Grafikdatei wechselt zu bild1-a.gif, der Ursprungsgrafik, zurück.

Der zweite sehr häufig benutzte Event-Handler lautet `onload`. Dieser löst die im Attributwert vorgegebene Aktion aus, sobald das mit diesem Event-Handler versehene HTML-Dokument geladen wird. Sie sind sicher schon öfters auf Seiten gelangt, die beim Laden ein oder mehrere neue Fenster geöffnet und Sie anschließend mit Werbung aller möglichen Branchen und Produkte bombardiert haben.

`onload` wird in den `body`-Befehl der "rufenden" Web-Seite eingebunden. Die für diesen Effekt erforderliche Anweisung lautet `window.open('url')`, wobei Sie als `url` den Dateinamen und gegebenenfalls den Pfad zu der im neuen Fenster anzuzeigenden Datei angeben.

```
<body onload="window.open('javascript5.html')">
```

Wenn Sie möchten, können Sie auch anbieten, auf Mausklick ein Fenster zu schließen. Die Funktion, die Sie hierfür verwenden, lautet `window.close()`. Sie verknüpfen diese am einfachsten mit einem Button, den Sie entsprechend mit dem `value`-Attribut beschriften.

```
<form>

<input type="button" value="Fenster schlie&szlig;en" onclick="window.close();">

</form>
```

5.2 VB Script

Auch bei VB Script haben wir es mit einer vom Browser interpretierten Skriptsprache zu tun, die an eine andere Programmiersprache, Visual Basic, angelehnt ist. VB Script ist, im Vergleich zu JavaScript, bestimmt die mächtigere Sprache. Neben der Verarbeitung von Formulardaten können Sie mit VB Script auch Datenbankanwendungen programmieren und Onlineshops realisieren.

Allerdings ist VB Script auch schwieriger zu erlernen als JavaScript. Darüber hinaus wird diese Sprache nur von Microsoft Produkten unterstützt, was der Popularität von VB Script nicht unbedingt zuträglich ist. Selbst wenn der Microsoft Internet Explorer seinen ärgsten Konkurrenten Netscape langsam aber sicher zu verdrängen scheint, wächst mit Opera ein ernstzunehmender weiterer Mitbewerber heran. Darüber hinaus ist der meist verwendete HTTP-Server immer noch der Apache, und das, obwohl Microsoft mit Windows NT als Serverplattform gegenüber UNIX/Linux-Systemen auch hier einiges an Boden gut gemacht hat.

Es darf bezweifelt werden, ob VB Script jemals die Verbreitung und Beliebtheit von JavaScript erreichen wird. Der Bereich VB Script wird hier nur der Vollständigkeit halber erläutert und nicht vertieft werden.

Programmieren in VB Script

VB Script-Quelltext wird zwischen dem Befehlspaar `<head>` und `</head>` eingebunden. Alle Funktionen und Unterfunktionen, die SUB genannt werden, werden hier zwischen dem öffnenden und schließenden `script`-Tags definiert.

Schauen wir uns auch für VB Script einmal das "Hallo Welt"-Programm an.

```
<html>
<head>
<title>VB Script Test Nr. 1</title>
<script language="VBScript">
sub textausgabe_onclick
        document.write "Hallo Welt"
end sub
</script>
</head>
<body>
```

```
Das ist Fenster 1
<form><input type="button" value="Klick mich!" name="textaus-
gabe"></form>
</body>
</html>
```

Das Programm wird als Unterfunktion `textausgabe` eingegeben. Der Event-Handler `onclick` legt fest, dass ein Mausklick auf eine gleichnamige Schaltfläche das Programm zur Ausführung bringt. Im Gegensatz zu JavaScript erfolgt die Textausgabe nicht im selben Dokument, wie Sie den Screenshots entnehmen können.

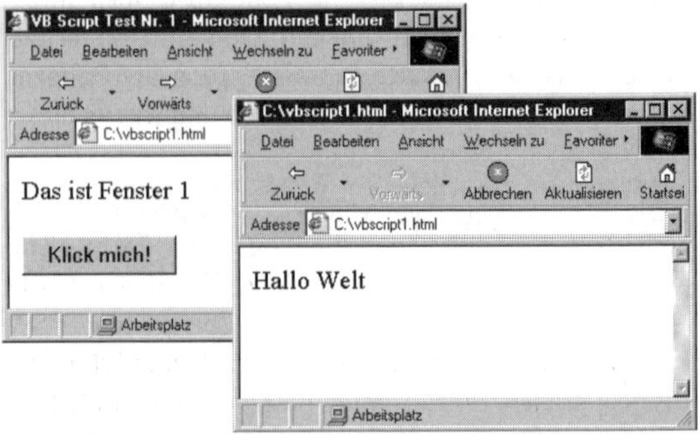

Abbildung 5.3: Die Textausgabe des VB Scripts erfolgt nicht im selben Fenster

Um weitere Informationen zum Thema VB Script-Programmierung zu erhalten, sind das VB Script Tutorial von Microsoft (`http://www.microsoft.com/GERMANY/msdn/library/VBScrip5/vbstutor.htm`) sowie das Microsoft Development Net (`http://www.microsoft.com/germany/msdn`) die besten Quellen.

5.3 ASP

Eine weitere von Microsoft entwickelte Skriptsprache ist ASP. Diese drei Buchstaben stehen für Active Server Pages. Es handelt sich hierbei, im Gegensatz zu den ersten beiden beschriebenen Sprachen, um eine serverseitige Skriptsprache.

Im Einzelnen bedeutet dies, dass es sich zwar auch hier um eine Skriptsprache handelt, also um eine Sprache, deren Quelltext als reiner ASCII-Text in den HTML-Code eingebettet wird. Allerdings wird der Programmcode nicht vom Browser des Betrachters, sondern auf dem Server, auf dem die HTML-Dokumente abgelegt werden, interpretiert und ausgeführt. Vom Server wird dann „reiner" HTML-Quelltext zurückgeliefert, so dass für den Betrachter, von der Dateiendung der Datei abgesehen, nicht ersichtlich ist, ob und was an dieser Seite vom Server generiert wurde.

Zunächst wurde ASP ausschließlich von Microsoft-Servern unterstützt. Das änderte sich, als die Firma Chili!Soft!, eine Tochter von Sun Microsystems das Programm „Chili!Soft! ASP" auf den Markt brachte. Diese Software ermöglichte es, serverübergreifend ASP-Seiten zu programmieren und hat damit sicher auch zum Erfolg des ASP-Konzepts beigetragen. Hinzu kommt, dass weit verbreitete Entwicklerprogramme wie Frontpage, Macromedia Drumbeat oder NetObjects ScriptBuilder ASP direkt unterstützen. Darüber hinaus können Sie mit ASP-Skripten relativ einfach Datenbankanwendungen erstellen. Allerdings werden an den Entwickler auch einige Hard- und Softwareanforderungen gestellt.

Sie benötigen mindestens einen Pentium 100 MHz-Rechner mit mindestens 32 MB Arbeitsspeicher und mindestens 100 MB Festplattenspeicher. Das Betriebssystem sollte natürlich von Microsoft stammen. Sie können schon mit Windows 95 arbeiten, als ideal wird jedoch Windows NT 4.0 Server angesehen. Als Serversoftware werden der Personal Webserver oder der Internet Information Server erwartet. Wenn Sie dann noch über Kenntnisse über Windows NT 4.0 Server, Visual Basic und Skriptsprachen wie VBScript, JScript oder JavaScript verfügen, steht Ihrer Karriere als ASP-Programmierer nichts mehr im Wege.

Programmieren mit ASP

Im diesem Abschnitt werden Sie lediglich eine kurze Einführung in das ASP-Konzept erhalten.

ASP-Skripte können an jeder beliebigen Stelle im Quelltext eingefügt werden, solange sich der ASP-Code zwischen den Skript-Begrenzern <%@ und %> befindet. Die Dateiendung einer ASP-Seite muss `.asp` lauten. Beim Seitenaufruf wird der Programmcode vom Interpreter auf der Serverseite abgearbeitet und durch HTML-Code ersetzt.

Ein Beispieldokument könnte z.B. wie folgt aussehen:

```
<%@ LANGUAGE="VBSCRIPT" %>

<HTML>

<HEAD>

<META NAME="GENERATOR" Content="Microsoft Visual InterDev 1.0">

<META HTTP-EQUIV="Content-Type" content="text/html; charset=iso-8859-1">

<TITLE>My first ASP Page</TITLE>

</HEAD>
```

```
<BODY>
The time is now <%Response.Write Now%>
</BODY>
</HTML>
```

Beim Betrachter wird Folgendes auf dem Bildschirm angezeigt:

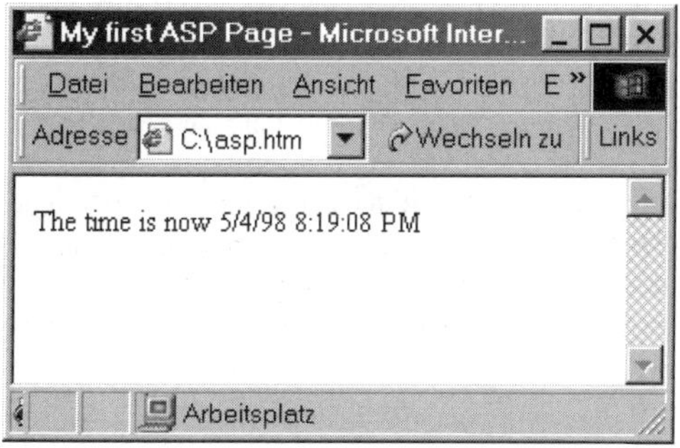

Abbildung 5.4: Ausgabe des Beispiel ASP-Skripts

Wie Sie sehen, wird die Anweisung `<%Response.Write Now%>` vom ASP-Interpreter umgesetzt. Der Befehl `Response.Write` veranlasst eine Bildschirmausgabe. Die Zeichenkette `Now` steht für das aktuelle Datum mit Uhrzeit.

Um sich weitergehende Informationen zu ASP zu beschaffen, sollten Sie einmal einen Blick auf die entsprechenden Web-Seiten von Microsoft (z.B. `http://www.microsoft.com/GERMANY/msdn/vinterdev/asp.htm`) werfen. Eventuell können Ihnen auch die Seiten von Chili!Soft! (`http://www.chilisoft.com/`) eine Hilfe sein, zumal Sie dort eine gute Sammlung von Hilfetexten und Links finden.

5.4 PHP

Eine weitere, sehr beliebte serverseitige Skriptsprache ist PHP. Der Erfolg dieser Sprache lässt sich wohl daraus ableiten, dass sie nicht nur sehr einfach zu erlernen ist, sondern vor allem auch daraus, dass alles, was Sie zum Erlernen von PHP benötigen, kostenlos ist.

Angefangen beim benötigten Interpreter über die Serversoftware bis hin zu Entwicklungstools und der Datenbank können Sie sich alles aus dem Internet besorgen, was Sie benötigen, um eine komplette Entwicklungsumgebung auf Ihrem Heim-PC zu installieren. Dabei haben Sie noch die Wahl aus einer Vielzahl von verschiedenen Programmkombinationen. Als Server stehen z.B. neben den Microsoft-Servern die Produkte OmniHTTPd, Xitami und vor allem der Apache-Server zur Auswahl. Letzterer dürfte der wohl am meisten verwendete Server im Internet sein. Für die meisten dieser Kombinationen gibt es komplette Installationsanleitungen im Internet mit so exotischen Namen wie LAMP oder WXMP, was nichts anderes bedeutet als „Linux Apache MySQL PHP" bzw. „Windows Xitami MySQL PHP".

Die Hardwareanforderungen sind ebenfalls erfreulich gering: Bei einem Windows-System benötigen Sie lediglich einen Pentium 75-Prozessor und 32 Mbyte Arbeitsspeicher. Falls Sie Datenbanken einsetzen wollen, sollten Sie jedoch schon über einen Pentium 130 mit 64 Mbyte RAM verfügen.

PHP wurde 1995 unter dem Namen „Personal Homepage Tool" auf der privaten Homepage von Rasmus Lerdorf veröffentlicht. Es handelte sich zunächst mehr oder weniger um eine Sammlung von Makros, die aber nach einer allgemeinen Überarbeitung zu einer eigenen Skriptsprache weiterentwickelt und von nun an „PHP Hypertext Preprocessor" genannt wurde.

Eine Stärke von PHP liegt in der Nähe zu HTML. Schließlich wurde diese Sprache zum Erweitern der Möglichkeiten einer (privaten) Homepage entwickelt. PHP vereinfacht zum Beispiel das Auslesen von Formulardaten enorm. Sie müssen lediglich im verarbeitenden Programm die Variablen unter den Namen ansprechen, die Sie den Formularfeldern zugewiesen haben. Ein aufwendiges Auseinandersortieren von Variablen-Wertepaaren, wie Sie es eventuell von CGI-Skripten kennen, ist hier nicht nötig. Sie können die Inhalte der Formularfelder einfach unter dem ihnen zugewiesenen Namen ansprechen. Des Weiteren dürfte es keine Skriptsprache geben, die das Arbeiten mit Datenbanken so einfach macht wie PHP, zumal es für die Standardarbeiten kostenlose Tools gibt.

Eine Liste der Bezugsquellen für diverse PHP-Software finden Sie am Ende dieses Abschnitts.

Programmieren mit PHP

Wie schon bei den zuvor erwähnten Skriptsprachen wird auch bei PHP der Programmcode in das HTML-Dokument integriert. Für das Maskieren von PHP-Code gibt es verschiedene Varianten. Sie können den PHP-Code zwischen folgende Einklammerungen einfügen:

- `<? ... ?>`
- `<?php ... ?>`
- `<script language="php"> ... </script>` und
- `<![CDATA[<script language="php">...</script>]]>`

Die letzte Methode stellt die vom W3-Konsortium vorgeschlagene Schreibweise für XHTML-Dokumente dar. Bei „normalen" HTML/PHP-Dateien können Sie eine beliebige der ersten drei Schreibweisen verwenden.

Welche Dateiendung Sie Ihren PHP-Dateien geben, hängt in erster Linie von der Konfiguration des eingesetzten Servers ab. Im Normalfall lautet die Endung `.php` bzw. `.php3`. Es spricht allerdings auch nichts dagegen, die Endung `.htm` bzw. `.html` zu verwenden, sofern Ihr Server diese Endung für PHP-Dateien akzeptiert.

Da PHP eine derart vielseitige Sprache ist, erscheint es sinnvoller, Ihnen an dieser Stelle eine Liste von Informationsquellen an die Hand zu geben als Sie mit einem weiteren „Hallo Welt"-Beispiel zu langweilen, das Sie ohne die nötige Ausstattung mit dem PHP-Interpreter und einem Web-Server ohnehin nicht nachvollziehen können.

Webadresse	Inhalt
http://www.php.net	Unter dieser Adresse bekommen Sie die Installationsversion von PHP.
http://www.apache.org/	Hier können Sie sich die aktuelle Version des Apache-Servers für Ihr Betriebssystem laden.
http://www.imatix.com	Unter dieser Adresse finden Sie die neueste Version des Xitami-Webservers (Freeware).
http://www.omnicron.ab.ca/httpd/	Die Homepage des kostenlosen OmniHTTPd-Webservers
http://www.mysql.com/	Der meistverbreitete kostenlose Datenbankserver MySQL kann von dieser Seite geladen werden.
http://www.htmlwizard.net/projects/phpMyAdmin/	PHPMyAdmin ist ein kostenloses Frontend, das das Arbeiten mit Datenbanken zum Kinderspiel macht.

Webadresse	Inhalt
http://www.php-center.de	Fast alles zu PHP, hervorragendes FAQ in deutscher Sprache
http://www.php-homepage.de/	Interessante Sammlung von Artikeln und Skripten zum Thema PHP
http://www.dynamic-webpages.de	Eine weitere deutschsprachige Seite, mit gutem Skript-Archiv und vielen Verweisen auf andere Quellen
http://www.weberdev.com/	Englischsprachige PHP-Seite mit vielen Tutorials und Anwendungsbeispielen. Ein Schwerpunkt dieser Seite liegt auf der Datenbankeinbindung mit MySQL.
http://www.soysal.com/PHPEd	PHPEd ist ein hervorragender kostenloser PHP- und HTML-Editor, den Sie hier kostenlos beziehen können.

Tabelle 5.2: Software- und Informationsquellen für die PHP-Programmierung

5.5 CGI

Nun entfernen wir uns noch einen Schritt weiter von der HTML-Programmierung.

Ein CGI (Common Gateway Interface) ermöglicht die Kommunikation zwischen dem Betrachter einer Web-Seite mit dem Web-Server. Zum Beispiel werden viele Formularanfragen über CGI-Skripte abgearbeitet. Das Ergebnis muss nicht zwingend eine HTML-Ausgabe generieren. Es besteht vielmehr die Möglichkeit, von einem HTML-Dokument aus, Programme auf einem Web-Server zu starten. Außerdem unterscheiden sich CGI-Programme von den oben genannten Skriptsprachen dadurch, dass ihr Programmcode nicht in den HTML-Quelltext integriert wird. Stattdessen wird der Aufruf des Programms vom Betrachter ausgelöst, z.B. durch das Anklicken eines Submit-Buttons. CGI-Skripte können auch per SSI (= Server Side Includes) aufgerufen werden, ohne dass eine Aktion vom Betrachter ausgehen muss. In diesem Sonderfall wird dann doch der Programmcode in das HTML-Dokument eingebunden, vom Server abgearbeitet und das Ergebnis als reiner HTML-Code an den Betrachter weitergeleitet.

CGI-Skripte werden in einem eigens dafür erstellten und konfigurierten Verzeichnis abgelegt. In den meisten Fällen wird dieses Verzeichnis cgi-bin benannt.

Ein CGI-Skript kann in verschiedenen Sprachen, wie z.B. C/C++, Perl, tcl oder einer beliebigen Shell, geschrieben werden, wobei sich die Sprache Perl zum Quasi-Standard für die CGI-Programmierung entwickelt hat.

Aufgrund dieser Programmvielfalt macht es hier auch wenig Sinn, ein Beispielprogramm zu zeigen. Stattdessen bieten wir Ihnen in der nachfolgenden Tabelle eine Reihe von Informationsquellen zum Thema CGI-Porgrammierung.

Webadresse	Inhalt
http://www.perl.com	Hier bekommen Sie, neben vielen Dokumentationen, Tutorials und einem FAQ, die Software, die Sie für PERL benötigen.
http://www.itm.com/cgicollection/	Sie werden, wenn Sie sich auf die Suche machen, viele CGI-Skript-Sammlungen finden. Das Besondere an dieser ist, dass die Skripte in verschiedenen Sprachen vorliegen.
http://www.alfaweb.ch/cgi-forum/	Das CGI-Forum aus der Schweiz ist eine gute deutschsprachige Anlaufstelle für Fragen zum Thema CGI-Programmierung.

Tabelle 5.3: Einige interessante Quellen zu CGI/Perl

5.6 Java

Obwohl Java von Anfang an nicht als Websprache entwickelt wurde, hat die Einführung von Java im Jahr 1994 das WWW mit einem Paukenschlag verändert. Sun Microsystems brachte HotJava auf den Markt, den ersten vollständig auf Java basierenden WWW-Browser.

Ursprüngliches Ziel dieser Programmiersprache war es, den Quelltext von Anwendungsprogrammen drastisch zu verkleinern. Auf diese Weise würde sich der Zeitbedarf für Softwareentwicklung und -pflege, aber auch die Anforderungen an die Hardware des Endbenutzers – vor allem bei Arbeitsspeicher – deutlich reduzieren lassen.

Das Java-Konzept hat noch weitere Vorteile. Java sollte anfänglich als universell einsetzbare Programmiersprache zur Steuerung von Elektrogeräten aller Art dienen. Hierfür war es erforderlich, dass die

Programme geringste Hard- und Softwareanforderungen stellten. Zudem sollten die Programme klein sein und stabil in Echtzeit ablaufen.

Als der Boom des WWW begann, wurde offensichtlich, dass auch hier eine mögliche Einsatzmöglichkeit von Java lag. Schließlich waren Java-Programme plattformunabhängig, so dass sie auf jedem Betriebssystem laufen konnten.

Ein Java-Programm, auch Applet genannt, ist nicht an ein Betriebssystem gebunden, sondern wird so kompiliert, dass es auf dem Rechner des Betrachters von der Java Virtual Machine ausgeführt wird. Diese Java Virtual Machine interpretiert das Applet und führt es dann auf Ihrem Rechner aus. Es ist also lediglich erforderlich, dass der Betrachter über eine Java Virtual Machine für sein System verfügt. Ein Java-Programm, das auf einem beliebigen Rechner läuft, ist also auf jeder Java Virtual Machine lauffähig.

Den Möglichkeiten von Java sind kaum Grenzen gesetzt. Die Einschränkungen, denen Java unterliegt, wurden in erster Linie aus Sicherheitsgründen eingebaut. So kann ein Java-Programm z.B. nicht auf Dateien zugreifen, was bei einer Anwendung, die über das Internet verbreitet wird, sicher sinnvoll ist.

Java ist, trotz aller Vereinfachungen gegenüber „Hochsprachen" wie z.B. C++, sehr anspruchsvoll und nicht so einfach zu erlernen. Es gibt allerdings auch hierfür einige Hilfsprogramme, die Ihnen das Entwickeln von Java-Programmen erleichtern sollen, wie z.B. Café von Symantec (`http://www.symantec.com`) oder dem Freeware-Tool JDK Commander (`http://www.geocities.com/jdkcommander/`).

Weitere Informationen zu Java bekommen Sie unter den folgenden Adressen:

Webadresse	Inhalt
http://java.sun.com/	Die Heimseite von Java. Hier fing alles an, hier finden Sie Tutorials, News und vor allem das Java Development Kit (kostenlos).
http://java.seite.net/	Nennt sich etwas unbescheiden, aber völlig zu Recht „die führende deutsche Java-Seite"
http://java.rrzn.uni-hannover.de/	Eine hervorragende Sammlung von Kursen und Einführungen

Tabelle 5.4: Informationsquellen zu Java

Java-Applets werden mit dem Befehl `applet` in das HTML-Dokument eingebunden. Sie können seit HTML 4.0 auch den Befehl `object` verwenden, weshalb Sie zunächst einen Musteraufruf beider Befehle vorgestellt bekommen:

1. Mit dem Befehl **`applet`**

```
<applet Codebase="../java" Code="uebersteiger.class"
width="450" height="48" align="center"alt="Hier sollte ein
Java Applet laufen">

<param name="parameter1" value="wert1">

<param name="parameter2" value="wert2">

<param name="parameter3" value="wert3">

</applet>
```

Der Befehl applet benötigt eine Menge von Attributen, um ein Java-Programm ablaufen zu lassen. Als Erstes muss der Browser wissen, welches Programm er laden soll. Diese Information erhält er über das Attribut Code, dem Sie als Wert den Namen des Java-Programms mitteilen. Meistens haben Java-Applets die Dateiendung .class. Den Pfad zu dem zu ladenden Programm teilen Sie dem Browser mit dem Attribut Codebase mit. Der Wert von Codebase ist nur der Pfad, nicht der Name des Programms! Die Attribute width und height legen den Raum fest, der dem Applet zur Darstellung zur Verfügung gestellt wird. Die Angabe erfolgt in ganzen Zahlen und gibt die Größe in Pixeln an. Schließlich können Sie noch einen Alternativtext definieren, der angezeigt wird, wenn die Darstellung des Java-Applets nicht möglich ist. Das Attribut hierfür lautet alt.

Falls sich das Applet über Parameter steuern oder modifizieren lässt, fügen Sie zwischen dem öffnenden und dem schließenden applet-Befehl für jeden Parameter einen param-Befehl ein, der lediglich die jeweiligen Parameternamen und die zugeteilten Parameterwerte enthält.

2. Sie können ein Applet auch mit dem Befehl **object** einbinden:

```
<object classid="java:uebersteiger.class" Codebase="../java" Codetype="application/java-vm">

<param name="parameter1" value="wert1">

<param name="parameter2" value="wert2">

<param name="parameter3" value="wert3">

</object>
```

Der Befehl object funktioniert ähnlich wie der Befehl applet, allerdings geht aus dem Befehl noch nicht hervor, dass es sich bei dem zu ladenden Objekt um ein Java-Programm handelt. Daher müssen

Sie dies dem Browser mit dem Attribut Codetype mitteilen. Der Attributwert application/java-vm veranlasst den Browser, die Java Virtual Machine zu starten. Das Attribut classid="java:xxx" gibt den Namen des Programms an. Der Pfad zum Programm wird wieder mit dem Attribut Codebase angegeben. Auch die Steuerung der möglichen Parameter erfolgt analog zum applet-Befehl. Abschließend folgt der End-Tag </object>.

Abschließend finden Sie hier noch eine Liste von Webadressen, unter denen Sie sich Java-Applets aus dem Internet laden können, um Ihre Web-Seiten damit auszustatten:

Webadresse	**Inhalt**
http://www.hitzel.com/applets/	Applet-Sammlung, z.T. mit Quellcode
http://javapowered.com/fxdl.html	Viele JavaApplets zum Download nach Themenbereichen sortiert.
http://javaboutique.internet.com/	Neben herunter ladbaren Applets auch einige nützliche Tutorials (in englischer Sprache)
http://www.javasuite.de/	Zusätzlich zu den vielen Programmen finden Sie hier auch Tipps und Tricks zum Programmieren und Einbinden der Applets.

Tabelle 5.5: Hier finden Sie kostenlose Applets zum Downloaden

6 Anwendungsbeispiele

Dem Referenzteil konnten Sie ja bisher schon entnehmen, wie Sie in der Theorie verschiedene Aufgaben umzusetzen haben.

Da es in der für einen Referenzteil üblichen Knappheit nicht immer ganz einfach ist, alle diese Arbeitsschritte nachzuvollziehen, finden Sie hier vier ausgewählte Themen etwas ausführlicher erläutert.

6.1 Formulare

Formulare gehören, was den Befehlsumfang angeht, mit zu den komplexesten Gebilden in HTML. Darum sollen Ihnen hier an einem größeren Beispiel die Möglichkeiten von Formularen demonstriert werden.

Auf Kommentare wurde weitestgehend verzichtet, da alle Informationen aus dem Quelltext hervorgehen. Zu Veranschaulichung folgt dem Quelltext eine Abbildung, auf der die Darstellung des Formulars in einem Browserfenster anzeigt wird.

```
<html>
<head>
<title>Formular</title>
</head>
<body bgcolor="#ffffff">
<h2>Online Pizzeria</h2>
```

```
<!-- Anfang des Formulars -->

<form method="get" action="URL.des.bearbeitenden.Rechners">

<!-- Anfang der 1. Feldergruppe-->

<fieldset>

<!-- Titel der 1. Feldergruppe -->

<legend align="right">Angaben zur Person</legend>

<b>Geben Sie hier Ihren Namen ein:</b> <p>

<input type="text" name="last_name" size="30" value="Familien-
name: " maxlength="40">

<input type="text" name="first_name" size="30" value="Vorname:
" maxlength="40">

<p>

<b>Ihre Anschrift:</b><p>

Stra&szlig;e: <input type="text" name="strasse" size="40" max-
length="40">

<br>

Kundennummer <input type="text" name "custno" size="12">

Geheimzahl <input type ="password" name "pin" size="8">

<p>

<b>Zahlungsweise:</b>

American Express <input type="radio" name="zahlt_mit"
value="amex"></input>

VISA - Card <input type="radio" name="zahlt_mit"
value="visa"></input>
```

```
Master-/Eurocard <input type="radio" name="zahlt_mit"
value="mast"></input>
<!-- Ende der 1. Feldergruppe -->
</fieldset>


<!-- Anfang der 2. Feldergruppe -->
<fieldset>
<!-- Beschriftung der 2. Feldergruppe -->
<legend align="right">Ihre Bestellung</legend>
<b>Was m&ouml;chten Sie bestellen?</b><br>
Pizza <input type="checkbox" name="items" value="pizza">
Pasta <input type="checkbox" name="items" value="pasta">
Salat <input type="checkbox" name="items" value="salat">
Desert <input type="checkbox" name="items" value="desert">
<p>
<b>Wenn Sie Pizza bestellen wollen...</b><br>
welchen Belag w&uuml;nschen Sie?
<! Mehrfachauswahl, 3 Felder sichtbar -->
<select multiple size="3"  name="belag">
<option value="tomate">Tomaten</option>
<option value="kaese">K&auml;se</option>
<option value="salami">Salami</option>
<option value="pilze">Champignon</option>
<option value="schinken">Schinken</option>
```

```
<option value="paprika">Paprika</option>
<option value="ananas">Ananas</option>
<option value="zwiebeln">Zwiebeln</option>
<option value="erdnussbutter">Erdnu&szlig;butter</option>
</select>
<p>
W&uuml;nschen Sie irgendwelche <b>Extras</b> <br>
<textarea name="extra" rows = 5 cols = 35></textarea>
<p>
<!-- Bestätigung / Ablehnen -->
<input type="submit" value="Bestellung abschicken">
<input type="reset" value="Formular l&ouml;schen">
<!-- Ende der 2. Feldergruppe -->
</fieldset>
</form>
</body>
</html>
```

Und hier sehen Sie das Ergebnis auf dem Microsoft Internet Explorer:

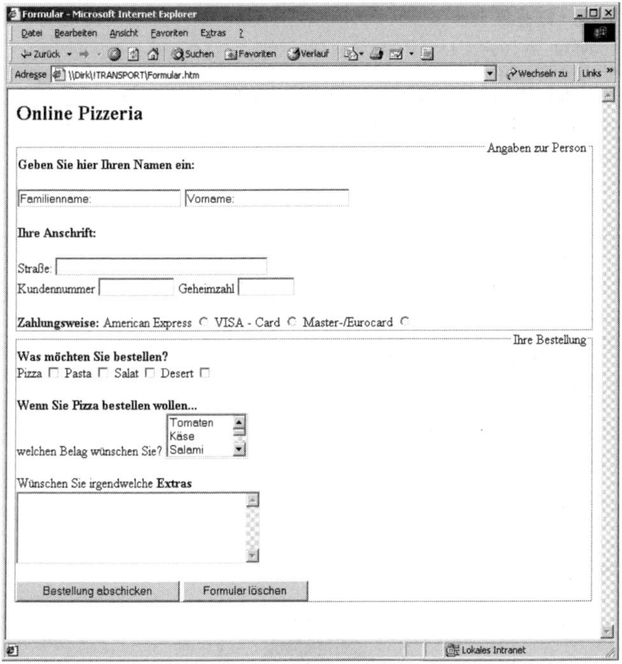

Abbildung 6.1: Das Formular-Beispiel im Browser

6.2 Usemaps

Häufig finden Sie auf Web-Seiten Grafiken, die auf mehrere verschiedene Quellen verweisen. Lange Zeit war dieses Feature CGI-Programmierern vorbehalten, da die einzelnen klicksensitiven Bereiche nur über ein eigens zu programmierendes Programm definiert werden konnten.

Das änderte sich mit der Einführung der 3er Browser (also die Browser mit der Versionsnummer 3 oder höher). Hier wurden erstmals so genannte Usemaps unterstützt. Diese werden prinzipiell genau so wie Imagemaps definiert, haben jedoch den Vorteil, dass sie auf Seiten des Browsers ausgeführt werden. Es bedarf also keiner gesonderten Zugriffsrechte auf dem Webserver des Providers.

Fangen wir also einfach mit dem Beispiel an:

Folgende Grafik soll auf drei verschiedene Web-Seiten verweisen.

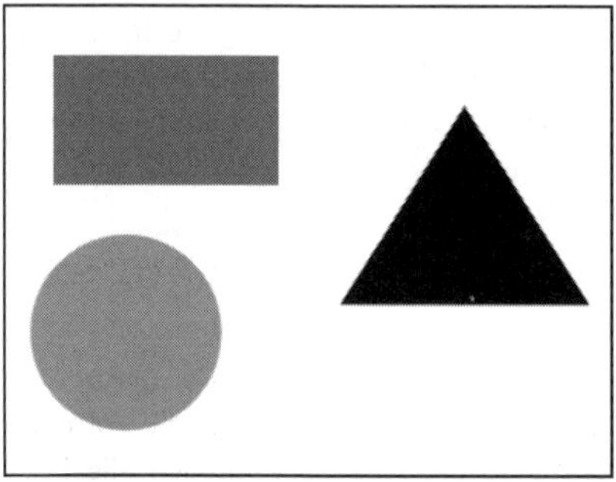

Abbildung 6.2: Dieses Bild soll als Usemap definiert werden.

Das ist zwar nicht sehr originell, deckt aber alle Möglichkeiten, die Sie haben, ab. Zunächst müssen Sie die Usemap als solche definieren. Hierzu verwenden Sie den Befehl map, der zum einen die Definition der klickbaren Bereiche einleitet und zum anderen der Usemap einen Namen zuweist, unter der sie mit der zugehörigen Grafik verknüpft wird.

```
<map name="beispiel">
```

Nun machen wir uns daran, die einzelnen Bereiche festzulegen, die den Betrachter zu anderen Internetdokumenten führen sollen. Die drei Elemente der Grafik entsprechen den möglichen Formen, die Sie per Usemap definieren können: Ein Rechteck, ein Vieleck und ein Kreis.

Beginnen wir mit der Rechteck. Die Form, also das shape-Attribut erhält den Wert rect für Rectangle (= Rechteck). Als Koordinaten (coords) werden der obere linke und der untere rechte Eckpunkt des Rechtecks angegeben. Es handelt sich dabei um die Koordinatenwerte relativ zur linken oberen Ecke, die die Ausgangswerte 0,0 hat. In unserem Beispiel lauten die Werte 33,33 und 180,115. Nun müssen Sie nur noch die Internetadresse des Dokuments angeben, das mit diesem Objekt verknüpft werden soll. Die Zeile, die das Rechteck definiert, hat somit folgendes Aussehen:

```
<area shape="rect" coords="33, 33, 180, 115" href="recht-
eck.html">
```

Als nächstes Objekt haben wir ein Dreieck. Da es sich weder um einen Kreis noch um ein Rechteck handelt, bleibt nur die Formbeschreibung poly (= polygon). Bei einem Vieleck müssen alle Eckpunkte in der richtigen Reihenfolge angegeben werden, wobei es keine Rolle spielt, ob Sie die Eckpunkte im Uhrzeigersinn, oder andersherum angeben. Da die Beispielkoordinaten der Eckpunkte 190, 220 , 303, 64 und 386, 190 lauten, sieht die „fertige" Zeile für das Dreieck so aus:

```
<area shape="poly" coords="190, 220 , 303, 64, 386, 190"
href="dreieck.html">
```

Als letztes Objekt bleibt der Kreis. Dieser wird definiert, indem Sie den Mittelpunkt der Kreises und als dritten Koordinatenwert den Radius angeben. Diese Werte lauten hier 80,208 für den Mittelpunkt und 62 für den Radius. Die dritte klickbare Fläche wird also so definiert:

```
<area shape="circle" coords="80, 208, 62" href="kreis.html">
```

Nachdem Sie nun den map-Befehl geschlossen haben, müssen Sie nur noch die Grafik auf Ihrer Web-Seite einbinden. Vergessen Sie dabei nicht, den Namen der Usemap mit dem gleichnamigen Attribut einzubinden. Vor dem Namen der Usemap ist ein Rautezeichen zu setzen.

Den kompletten Quelltext für die Usemap (inklusive Grafik) finden Sie hier:

```
<map name="beispiel">
<area shape="rect" coords="33, 33, 180, 115" href="recht-
eck.html">
<area shape="poly" coords="190, 220 , 303, 64, 386, 190"
href="dreieck.html">
<area shape="circle" coords="80, 208, 62" href="kreis.html">
</map>
<img src="3formen.gif" usemap="#beispiel">
```

Die beiden Befehle map und img müssen nicht direkt aufeinander folgen. Aus Gründen der Übersichtlichkeit ist es jedoch empfehlenswert.

6.3 Skripte einbinden: Gästebuch

Nachdem Sie im Kapitel „Skripte und Co." erfahren haben, mit welchen Skripten Sie die Möglichkeiten Ihrer Web-Seiten erweitern können, soll Ihnen hier am Beispiel eines kostenlosen Gästebuchs noch einmal detailliert gezeigt werden, was Sie dafür genau tun müssen.

Nehmen wir einmal an, Sie hätten sich bei einem der vielen Skript-Archive für ein Gästebuch registriert (Adressen von solchen Archiven finden Sie am Ende dieses Kapitels). Nachdem Sie alle Formularfelder richtig ausgefüllt haben, wird Ihnen eine kurze Gebrauchsanweisung für das Gästebuch zugemailt.

In dieser Mail, oder auf den Seiten des Skript-Archivs, finden Sie auch den Musterquelltext, mit dem Sie das Gästebuch in Ihre Seiten einbinden.

Am einfachsten ist es, wenn Sie den benötigten Quelltext per Kopieren und Einfügen an die gewünschte Stelle Ihres HTML-Dokuments. In den meisten Fällen ist das ein längerer Abschnitt, der sich zwischen <form ...> und </form> befindet. An den Angaben, die im form-Befehl stehen, sollten Sie nichts ändern, da hier auf das Ihnen zugewiesene Gästebuchskript verwiesen wird.

Anschließend passen Sie die Werte der verschiedenen input-Befehle vom Typ hidden an. Hier müssen Sie das Skript mit Ihren persönlichen Angaben versehen. Die Angaben, die von Ihnen gebraucht werden, sind in der Regel Ihre E-Mail-Adresse und ein Betreff, unter dem Sie über einen neuen Gästebucheintrag informiert werden. Außerdem wird häufig die URL einer Web-Seite benötigt, auf die das Skript den Betrachter verweisen kann. Hier wäre es z.B. nett, wenn Sie eine Seite erstellen, auf der Sie sich beim Betrachter für das Ausfüllen des Gästebuchs bedanken.

Weitere versteckte Formularfelder, mit denen Sie nichts anfangen können, oder die in der Gebrauchsanweisung nicht weiter erläutert werden, lassen Sie unangetastet. Hierbei handelt es sich häufig um Variablen, die zum Abarbeiten des Skripts benötigt werden, die aber in der gelieferten Version schon die richtigen Werte besitzen.

Im Grunde sind Sie jetzt bereits fertig. Sie müssen bei Bedarf lediglich das Formular Ihren optischen Vorstellungen entsprechend anpassen. Sie könnten zum Beispiel die Formularfelder in eine Tabelle einbinden, um gleichmäßige Abstände zwischen der Beschriftung und dem Eingabefeld zu erhalten. Auf die Werbeeinblendungen, die ein solches Gästebuch mit sich bringt, haben Sie – wie Sie sicher aus den Nutzungsbedingungen wissen (die Sie stets genau lesen sollten!) – keinen Einfluss. Schließlich finanziert sich ein solcher Service in der Regel über diese Werbebanner.

Nachdem Sie die Web-Seite, bzw. die Web-Seiten, falls Sie eine Bestätigungsseite erstellt haben, auf den Server transferiert haben, sollte alles funktionieren.

Mit anderen Skripten verfahren Sie ganz ähnlich. Schließlich ist es egal, ob Sie ein Mailformular, ein Gästebuch oder ein beliebiges anderes Skript extern einbinden.

Die einzige Ausnahme bildet das Einbinden eines externen Counters. Ein Counter wird meist wie eine Grafik eingebunden, die von einem anderen Server geladen wird. Allerdings verweist der `img`-Befehl hier nicht auf eines der bekannten Grafikformate, sondern auf ein Skript, das eine dem Zählerstand angepasste Zahl wiedergibt.

Näheres zum Einbinden von externen Countern erfahren Sie von dem Dienstleister, der Ihnen das Skript zur Verfügung stellt.

Sehen Sie abschließend noch eine Liste von Anbietern kostenloser, externer CGI- und PHP-Skripte.

Kostenlose Scripts

Name des Archivs	**Internetadresse**	**Bedingungen/ Besonderheiten**
1-2-3 Gästebuch	http://www.1-2-3-gaestebuch.de	Sehr einfach zu erstellen, recht gut zu konfigurieren, Werbebanner dezent
CGI4free	http://www.webscripts.de/	Verschiedene einfach einzubindende Skripte
Absolut Java	http://absolutjava.host.sk	Brauchbar sind in erster Linie die herunterladbaren JavaApplets.
Kostenlose Counter	http://corofin.softsys.co.at/~nbanke/free.counter.html	Bietet, wie der Name schon sagt, kostenlose Counter

Name des Archivs	Internetadresse	Bedingungen/ Besonderheiten
Hometool	http://www.sgdev.com/	Neben einer Vielzahl von CGI- und sonstigen Skripten finden Sie hier viele wertvolle Hilfen und Infos rund um das Erstellen von Web-Seiten.
instantCONTENT	http://www.instantcontent.de/	Hier erhalten Sie nicht nur den News-Ticker, mit dem Sie Informationen auf Ihren Seiten anbieten können, sondern auch die aktuellen Inhalte. Kostenlos!

6.4 Überlegungen zur Frames-Konzeption

Was gibt es zu beachten, wenn Sie Ihre Seiten im Framegerüst präsentieren wollen?

An sich ist ja alles ganz einfach: Man erstellt mit Bleistift und Papier ein Fraumegerüst, definiert das ganze in einem oder mehreren Framesets, und erstellt anschließend die einzelnen Seiten.

An sich ist das richtig. Aber es gibt eine Menge von Fußangeln, an die Sie vorher denken sollten, um sich hinterher eine Menge Ärger zu sparen.

Namen und Ziele

Geben Sie den einzelnen Frames sinnvolle Namen. Sie machen sich es leichter, wenn der Inhaltsframe „Inhalt" heißt, und nicht „frame01".

Die Namen, die Sie den Frames zugewiesen haben benötigen Sie, wenn Sie möchten, dass Verweise in einem anderen Frame als dem Ursprungsframe angezeigt werden.

In der Praxis sieht das dann so aus (nur die relevanten Quelltextteile):

Die Datei index.html definiert das Frameset:

```
<!- Aufteilung in Spalten, 120 für Navigation, der Rest für
Inhalte -->

<frameset cols="120,*">

<!-- Der Navigationsframe -->

<frame src="navi.html" name="navi">

<!-- Der Inhaltsframe -->

<frame src="inhalt.html" name="content">

<!-- Schlußbefehl der Framedefinition -->

</frameset>
```

Ein Verweis, der aus der Navigation heraus eine Datei aufruft, die im Inhaltsfenster angezeigt werden soll:

```
<a href="news1.html" target="content">Aktuelles</a>
```

Wie Sie sehen, wird bei der Verknüpfung das Attribut `target` verwendet, um dem Browser mitzuteilen, in welchem Teil des Browserfensters die angeforderte Datei dargestellt werden soll.

Rechtliches

Wenn Sie von Ihren Frameseiten auf andere Internetangebote verweisen, können Sie das auf zwei verschiedene Arten bewerkstelligen:

Sie stellen eine Verknüpfung zu einem fremden Dokument her und verwenden dabei für das `target`-Attribut die Werte `_blank` oder `_top`. In diesem Fall wird die Seite, auf die Sie verweisen als einzige Seite im Browserfenster dargestellt: Im ersten Fall, wenn Sie als Target `_blank` angegeben haben, in einem neuen Fenster; oder, wenn der Wert von Target `_top` lautet, im Browserfenster, in dem zuvor noch Ihre Seiten zu sehen waren.

Sie können aber auch einen Verweis so erstellen, dass auch der externe Link in Ihrem Framegerüst angezeigt wird. Auf diese Weise geht Ihnen der Besucher nicht verloren, obwohl Sie auf Dokumente außerhalb Ihrer Website verweisen. In diesem Fall haben Sie allerdings keinen Einfluss mehr auf die Inhalte, die auf der externen Seite angeboten werden, und Sie werden diese wahrscheinlich auch nicht regelmäßig überprüfen.

Nach einem Urteil des Landgerichts Hamburg vom 12. Mai 1998 können Sie jedoch für diese Inhalte haftbar gemacht werden, wenn Sie sich nicht ausdrücklich auf Ihren Seiten von diesen fremden Inhalten distanzieren. Achten Sie darauf, dass Sie eine solche Erklärung auf Ihren Seiten abgeben, wenn Sie Verknüpfungen zu anderen Seiten erstellen, bei denen Sie nicht zu hundert Prozent sicher sein können, dass deren Inhalte unbedenklich sind.

Sind Frames nötig?

Natürlich bieten Frames viele Vorteile. Sie können Elemente, wie z.B. ein Firmenlogo, bestimmen, die immer auf dem Bildschirm zu sehen sind. Sie können gestalterisch mit Hintergründen spielen, was Ihre Seiten bestimmt attraktiver macht. Ihre Seiten sind für Ihre Betrachter sehr viel leichter zu nutzen, wenn Sie Ihnen eine Navigation bieten, von der aus sie jederzeit an jeden Punkt Ihrer Präsentation gelangen können.

Wenn Sie Verweise zu fremden Seiten anbieten, können Sie diese so einbinden, das Ihr Firmenlogo und Ihre Navigation trotzdem auf dem Bildschirm sichtbar bleiben.

Ein weiterer Pluspunkt von Frames ist die Tatsache, dass Sie Ihre Seiten nun so konzipieren können, dass eine Seite wirklich nicht mehr Text enthält, als auf ca. 1½ Papierseiten passen würde, eine Forderung die aus ergonomischen Gründen immer wieder vorgebracht wird. Mit Frames können Sie nach einer bestimmten Menge Text auf die nächste weiterführende Seite verweisen, ohne dass der Betrachter dabei die Navigation und damit die Übersicht verliert.

Aber Frames haben auch Nachteile:

- Zum einen schließen Sie einen – zugegeben immer kleiner werdenden – Teil der potentiellen Besucher aus, weil deren Browser nicht in der Lage ist, Frames korrekt anzuzeigen.
- Außerdem wird der ohnehin schon knapp bemessene Raum auf dem Monitor durch die Frames noch mehr eingeschränkt.
- Ihre Leser könnten Schwierigkeiten bekommen, wenn Sie versuchen, Ihre Seiten auszudrucken. Obwohl viele neuere Browser bereits auf diese Problematik vorbereitet sind, gibt es in der Praxis immer noch verschiedene Probleme beim Drucken von Frameseiten.
- Viele Suchmaschinen kommen mit Frames nicht klar.

Checkliste für die Verwendung von Frames:

- Noframes-Befehl nutzen; es gibt immer noch Leute, die einen nicht-frametauglichen Browser benutzen.
- Setzen Sie alle Meta-Informationen, die Sie für Suchmaschinen gesammelt haben, auch auf die Indexseite. Selbst wenn die Inhaltsseiten das sind, worauf es bei Ihrem Webauftritt ankommt, werden Suchmaschinen zuerst die Datei „index.html" analysieren. Für den Fall, dass ein Suchprogramm nur den noframes-Bereich durchsucht, sollten Sie hier einige weitere Informationen und eine Link auf eine Seite einrichten, die ein Inhaltsverzeichnis Ihrer Site enthält.
- Denken Sie an Besucher, die Ihre Seiten mit einer Auflösung von 640x480 Pixeln betrachten. Unterdrücken Sie nie die Darstellung eines Scrollbalkens.
- Wenn Sie auf Ihren Seiten wichtige oder interessante Informationen anbieten, sollten Sie darüber nachdenken, ob Sie Ihren Besuchern eventuell „Printversionen" dieser Texte zur Verfügung stellen.

7 Browser und Betriebssysteme

Da in der Praxis nicht mehr alles so vonstatten geht, wie Sie es sich vorgestellt haben, erfahren Sie hier einige Tricks und Kniffe, mit denen Sie einige dieser Klippen umschiffen können.

7.1 Fußangeln umgehen

Wie Sie sicher schon gemerkt haben, gibt es verschiedene Fallstricke, wenn es darum geht, den Web-Seiten das Aussehen zu verleihen, das man sich wünscht.

Als Erstes sollten Sie sich im Klaren darüber sein, dass Sie wahrscheinlich nie exakt das Layout beim Betrachter erreichen werden, das Sie sich 1. wünschen und das Sie 2. auf Ihrem Entwicklungssystem sehen.

Dafür hängt die Darstellung von zu vielen verschiedenen Parametern ab, auf die Sie als Programmierer keinen Einfluss haben.

Über Browser und Betriebssysteme

Wie Ihnen sicherlich nicht entgangen ist, gibt es eine Unmenge von verschiedenen Browsern. Neben den „großen 3" Programmen von Microsoft, Netscape und Opera gibt es eine Vielzahl von weniger bekannten Browsern, die ein Nischendasein führen, sich aber z.T. trotzdem einer erstaunlich großen Beliebtheit erfreuen. Selbst bei der gleichen Browsersoftware kann es also aufgrund unterschiedlicher Betriebssysteme zu abweichenden Darstellungen kommen.

Versuchen Sie also, Ihre Seiten auf möglichst vielen Plattformen mit so vielen Browsern wie möglich zu kontrollieren. Die Betriebssysteme mit der größten Verbreitung sind die verschiedenen Windows Versionen (95 / 98 / NT / 2000 / ME, und eventuell noch das gute alte Windows 3.X), MacOS und Linux/Unix.

Aufgrund der Vielzahl von möglichen Kombinationen aus Browser und Betriebssystemen erhalten Sie in der folgenden Tabelle einen Überblick, welche (einigermaßen aktuellen) Browser in welcher Version für welche Betriebssysteme verfügbar sind.

	Betriebssysteme			
Browser	**Windows**	**MacOS**	**Linux**	**Sonstige**
MSIE 3	X	X	–	–
MSIE 4	X	X	–	–
MSIE 5	X	X	–	Solaris Unix Windows CE
Netscape 4	X	X	X	–
Netscape 5	X	X	X	–
Netscape 6	X	X	X	–
Opera 4	X	X	X	–
Opera 5	X	X	X	BeOS EPOC OS/2
Amaya	X	–	X	AIX Solaris

	Betriebssysteme			
Browser	**Windows**	**MacOS**	**Linux**	**Sonstige**
HotJava	X	X	X	Solaris
Lynx	X	–	X	Dos OS/2 Amiga

Tabelle 7.1: Verfügbarkeit der Browser

Wie Sie sehen, ist die weite Verbreitung der „führenden" drei Browser durchaus auch darin begründet, dass sie für die meisten Betriebssysteme verfügbar sind. Auch die Tatsache, dass diese drei Produkte (noch) kostenlos abgegeben werden, dürfte sein Übriges tun. Bei Microsoft wird allerdings überlegt, ob deren Internet Explorer demnächst nur noch käuflich zu erwerben sein wird.

Nicht ganz uninteressant sind auch die Browser HotJava (von Sun Microsystems) und Amaya (von W30). Beide sind kostenlos verfügbar und beide haben ihre Besonderheiten. Während der HotJava dadurch auffällt, dass er der Vorzeigebrowser für Java-Projekte ist – schließlich stammt er aus dem Hause Sun Microsystems, der ursprünglichen Java-Schmiede, ist der Amaya sowohl als Browser als auch als Autorenwerkzeug einsetzbar. Die Tatsache, dass das W3-Konsortium den Amaya, als Nachfolger des Arena, als Referenzbrowser empfiehlt, kann jedoch nicht darüber hinwegtäuschen, dass er in Sachen Darstellung einige Schwächen hat.

Schließlich finden Sie in der Tabelle noch den stark in Vergessenheit geratenen Lynx-Browser. Dieser sticht, salopp ausgedrückt, dadurch hervor, dass er gar nichts kann. Bei diesem Programm handelt es sich um eine Entwicklung des Lynx-Teams, das schon existierte, als der gute alte Gopher dem World Wide Web weichen musste. Lynx ist rein textbasiert und wurde in den Anfangstagen des WWW vor allem auf UNIX-Workstations eingesetzt, die nicht in der Lage waren, Grafiken darzustellen. Da es solche System heute kaum noch gibt, fristet Lynx nur noch ein Schattendasein. Andererseits kann man ihn wunderbar zu Testzwecken einsetzen, z.B., um die Funktionalität einer Webseite ohne grafische Unterstützung zu überprüfen.

Unabhängig von den diversen Browsertypen bleibt allerdings festzustellen, dass es zwischen den verschiedenen Betriebssystemen grundsätzliche Unterschiede bei der Anzeige von Web-Seiten gibt.

Häufig wird z.B. außer Acht gelassen, dass die Unterschiede zwischen PCs (auf denen Windows- und/oder Linux-Systeme installiert sein können) und Macintosh-Rechnern mehr als nur eine Glaubensfrage sind.

Zum Beispiel werden Farbtöne auf dem Mac niemals so aussehen, wie auf einem PC. Selbst wenn Sie einen Monitor dahingehend kalibrieren sollten, die Standardeinstellungen zwischen den beiden Systemen sind einfach zu unterschiedlich. Für Sie als Autor einer Homepage bedeutet das, dass Sie im Zweifelsfall mit eher transparenten Grafikhintergründen arbeiten sollten als mit Grafiken, deren Hintergrund auf Ihrem Rechner mit dem Hintergrund Ihrer Web-Seiten identisch sind. Eine Garantie für das Aussehen auf einem anderen System gibt es nicht.

Ein weiterer Unterschied zwischen den beiden Betriebssystemen betrifft die Schriftarten. Während auf einem PC die Standardschriften Arial (ohne Serifen) und Times New Roman (mit Serifen) installiert sind, finden Sie auf dem Mac Helvetica (ohne Serifen) und Times (mit Serifen) vor. Dieses Problem lässt sich zwar, wie Sie im vorangegangenen Kapitel gesehen haben, mit downloadbaren Schriftarten umgehen, allerdings haben Sie dann wieder das Problem der mangelnden Unterstützung bei den einzelnen Browsern.

Neben diesen feinen Unterschieden können Sie ganz allgemein davon ausgehen, dass die Schriften auf dem Mac in der Regel kleiner dargestellt werden. Das variiert dann wiederum von Browser zu Browser und ist natürlich darüber hinaus von den Einstellungen, die der Betrachter an seinem System vorgenommen hat, abhängig.

Der Unterschied, der jedoch am häufigsten übersehen wird, ist die Tatsache, dass die Bildschirmauflösung eines PCs in einigen Fällen, wenn auch nur um einige Pixel, von der eines Macs abweicht. Das wird in dem Augenblick interessant, wenn Sie Seiten anbieten, die für eine bestimmte Bildschirmauflösung „optimiert" sind. Eine Unsitte, die immer mehr um sich greift. Da Sie nie genau kontrollieren können, in welcher Schriftgröße der Text beim Betrachter angezeigt wird, kann es unter Umständen bei Web-Seiten, die für eine bestimmte Bildschirmauflösung erstellt wurden, passieren, dass bei schmalen Frames einzelne Elemente oder Textteile zum Teil oder ganz verschwinden. Konkret kann Ihnen das passieren, wenn Sie Ihre Seiten ausschließlich mit dem Netscape-Browser kontrollieren und ein Besucher diese Seiten bei der Einstellung „sehr großer Schriftgrad" mit dem Microsoft Internet Explorer betrachtet. Noch extremer kann das gewünschte vom tatsächlichen Erscheinungsbild abweichen, wenn man die entsprechenden Seiten auf dem Opera-Browser öffnet. Dort kann der Betrachter die Fenstergrößen unabhängig von den programmierten Vorgaben des Autors nach Belieben verändern.

Die großen Drei

Sie sehen, dass es einige maßgebliche Unterschiede zwischen den Browsern gibt, unabhängig davon, auf welcher Plattform sie zum Einsatz kommen. Da Browser selbst dann schon mit unterschiedlichen Merkmalen aufwarten, wenn sie zwar aus demselben Softwarehaus kommen, werden in der folgenden Aufstellung lediglich die derzeit aktuellen Versionen einander gegenübergestellt.

Microsoft Internet Explorer 5.5

Nachdem Microsoft zunächst Gefahr lief, den Internetboom zu verschlafen, haben die Redmonder gehörig aufgeholt. Nachdem man Netscape immer mehr Marktanteile wegschnappen konnte, dürfte es Microsoft spätestens mit dem Internet Explorer 5 gelungen sein, die Nummer eins unter den Browsern zu präsentieren.

Als Teil des Betriebssystems ist der Internet Explorer bestens in die Architektur von Windowsplattformen integriert und überzeugt dementsprechend durch Geschwindigkeit beim Programmstart und dem Seitenaufbau.

Musste sich Microsoft früher lange, und zum Teil zu Recht, den Vorwurf gefallen lassen, von den vom W3-Konsortium vorgegebenen Standards abzuweichen, werden diese in der aktuellen Version so genau umgesetzt, wie von sonst keinem anderen Browser. Auch die Umsetzung von DHTML und Cascading Style Sheets ist vorbildlich. Darüber hinaus werden XML, JavaScript, Java, ActiveX und SSL unterstützt. Dazu gibt es jede Menge PlugIns, mit denen Sie die Funktionalität des Browsers erweitern können.

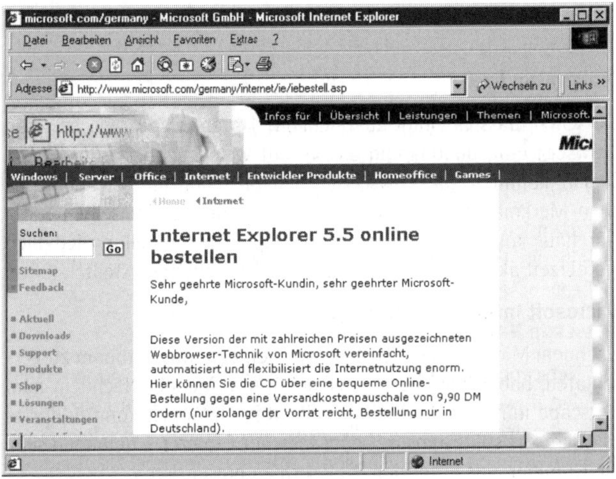

Abbildung 7.1: Der Microsoft Internet Explorer

Gerade hier liegt aber auch der wichtigste Kritikpunkt, denn der Browser kommt immer wieder dadurch ins Gerede, dass er Sicherheitslücken aufweist. Viren, wie der schon legendäre „I-Love-You"-Virus, haben ausschließlich auf Rechnern zugeschlagen, auf denen Outlook oder Outlook-Express installiert war. Auch die ActiveX-Einbindung öffnet manchem unliebsamen Besucher Tor und Tür.

Wie es sich heute für einen guten Browser gehört, wird der Internet Explorer als ganzes Softwarepaket geliefert. Mit ihm erhalten Sie den HTML-Editor Frontpage Express, den MSN Messenger, das Konferenz Tool Netmeeting und Outlook Express, mit dem Sie sowohl mehrere E-Mailaccounts verwalten als auch im Usenet stöbern können.

So viel Leistung hat aber auch ihren Preis: Der Microsoft Internet Explorer kann zwar kostenlos von den Microsoft-Webseiten heruntergeladen werden, allerdings geht er nicht gerade zimperlich mit Ihren Systemressourcen um. Eine vollständige Installation belegt schon mal eben 80 MByte Plattenspeicher. Die auf den Microsoft-Internetseiten empfohlenen 16 MByte Arbeitsspeicher für Windows 95/98 sind wohl eher knapp bemessen.

Trotzdem lohnt es sich, den Internet Explorer auf seinem System zu installieren. Gerüchten zufolge soll die kommende Version übrigens nicht mehr gratis sein.

Netscape Navigator 6

Der Netscape Navigator ist als Nachfolger des Mosaic-Browsers einer der ältesten Browser überhaupt. Bis zur Versionsnummer 3 lieferte sich der Netscape mit dem Internet Explorer ein enges Kopf-an-Kopf-Rennen um die Gunst der Internetgemeinde. Nach einigen Pannen und der überaus gelungenen 4er Version des Konkurrenten aus dem Hause Microsoft schien dieser Wettkampf so gut wie verloren.

Mit dem lange erwarteten Navigator 6 holte Netscape dann zum Gegenschlag aus, doch inwieweit die Marktherrschaft von Microsoft davon bedroht werden kann, bleibt abzuwarten. Zwar wurde der Navigator von Grund auf überholt und der Seitenaufbau durch die "Gecko Rendering Engine" erheblich beschleunigt, doch in Punkto Tempo hat der Internet Explorer nach wie vor die Nase vorn. Dem Vernehmen nach setzt der Navigator alle Standards des WWW-Konsortiums konsequent um, doch beim Testen fällt er in vielerlei Hinsicht durch. Am deutlichsten werden die Mängel beim Tabellenaufbau, und es ist bezeichnend, dass selbst die Netscape-Seiten nicht korrekt dargestellt werden können. Von vielen Agenturen war zu hören, dass erschreckte Kunden nach der Veröffentlichung des neuen Navigators erbost nachfragten, warum ihre Seiten so seltsam aussähen.

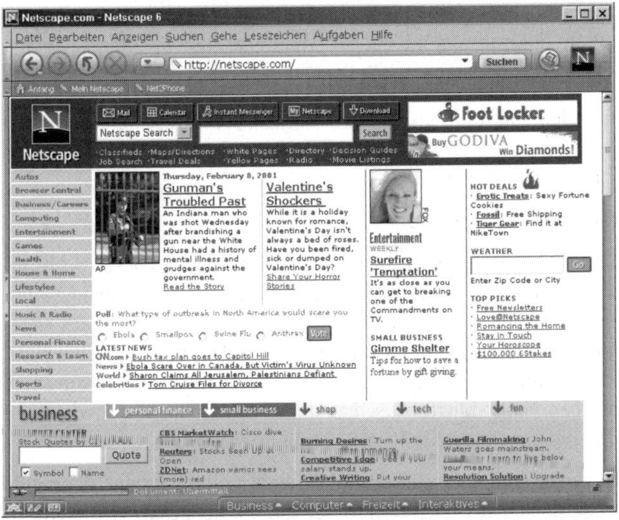

Abbildung 7.2: Netscape 6: Zum Teil noch fehlerbehaftet, aber ein Schritt in die richtige Richtung

Von der Netscape-Fangemeinde werden diese Probleme als Kinderkrankheiten abgetan, und wenn man bei Netscape diese Probleme in den Griff bekommt, dürfte es wieder einen ernst zu nehmenden Konkurrenten zum Internet Explorer geben.

Außer ActiveX werden dieselben Standards unterstützt wie beim Microsoft Browser, und auch die Unterstützung durch PlugIns ist in ausreichender Menge gewährleistet.

Neben den Zusatzprogrammen wie einem E-Mail-Client mit der Möglichkeit, mehrere E-Mail-Konten zu verwalten, einem HTML-Editor, dem Messenger, den Sie als Newsreader verwenden können, und dem Internet-Telephonie-Programm Net2Phone wartet der Netscape Navigator 6 mit einer echten Besonderheit auf:

Sie haben die Möglichkeit, das Aussehen des Browsers mit so genannten Skins Ihren eigenen Vorstellungen entsprechend anzupassen. Diese Skins werden, zusammen mit den Web-Seiten, auf das System des Betrachters geladen und steuern dann auch dort das Erscheinungsbild des Browsers, sofern es sich um den Navigator 6 handelt.

Mit einer Festplattenbelegung von 26 MByte (beim Mac sind es 10 MByte mehr) hält sich der Ressourcenbedarf noch im Rahmen. Ein wirklich konkurrenzfähiges Produkt hat man aber erst, wenn man die Fehlerquellen beim Navigator abgestellt hat.

Das weiß man wohl auch im Hause Netscape, denn dort bietet man auch weiterhin den Netscape 4.7 zum – ebenfalls kostenlosen – Download an. Auch für Sie sollte daher diese Version die erste Wahl sein, wenn es darum geht, Web-Seiten zu entwickeln.

Opera 5

Das Leichtgewicht aus Norwegen dürfte wohl der Shooting Star unter den Browsern sein. Wie die Konkurrenten von Netscape und Microsoft kann der Opera nun auch kostenlos aus dem Netz geladen werden, dann allerdings als werbefinanzierte Version. Die Vollversion ohne Werbeeinblendung kostet nach wie vor 39 $US. Beim Download kann man wählen, ob man Java-Unterstützung wünscht, oder nicht. Je nach Wahl erwartet den Benutzer ein Download von erfreulichen 2,5 bzw. 9.5 MByte. Damit bietet Opera das kleinste Paket unter den Browser-Suiten an.

Das er in Sachen Geschwindigkeit problemlos mit den Konkurrenten mithalten kann, liegt an dem etwas gewöhnungsbedürftigen Konzept, alle Browserfenster innerhalb eines Programmfensters anzuzeigen. Dadurch wird der Grafikaufbau jedoch enorm beschleunigt. Standardfunktionen wie das Abschalten der Grafikdarstellung oder die Druckvorschau können mit einem Mausklick aktiviert werden. Die Vollbilddarstellung – übrigens ohne Werbung – mit einem Tastendruck.

Zur Zeit ist Opera lediglich in einer englischen Version verfügbar. Mit Übersetzungsmodulen, die wohl in Kürze verfügbar sein werden, kann der Browser an die jeweiligen Sprachen angepasst werden.

Trotzdem steht er den beiden Großen in nichts nach. Alle gängigen Webstandards (XML, SSL, CSS) werden unterstützt, wobei er bei JavaScript einige Schwächen aufweist. Dafür wartet er mit einer Unterstützung für das Wireless Application Protocoll und ICQ auf, was man bei der Konkurrenz vergeblich sucht.

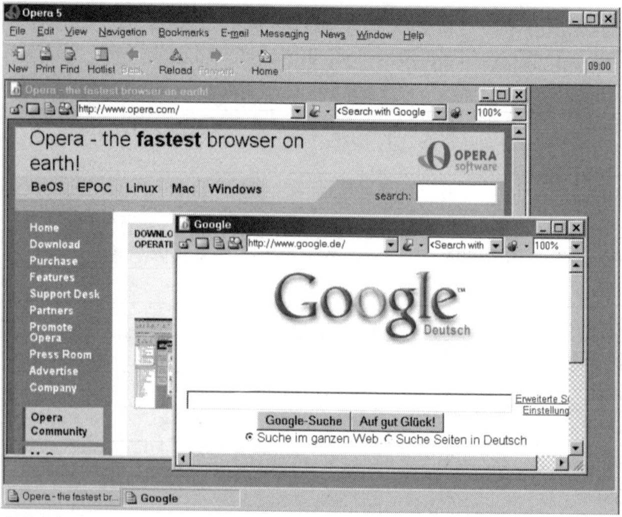

Abbildung 7.3: Der Opera-Browser zeigt alle Browserfenster innerhalb eines Programmfensters an.

Lediglich die Unterstützung der gängigen PlugIns ist noch verbesserungswürdig.

Obwohl sich der Opera-Browser, was die Systemressourcen angeht, wirklich mit wenig zufrieden gibt, wird auch er mit einem Newsreader und einem E-Mail-Client ausgeliefert und belegt dabei nur knapp 11 MByte Plattenspeicher.

Ausstattung	MSIE 5	Netscape 6	Opera 5
Betriebssysteme: Win/Mac/Linux	X/X/–	X/X/X	X/X/X
Preis	Kostenlos	Kostenlos	$US 39 (Werbefinanziert gratis)
Mehrsprachig	Ja	Ja	Englisch (weitere Sprachen angekündigt)
Java Unterstützung	X	X	◀ (Optional)
CSS	X	X	X
PlugIns	X	X	X
DHTML	X	X	X
XML	X	X	X
WAP	–	–	X
ActiveX	X	–	–
SSL	X	X	X
Herunterladbare Schriften	WEFT	PFR	–
Mail-Client/ Newsreader	X/X	X/X	X/X
HTML Editor	Frontpage Express	Composer	–
Integrierte WebSuche	X	X	X
Extras	Netmeeting (Konferenztool)	Net2Phone (Internet Telephonie)	ICQ

Tabelle 7.2: Ausstattungsmerkmale der drei Browser im Überblick

Wie Sie sehen, bieten Ihnen die drei marktführenden Browser eine ganze Menge an Ausstattung für eine kostenlose Software. Für welchen Browser Sie sich nun zum Surfen durch das Internet entscheiden, bleibt Ihren persönlichen Vorlieben überlassen. Wenn Sie jedoch ernsthaft in die Programmierung von Internetseiten einsteigen wollen, werden Sie nicht umhin kommen, alle drei Pakete auf Ihrem System zu installieren. Es ist im Gegenteil empfehlenswert, auch ältere Versionen mit in die Testphase einzubeziehen, da Sie nicht davon ausgehen sollten, dass alle Internetuser sofort mit der neuesten Software ausgestattet sind.

Abschließend noch ein Überblick über die Bezugsadressen für die World Wide Web-Browser:

Browser	**Webadresse**
Microsoft Internet Explorer	http://www.microsoft.com
Netscape Navigator	http://home.netscape.com
Opera	http://www.opera.com
Amaya (= Browser und Editor)	http://www.w3.org
HotJava	http://java.sun.com/products/hotjava/3.0/
Lynx	http://www.trill-home.com/lynx/binaries.html

Tabelle 7.3: Hier bekommen Sie die Browser.

8 Die Testphase

Bevor Sie „wirklich" online gehen, d.h. bevor Sie die ganze Welt wissen lassen, was Sie da tolles Neues ins Internet gestellt haben, sollten Sie Ihre Web-Seiten ausgiebig austesten.

Wie Sie ja schon gelesen haben, reicht es bei weitem nicht aus, dass Ihre Seiten auf Ihrem Rechner gut aussehen. Es gibt da schon einige Punkte, die Sie bedenken sollten.

Fehlerfreies HTML

Zunächst einmal sollten Sie überprüfen, ob Ihr HTML-Quelltext fehlerfrei ist. Dazu reicht es nicht, dass Ihr Browser Ihnen alles so anzeigt, wie Sie sich das vorgestellt haben. Viele Browser reagieren unterschiedlich auf verschiedene Fehler im HTML-Code.

Um zu überprüfen, ob Ihre Dokumente syntaktisch fehlerfrei sind, können Sie sich effiziente Hilfe aus dem Internet holen:

Zum einen haben Sie die Möglichkeit, Ihre Seiten online von einem Validator kontrollieren zu lassen. Zu diesem Zweck suchen Sie die Web-Seiten eines solchen Dienstes auf und geben an, auf welchen Seiten nach möglichen Fehlern gesucht werden soll.

Die Adresse der zu durchleuchtenden Seite wird dem Validator übergeben, der sich sofort an die Arbeit macht. Je nach aufgesuchtem Programm erhalten Sie entweder sofort eine Rückmeldung, oder Sie werden per E-Mail über das Ergebnis informiert. Bei folgenden kostenlosen Online-Validatoren können Sie Ihre Seiten überprüfen lassen:

Validator	Internetadresse
Validator des W3-Konsortiums	http://validator.w3.org/
Websitegarage von Netscape	http://websitegarage.nets-cape.com/
Media Supervision	http://www.fitforweb.de/

Tabelle 8.1: Online-Validatoren

Andererseits können Sie sich auch ein solches Programm auf Ihrem Computer installieren, um diese Überprüfungen durchzuführen. Das hat den Vorteil, dass Sie Ihre Seiten schon überprüfen können, bevor Sie diese auf Ihren Server transferiert haben. Auf diese Weise sparen Sie sich eine Menge Zeit und Arbeit, die das jeweilige Hin- und Herkopieren vor den Korrekturen in Anspruch nimmt. Zwei dieser Programme werden Ihnen im Abschnitt Software und Tools vorgestellt.

Einheitliches Aussehen

Natürlich ist eine gelungene Optik trotzdem ein entscheidender Faktor für den Erfolg oder Misserfolg Ihrer Web-Seiten. Dabei sollte sich eine möglichst einheitliche Gestaltung wie ein roter Faden durch die gesamte Präsentation ziehen. Betrachten Sie zu diesem Zweck jede einzelne Seite. Überprüfen Sie, ob die Inhalte der Seiten komplett sind. Wenn Ihre Seiten Inhalte enthalten, die eventuell von anderen Lesern ausgedruckt oder gespeichert werden, kann es sinnvoll sein, auf die Internetadresse und den Autor hinzuweisen. Eventuell werden die Ausdrucke erst offline gelesen, und ein Betrachter möchte im Nachhinein die Seiten erneut aufsuchen, oder Kontakt zu Ihnen aufnehmen. In diesem Fall ist es auch nicht ausreichend, wenn in der Fußzeile steht: "Autor: Dirk Chung", da die E-Mail-Adresse nicht daraus hervorgeht. Besser wäre es hier, wenn Sie neben dem Namen des Autors auch seine E-Mail-Adresse ausgeschrieben veröffentlichen.

Sie sollten auch daran denken, Ihr geistiges Eigentum zu schützen. Egal, ob es sich dabei um selbst erstellte Grafiken oder um Ihre Texte handelt. Versehen Sie Ihre Seiten mit einem Hinweis auf Ihr Copyright. Denken Sie im Übrigen aber auch daran, das Copyright anderer Autoren und Grafiker zu respektieren.

Falls Ihre Webpräsentation in ein Framegerüst eingebunden ist, kontrollieren Sie jedes Dokument für sich in einem Browserfenster. Auf diese Weise stellen Sie leicht fest, ob jedes Dokument seinen eigenen Titel hat. Diese werden beim Erstellen mehrerer Seiten oft vergessen, da es sich anbietet, bei einer größeren Website mit Schablonen zu arbeiten.

Testen auf verschiedenen Browsern

Denken Sie daran, dass es mehr als ein Programm zum Betrachten von Web-Seiten und mehr als ein Betriebssystem gibt. Überprüfen Sie Ihr Werk auf möglichst vielen Browsern, und wenn möglich, auf verschiedenen Plattformen. Die wichtigsten Browser sind der Microsoft Internet Explorer, der Netscape Navigator und Opera. Von diesen Browsern sollten Sie zumindest die aktuellste Version und deren Vorgänger für Testdurchläufe verwenden. Bei professionellen Seiten sollten Sie auch die Möglichkeit nutzen, Ihre Seiten vor der Veröffentlichung auf verschiedenen Plattformen zu testen. Es ist z.B. heute kein Problem mehr, mehrere Betriebssysteme auf einem Rechner parallel zu installieren. Nutzen Sie diese Möglichkeit oder bitten Sie Bekannte, die mit anderen Rechnersystemen arbeiten, sich Ihre Seiten einmal auf ihrem Computer zu betrachten.

Lesbarkeit

Bei der Kontrolle der Optik ist auch die Lesbarkeit Ihrer Dokumente ein wichtiges Kriterium. Achten Sie darauf, dass Sie einen ausreichenden Kontrast zwischen Seitenhintergrund und den Schrifttypen eingestellt haben. Das gilt vor allem auch dann, wenn Sie eine Hintergrundgrafik benutzen, da die Betrachter die Schriftgröße auf ihrem Browser verändern können. Selbst bei relativ kleinen Schriften muss eine gute Lesbarkeit gewährleistet sein.

Rechtschreibung

Ebenfalls nicht zu unterschätzen ist eine korrekte Rechtschreibung. Egal, welche Inhalte Sie auf Ihren HTML-Dokumenten behandeln, Rechtschreibfehler lassen Ihre Besucher auch an Ihren fachlichen Kompetenzen zweifeln. Im Zweifelsfall sollten Sie die Texte Ihrer Web-Seiten ausdrucken und einigen Bekannten zum Korrekturlesen überlassen. In einem Text, an dem Sie geschrieben und gefeilt haben, an dem Sie mehrmals Umstellungen vorgenommen haben und den Sie inzwischen fast auswendig kennen, werden Sie selbst nach mehrmaligem Lesen kaum einen Fehler finden.

Optik ohne Grafiken

Nachdem Sie sich davon überzeugt haben, dass Ihre Seiten allgemein einen guten Eindruck machen, sollten Sie Ihre Seiten einmal mit einem Browser testen, bei dem Sie die Darstellung von Grafiken abgestellt haben.

Auf diese Weise bekommen Sie einerseits einen Eindruck davon, wie Ihre Web-Seiten auf einem nicht-grafischen Browser, bzw. bei einem Betrachter, der aufgrund zu geringer Bandbreite die Grafikdarstellung unterdrückt, aussehen. Letzteres gibt es übrigens häufiger als man denkt.

Des Weiteren lässt sich auf diese Weise kontrollieren, ob tatsächlich alle Grafiken mit Alternativtexten versehen wurden. Das ist nicht nur für Textbrowser, sondern auch für Suchmaschinen ein wichtiger Aspekt, da der Alternativtext für sie die einzige Möglichkeit ist, eventuell den Informationsgehalt einer Grafik auszulesen.

Sollten Sie größere Downloads auf Ihren Seiten anbieten, überprüfen Sie noch einmal, ob Sie Ihre Besucher darüber informieren, auf welche Ladezeiten sie sich einzurichten haben. Es reicht, wenn Sie hinter dem Download die Dateigröße angeben.

Sind die Verweise korrekt?

Überprüfen Sie noch einmal alle Verweise, die sich auf Ihren Seiten befinden. Dabei geht es auch, aber nicht nur darum, ob alle Verweise ein Ziel haben, also nicht auf einer "Error 404"-Seite (File not found) landen.

Bitten Sie Freunde oder Bekannte, sich einmal komplett durch Ihre Web-Seiten zu klicken. Außenstehenden fallen häufig Fehler auf, die man als Autor selbst mehrmals überliest, ohne sich daran zu stören.

Ebenso wichtig ist es auch, ob der Betrachter das, was er hinter einem Verweis erwarten würde, auch bekommt. Kontrollieren Sie noch einmal die als Verweis markierten Textstellen unter diesem Gesichtspunkt. Ebenso wichtig ist es auch, dass die Sprungziele ihren Namen zu Recht tragen. Ein Bereich "Aktuelles" sollte z.B. nicht älter als ca. 1 Woche sein. Wenn Sie das nicht gewährleisten können, sollten Sie sich einen neuen Namen für diesen Bereich einfallen lassen.

Wenn Sie Verweise auf fremde Web-Seiten anbieten, auf deren Inhalte Sie keinen Einfluss haben, sollten Sie sich gegen die Gefahr absichern, dass Sie für Inhalte fremder Seiten haftbar gemacht werden. Zu diesem Zweck müssen Sie sich, am besten auf der Seite, von der aus Sie auf Bereiche außerhalb Ihrer Domain verweisen, von den Inhalten dieser Seiten distanzieren. Andernfalls können Sie, gemäß eines Urteils des Landgerichts Hamburg vom 12. Mai 1998, für die von Ihnen "verbreiteten" Inhalte zur Verantwortung gezogen werden.

Erweiterbarkeit

Ebenso wichtig ist es, dass sich Ihre Website nach Belieben erweitern lässt. Am einfachsten erreichen Sie das zum Beispiel, indem Sie für jeden Unterbereich ein eigenes Verzeichnis anlegen. Grafiken legen Sie in einem zentralen, auf der obersten Ebene angelegten Ordner ab. Wenn Sie nun einen neuen Bereich anlegen, können Sie die neuen Dokumente auf der Basis bereits bestehender Seiten erstellen. Verweise auf gemeinsam genutzte Grafiken und gegebenenfalls eingebundene externe Style Sheets und Skripte brauchen unter diesen Umständen nicht angepasst werden.

Legen Sie für eventuelle Erweiterungen einen Style Guide an, in dem alle Schrifttypen, Farbwerte und andere Daten, die Sie zum Erstellen von Elementen der bisherigen Präsentation benutzt haben, aufgezeichnet sind. Sie werden diese Mehrarbeit zu schätzen wissen, wenn Sie z.B. einen neuen Navigationsbutton erstellen möchten.

Online testen

Testen Sie Ihre Seiten auch nach dem Kopieren auf den Webserver noch einmal auf Herz und Nieren. Das gilt vor allem dann, wenn Sie sich nicht schon beim Erstellen Ihrer Web-Seiten konsequent an die Kleinschreibung von Dateinamen gehalten haben. Manchmal liegt es aber auch an der Software, die prinzipiell Großbuchstaben für die Vergabe von Dateinamen verwendet.

Was auf Ihrem lokalen System vielleicht noch toleriert wird, kann auf einem Webserver zu einer mittleren Katastrophe führen. Auf Webservern wird konsequent zwischen Groß- und Kleinschreibung unterschieden. `BG.GIF` ist nicht gleich `bg.gif`! Häufig ist das der Grund, warum Sie beim Surfen durch das World Wide Web so oft das "broken Image"-Symbol sehen. Wenn Sie feststellen, dass auch in Ihrer Präsentation hier und da eine Grafik fehlt, schauen Sie einfach nach, ob es sich um die Schreibweise der Dateinamen handelt. Mit jedem guten FTP-Programm können Sie problemlos Dateinamen auf dem entfernten System umbenennen.

Schließlich bleibt nur noch die Geschwindigkeit der Datenübertragung zu testen. In den meisten Fällen haben Sie nicht einmal Einfluss auf die Ladezeiten, da die Übertragungsgeschwindigkeiten von vielen verschiedenen Faktoren abhängen. Das hängt z.B. schon davon ab, auf welche Art der Betrachter Zugang zum Internet hat. Auch die Anbindung und Auslastung des Webservers spielt eine große Rolle. Das Einzige, was Sie machen können, damit Ihre Seiten möglichst schnell auf dem Rechner des Betrachters ankommen, ist die Datenmenge, die zum Betrachten einer Seite transferiert werden muss, so klein wie möglich zu halten.

Wenn Sie die Größe einer Seite, inklusive aller Grafiken, auf maximal 40 KByte begrenzen, sollte kein Besucher mit übermäßigen Wartezeiten belästigt werden.

Fassen wir die oben genannten Punkte noch einmal in einer Checkliste zusammen:

Checkliste: Testen der Web-Seiten

- Offline
    - HTML-Code durch einen Validator überprüfen
    - Einheitliche Optik
    - Hinweis auf URL und Autor (mit E-Mail-Adresse)
    - Copyright-Hinweis
    - Alle Seitentitel überprüfen
    - Test auf verschiedenen Browsern und Betriebssystemen
    - Lesbarkeit (auch bei kleinen Schrifttypen)
    - Rechtschreibung
    - Optik ohne Grafiken testen
    - Inhalte ohne Grafiken testen
    - Alle Grafiken auf `alt`-Texte überprüfen
    - Dateigröße bei großen Downloads angeben
    - Verweise auf vorhandene Ziele überprüfen
    - Sinn der Sprungmarken überprüfen
    - Bei externen Links: Distanzieren von Inhalten
    - Seiten auf Erweiterbarkeit überprüfen
    - Style Guide anlegen
- Online
    - Groß- und Kleinschreibung von Dateinamen
    - Geschwindigkeit der Übertragung (Dateigrößen)

9 Die eigene Domain

Bevor Sie nun Ihre HTML-Dokumente der Welt zugänglich machen, stellt sich eine weitere entscheidende Frage: Wo sollen die Seiten gehostet, also im Internet abgelegt werden?

9.1 Hosting beim Provider

Es gibt verschiedene Möglichkeiten, seine Internetseiten zu veröffentlichen. Zum einen stellen die meisten Provider, also Firmen wie T-Online oder AOL, über die Sie Zugang zum Internet erhalten, ihren Kunden eine bestimmte Menge an Speicherkapazität zu diesem Zweck zur Verfügung. Die Bedingungen sind dabei von Anbieter zu Anbieter unterschiedlich.

Im Allgemeinen gilt jedoch, dass dieses Angebot nur von privaten Anwendern genutzt werden darf. Wenn Sie allerdings ein kommerzielles Angebot veröffentlichen wollen, oder wenn Ihnen der bereitgestellte Plattenspeicher nicht ausreicht, müssen Sie sich nach einer anderen Möglichkeit umsehen.

Hinzu kommt der Verdacht, dass die Internet-Zugangsdienstleister Ihnen dieses Angebot ohnehin nur deshalb machen, damit Sie sich über deren – meist teurere – Zugangsnummern einwählen, bzw. sich durch einen längerfristigen Vertrag mit Grundgebühren an diesen Anbieter binden.

Gleiches gilt auch für Telefonanbieter, die Internet-Zugänge im so genannten Call-By-Call-Verfahren anbieten. Hier sind als Beispiel Viag Interkom, Arcor Mannesmann und Mobilcom zu nennen.

Der Upload, also das Kopieren Ihrer Internet-Präsentation auf den Server, kann hier meistens auch nur erfolgen, wenn Sie sich über diesen Provider eingewählt haben.

Ein weiteres Manko ist, dass Sie meistens keine eigenen Skripte auf dem Server laufen lassen dürfen, und dass die Adresse Ihrer Homepage meist ziemlich kryptisch ist. Das T-Online-Beispiel für eine Internet-Muster-Adresse sieht Folgendes vor:

`http://home.t-online.de/home/0123456789-0001`

Das können Sie sich zugegebenermaßen nicht sehr einfach merken. Auch wenn man die Möglichkeit nutzt, sich ein E-Mail-Alias einzurichten, also die Zeichenkette aus 14 (vierzehn!) Zahlen durch ein "echtes" Wort zu ersetzen, wird die Adresse nicht wirklich kürzer. Falls Sie sich ein solches Alias einrichten, sollten Sie also schon von vornherein daran denken, dass das später auch einmal Ihre Internetadresse sein könnte.

9.2 Kostenloses Hosting

Eine weitere Möglichkeit, einen Platz für seine Internetseiten zu finden, haben Sie, wenn Sie sich bei einer so genannten Community anmelden.

Communities sind Services, die Ihnen unter anderem Speicherplatz zum Ablegen Ihrer Web-Seiten auf deren Server zur Verfügung stellen. In den meisten Fällen geschieht das kostenlos.

Die Anbieter stellen z.T. unterschiedliche Bedingungen an die Mitglieder ihrer Community. Sei es, dass Sie als Mitglied einem bestimmten Anforderungsprofil genügen müssen, oder dass Sie ausschließlich Web-Seiten mit Inhalten, die dem Ziel der Community entsprechen, auf dem Server speichern dürfen.

Aufgrund der Vielzahl solcher Anbieter brauchen Sie sich jedoch keine Gedanken zu machen. Es gibt bestimmt auch mehrere Services, die sich gerne bereit erklären, Ihre Seiten zu hosten.

Ganz ohne Gegenleistung bekommen Sie aber auch hier nur in den seltensten Fällen etwas. Wie bei fast allen (kostenlosen) Diensten im Internet finanzieren sich viele Anbieter über Werbung, und was könnte ein besseres Argument beim Verkauf von teurer Werbefläche sein als eine große Anzahl von Mitgliedern? Die Tatsache, dass auf der Eingangsseite des Anbieters Werbung zu sehen ist, sollte verkraftbar sein. Das ist allerdings in vielen Fällen nur die halbe Wahrheit.

In der Regel müssen Sie mit Auflagen unterschiedlichster Art rechnen. Während der eine Provider Sie auffordert, Werbeeinblendungen seiner Kunden auf Ihren Web-Seiten zuzulassen, verlangt ein anderer, dass Sie bei der Anmeldung Formulare bis ins kleinste Detail ausfüllen. In diesem Fall können Sie damit rechnen, dass Sie anschließend zielgruppengerichtete Werbemails in Ihrer Mailbox finden werden.

Besonders dreiste Anbieter räumen sich das Recht ein, sämtliche Daten, die Sie auf der Festplatte des Providers ablegen, automatisch in Besitz zu nehmen. Sie sollten also auf jeden Fall die TOS (Terms of Service), also die Nutzungsbedingungen genauestens lesen (und verstehen), bevor Sie sich irgendwo anmelden.

Trotzdem sollte man das Ganze auch nicht zu schwarz malen.

Zum einen gibt es in der Tat Schlimmeres, als dass man als Gegenleistung für kostenlosen Webspace ein Logo des Anbieters auf den eigenen Seiten zulässt, zum anderen kann man, wenn man lange genug sucht, auch Anbieter finden, die tatsächlich Ihre Seiten ohne Gegenleistung auf ihrem Webserver ablegen.

Eine (nicht einmal näherungsweise vollständige) Liste von Anbietern für kostenlosen Webspace finden Sie in der folgenden Tabelle. Die Provider, die in dieser Liste aufgeführt werden, verlangen zwar zum Teil, dass Sie in Ihren Seiten auf den Provider hinweisen, sind aber ansonsten nicht durch andere "abenteuerliche" Forderungen aufgefallen. Die Angaben gelten für den Zeitpunkt der Drucklegung des Buches. Lesen Sie sich bei der Anmeldung unbedingt die Nutzungsbedingungen genau durch.

Name des Hostservices	Internetadresse	Bedingungen/ Besonderheiten
LightAndSound-professional	http://las-pro.com/	Kostenlos für Non-Profit Organisationen, lässt CGI-, PHP- und SSI-Skripte zu
Tripod	http://www.tripod.de/	Kostenlose Mitgliedschaft erforderlich, 50 MByte Speicher
Fortune City	http://www.fortunecity.de/	100 MByte Speicherplatz, nach 2 Monaten Inaktivität wird das Verzeichnis gelöscht

Name des Hostservices	Internetadresse	Bedingungen/ Besonderheiten
NBCi	http://wwwx.nbci.com/my-website/	Unbegrenzter Webspace, 1 kostenlose E-Mail-Adresse, bringt viele Werbemails mit sich
GeoCities	http://www.geocities.com/join/freehp.html	15 MByte Speicherplatz, 1 E-Mail-Adresse
Portland Communications	http://www.portland.co.uk	15 MByte Speicher, eigene CGI zugelassen, Statistiken, keine Werbung!

Tabelle 9.1: Anbieter für kostenlosen Webspace

9.3 Eine eigene Internetadresse

Schließlich haben Sie noch die Möglichkeit, sich an einen professionellen Provider zu wenden, um sich einen Server mit eigener Internetadresse zu mieten.

Aufgrund der heutigen Konkurrenzsituation ist eine eigene Domain wirklich für jeden erschwinglich geworden. Falls Sie eine professionelle Website betreiben, ist eine eigene Internet-Adresse unumgänglich, zumal Sie so auch in den Genuss kommen, mehrere E-Mail-Adressen zu vergeben, die anhand der Domain eine Identifikation mit Ihrer Firma zulassen. Dass ein Unternehmen, das bei einem kostenlosen Provider gehostet wird, allein schon aufgrund der Internetadresse einen unseriösen Eindruck erwecken könnte, muss nicht erst erwähnt werden.

Eine eigene Domain bleibt zeitlebens Ihr Eigentum. Sollten Sie sich zu irgendeinem Zeitpunkt zu einem Providerwechsel entschließen, zieht Ihr Internetauftritt lediglich auf einen anderen Rechner um. Aus diesem Grund sollten Sie immer über eine Sicherungskopie der aktuellen Version Ihrer Internetseiten verfügen.

Wenn Sie sich für eine eigene Domain entscheiden, gibt es einige Punkte zu beachten. Wägen Sie die Leistungen der verschiedenen Provider gegeneinander ab. Nicht immer ist der billigste Anbieter auch der günstigste.

Beachten Sie, wenn Sie die verschiedenen Internetanbieter untereinander vergleichen, dass die Vergleiche auf gleichwertigen Leistungspaketen basieren.

Fassen Sie nur Tarifangebote in die nähere Auswahl, die für Sie wirklich in Frage kommen. Natürlich steigern eine Datenbankanbindung und ein Online-Shop sowie 200 echte E-Mail-Adressen den Wert eines Pakets ungemein. Wenn Sie jedoch lediglich auf ein paar wenigen Seiten auf Ihr Einpersonen-Unternehmen aufmerksam machen möchten, brauchen Sie ein solches Angebot gar nicht erst in Betracht zu ziehen.

Wenn Sie tatsächlich nur wenige Seiten ohne Skripteinbindung oder andere Besonderheiten im Internet veröffentlichen wollen, können Sie sich auch für eine so genannte Homepage-Umleitung in Verbindung mit kostenlosem Webspace entscheiden, zumal selbst Homepage-Umleitungen ein gewisses Kontingent an E-Mail-Adressen beinhalten.

Mit einer Homepage-Umleitung beantragen Sie eine "echte" Domain mit Ihrer eigenen Internetadresse. Allerdings wird Ihnen bei diesem Paket keine Speichermöglichkeit für Web-Seiten eingeräumt. Stattdessen werden Anfragen an Ihre Domainnamen auf eine bereits bestehende Internetpräsentation weitergeleitet, allerdings ohne dass der Betrachter etwas davon merkt. In diesem Fall können Sie Ihre Web-Seiten bei einem kostenlosen Provider ablegen. In diesem Fall ist es jedoch empfehlenswert, sich für einen kostenlosen Provider ohne Werbeeinblendungen zu entscheiden.

Egal, für welche der drei genannten Möglichkeiten Sie sich entscheiden, achten Sie in jedem Fall darauf, dass Sie Ihre Internetdokumente auf einem leistungsfähigen Server ablegen.

Testen Sie die Anbindung anhand anderer Internetauftritte, die beim gleichen Provider gehostet werden, um sicherzustellen, dass Ihre Seiten jederzeit mit vernünftigen Übertragungsgeschwindigkeiten geladen werden können.

Erkundigen Sie sich, ob die Erreichbarkeit des Servers einheitlich gut ist oder ob der Server in Spitzenzeiten an seine Kapazitätsgrenzen stößt. Falls Sie niemanden kennen, der bereits Erfahrungen mit dem in Frage kommenden Provider gesammelt hat, können Sie sich in den einschlägigen Usenet-Newsgruppen informieren.

Um eine gute Datenübertragung zu gewährleisten, ist es empfehlenswert, einen Provider auszuwählen, dessen Serverstandort Deutschland ist. Das gilt allerdings nur, wenn Ihre Zielgruppe in erster Linie in Deutschland sitzt.

Die Kündigungsfristen sollten möglichst kurz sein. Ein Provider, der von seinen Leistungen überzeugt ist, hat es nicht nötig, Sie mit 6-monatigen oder längeren Kündigungsfristen an sich zu binden.

Welche Leistungen sind außer dem reinen Hosting im Paket enthalten? Gehen Sie dabei nicht nur von Ihren jetzigen Bedürfnissen aus. Eigene CGI- oder PHP-Skripte sollten möglich sein. Je nach Sinn und Zweck Ihres Webauftritts können auch Datenbankanbindungen oder die Möglichkeit von Streaming-Audio oder -Video sinnvolle Ergänzungen für Ihre Internetpräsenz sein.

Falls diese Punkte in Ihrem jetzigen Paket nicht enthalten sind, sollte ein problemloses Upgraden des von Ihnen gewählten Leistungspakets selbstverständlich sein.

Abschließend werden die wichtigsten Punkte, die Sie bei der Providerwahl im Auge behalten sollten, noch einmal in einer Checkliste zusammengefasst.

Ausstattung	**Empfohlene Werte**
Serverstandort	Deutschland
Gleichbleibend schnelle Datenübertragung	unbedingt erforderlich
Kurze Kündigungsfristen	ca. 1 bis maximal 3 Monate
Problemloses Upgraden des Leistungspakets?	Sollte zum nächsten Monat möglich sein
Zusätzliche Leistungen:	
vorgefertigte CGI-Skripte	Sollten vorhanden sein, z.B. Counter, Mailformular, Gästebuch, Chat, Newsticker
eigene CGI-Skripte	Sollten erlaubt sein. Wahrscheinlich jedoch nicht im günstigsten Paket.
PHP-Skripte	Sollten erlaubt sein. Wahrscheinlich nicht im günstigsten Paket.

Ausstattung	Empfohlene Werte
Datenbankanbindung möglich?	Sollte in Verbindung mit PHP möglich sein (z.B. MySQL-Datenbank)
Grafikarchiv	Brauchbare Bilder für die Web-Seiten, die ohne Copyright frei verfügbar sind
Serverstatistiken	Tages-, Wochen- und Monatsstatistik mit Aufschlüsselung der Daten
Log-Files	Sollten zusätzlich zu den Serverstatistiken verfügbar sein
Mehrere E-Mail-Adressen	Je nach Paket mehrere Adressen mit der Möglichkeit des Forwardens und der Alias
Eigene Konfigurationsmöglichkeiten	Einzelne Verzeichnisse per Passwort schützen

Tabelle 9.2: Entscheidungshilfen für die Providerauswahl

10 Suchmaschinen

Nun, da Ihre Seiten soweit fertig, durchgetestet und sicher auf den Server transferiert worden sind, können die Besucher ja kommen. Was nutzen allerdings die schönsten Web-Seiten, wenn Sie dann von niemandem gefunden werden? Wie Sie Ihre Positionierung in den Suchmaschinen verbessern und die Indexierung Ihrer Seiten etwas steuern können, erfahren Sie in diesem Kapitel.

Damit Sie auch den Zulauf bekommen, der Ihre ganze bisherige Arbeit rechtfertigt, sollten Ihre Seiten in möglichst vielen Suchmaschinen an möglichst prominenter Stelle gefunden werden, sobald dort nach Stichpunkten gesucht wird, die Sie mit Ihrem Internetauftritt in Verbindung bringen.

Wenn Sie jetzt denken, dass es damit getan ist, sich einfach bei den zehn führenden Suchmaschinen einzutragen, muss ich Sie leider enttäuschen. Suchmaschinen als solche können eine Wissenschaft für sich sein.

Das beginnt bereits damit, dass bei Suchmaschinen zwischen zwei verschiedenen Typen unterschieden wird: Web-Crawler und Kataloge.

10.1 Crawler und Kataloge

Web-Crawler

Web-Crawler sind Programme, die sich von Link zu Link durch das Internet hangeln, und dabei Informationen über die Web-Seiten, auf denen Sie sich gerade befinden, sammeln. Oft beschränken sich diese Programme auf die ersten Wörter, die sie auf den besuchten Web-Seiten finden können, wobei die Anzahl der Wörter variiert. Sie dürfte sich um ca. 200 bewegen. Anschließend werden noch die Verweise, die von diesen Seiten ausgehen, analysiert. Diese Informationen werden an den „Heimatserver" der Crawler übermittelt, dort ausgewertet und in die Datenbank des Servers übernommen.

Wie Sie eventuell aus dem Referenzteil wissen, haben Sie einige Möglichkeiten, Einfluss auf das Verhalten des Suchprogramm auszuüben. Zu diesem Zweck stehen Ihnen die meta-Tags zur Verfügung. Mit ihnen können Sie dem Crawler nicht nur Informationen in Form von Zeichenketten zuweisen, sondern auch ihre Bedeutung. Nehmen wir als Beispiel die Metabefehle:

```
<meta name="author" content="Chung">

<meta name="keywords" content="Frankfurt, Web Design, HTML gepackt">
```

Hier wird versucht, dem Crawler durch die Zuweisung von name-content-Paaren die Bedeutung der gefundenen Suchbegriffe zu verdeutlichen. Die Stichpunkte, die Sie dem meta-Befehl als Attributwert für das content-Attribut zuweisen, sollten später, wenn Ihre Seiten in die Datenbank des Suchdienstes eingegangen sind, die Begriffe sein, unter denen Ihre Web-Seiten gelistet werden. Hier wirkt es sich übrigens positiv auf die Bewertung Ihrer HTML-Dokumente aus, wenn die Stichwörter, die Sie in die Liste der Suchbe-griffe aufnehmen, in den ersten Absätzen des Fließtextes wiederkehren. Es gibt sogar Crawler, die das Erscheinen in Überschriften (<hx>...</hx>) höher einstufen als im Fließtext. Die genauen Bewertungskriterien variieren jedoch von Suchmaschine zu Suchmaschine. So gibt es z.B. Suchmaschinen, die eine häufige Nennung von Schlüsselwörtern als positiv einstufen, und Ihre Seiten entsprechend hoch bewer-

HTML
GE-PACKT

ten. Der daraus resultierende „Trick“, Schlüsselwörter sehr oft so im Fließtext zu wiederholen, dass sie vom Leser nicht erkennbar sind – z.B. indem Sie die Hintergrundfarbe gleichzeitig als Schriftfarbe auswählen – wird von einigen Suchmaschinen erkannt und kann zur Folge haben, dass Ihre Seiten aus dem Index entfernt werden.

Eine weitere Hilfe für das Suchprogramm ist die Datei „robots.txt“. Diese Datei steuert gezielt das Verhalten des Crawlers, der sich anschickt, Ihre Seiten zu katalogisieren. Sobald ein solches Programm Ihre Domain ansteuert, sucht es nach dieser Datei. In dieser Datei können Sie festlegen, welche Verzeichnisse der Crawler katalogisieren darf und welche nicht. Eine robots.txt-Datei könnte z.B. folgendes Aussehen haben:

(Anfang: robots.txt)

```
# Text, der auf eine Raute folgt, ist ein Kommentar,
# und wird vom Crawler ignoriert
# robots.txt for http://www.contact-medicon.com
User-agent: *              # gilt für alle Crawler
Disallow: /cgi-bin/        # Verzeichnis für CGI-Skripte
Disallow: /logs/           # Log-Dateien
Disallow: /bilder/         # allg. Grafiken
Disallow: /Data/           # Sensible Daten
```

(Ende: robots.txt)

Nachdem Sie Ihre Web-Seite so vorbereitet haben, können Sie anfangen, diese bei den Suchdiensten anzumelden. Natürlich würden die Suchprogramme „früher oder später“ auch mal von allein bei Ihnen vorbeischauen. Da Sie aber sicher nicht so lange warten wollen, können Sie diesen Vorgang etwas beschleunigen, indem Sie sich direkt zu diesen Suchmaschinen begeben und Ihre Seiten dort zur Katalogisierung anmelden. Die Seiten, unter denen Sie das machen können, heißen in der Regel „Seiten anmelden", „Hier eintragen", Add Url", „Submit Your Site" oder ähnlich.

Kataloge

Die zweite Variante des Suchmaschinenkonzepts ist der Katalog. Über ein Formular kann hier jeder beantragen, dass seine Web-Seiten in den Katalog des jeweiligen Anbieters aufgenommen werden. Im Gegensatz zur Anmeldung bei Crawlern werden hierbei vom Anmelder Informationen, neben der Internetadresse auch Angaben über die Web-Seite und den Autor, abgefragt. Unter anderem wird man von Ihnen wissen wollen, unter welchem Titel und welcher Kategorie Ihre Seiten gelistet werden sollen. Darüber hinaus können Sie eine Liste von Suchbegriffen sowie eine Beschreibung Ihrer Seiten mit einer festgelegten maximalen Anzahl von Wörtern eingeben. Dabei sollten Sie versuchen, sich in die Position Ihrer Zielgruppe zu versetzen. Wonach werden die Personen suchen, die Sie gerne als Besucher auf Ihren Web-Seiten begrüßen würden? Setzen Sie nicht zu viele Kommata zwischen die einzelnen Stichpunkte. Je mehr Begriffe einer Phrase (also z.B. einer Aufzählung ohne Kommata) mit den bei der Suchmaschine eingegebenen Suchbegriffen übereinstimmen, desto höher wird die Relevanz Ihrer Seite bei den Suchmaschinen eingestuft und desto weiter vorne werden Sie aufgelistet.

Vereinzelt wird bei der Registrierung in Katalogen noch Name, Anschrift und E-Mail-Adresse eines Ansprechpartners verlangt.

Diese Daten werden dann auf einer (Warte-) Liste abgelegt und dann von Mitarbeitern der Suchmaschine bewertet.

Für beide Varianten gilt jedoch, dass Sie keinen Anspruch darauf haben, dass Ihre Seiten nach erfolgter manueller Anmeldung, bzw. nachdem ein Crawler sich durch Ihren Quelltext gekämpft hat, auch tatsächlich in die Datenbank aufgenommen werden.

Sie haben auch die Möglichkeit, sich über so genannte Registrier-Tools in verschiedene Suchmaschinen gleichzeitig einzutragen, allerdings sind einige dieser Tools, was die Qualität betrifft, eher fragwürdig. Das betrifft übrigens die kostenlosen Dienste genauso wie die kostenpflichtigen, da sich hier einige schwarze Schafe breitgemacht haben. Je mehr der Anmeldungsvorgang automatisiert wird, desto unsicherer wird es natürlich auch, dass Ihre Seiten so eingetragen werden, wie Sie es gerne hätten.

Probieren können Sie es trotzdem einmal. Allerdings sollten Sie zumindest die Möglichkeit erhalten, die Bestätigungsseite der jeweiligen Suchmaschine zu betrachten, auf der Sie darauf hingewiesen werden, ob Ihre Anmeldung erfolgreich war, und wann Sie damit rechnen können, dass Ihre Seiten besucht werden.

Hier einige Registrierseiten, auf denen Sie Ihr Glück probieren können:

Name des Dienstes	Internet-Adresse	Besonderheiten
Add Me	http://www.addme.com/	Trägt Ihre Seiten kostenlos in 30 Suchmaschinen ein
Announce-O-Matic	http://www.announceitamerica.com/The_Announce-O-Matic/	Registriert Sie in 300 Listen, die jedoch alle in den USA gespeichert sind

Name des Dienstes	Internet-Adresse	Besonderheiten
Did It	http://www.did-it.com/	Eintragung kostenpflichtig, sucht aber kostenlos, ob und wo Ihre Seiten gelistet sind
I-Boost	http://www.iboost.com/tools/index.html	Bietet auch kostenlose Registrierung an. Sie müssen jedoch etwas auf der Web-Seite suchen, um die Gratis-Registrierung zu finden.
Jim Tools	http://www.jimtools.com/	
Register It!	http://register.com/	Netcenter-Registrierung erforderlich

Zum Abschluss dieses Bereiches finden Sie hier noch eine Auflistung der wichtigsten Suchmaschinen:

Name der Suchmaschine	Internet-Adresse	Besonderheiten
AltaVista	http://de.altavista.com/	
Fireball	http://www.fireball.de/	
Excite	http://www.excite.de/	
Infoseek	http://www.infoseek.de/	

Name der Suchmaschine	Internet-Adresse	Besonderheiten
Lycos	http://www.lycos.de/	
Web.De	http://www.web.de	
Yahoo!	http://de.yahoo.com/	
MetaGer	http://www.metager.de	Meta-Suchmaschine, fragt bei verschiedenen fremden Maschinen Daten ab, daher ist hier keine Eintragung möglich.
Crawler.de	http://crawler.de/	

10.2 Bookmarks

Wenn sich die ersten Besucher auf Ihren Web-Seiten einfinden und die Inhalte finden, die Sie schon immer gesucht haben, wird der eine oder andere Besucher eventuell auch ein Lesezeichen auf Ihre Seiten legen wollen, um sie entsprechend schnell wieder auffinden zu können.

Sie können Ihren Betrachter auch auffordern, dies mit einem einzigen Mausklick zu tun, allerdings nur, sofern Ihr Besucher den Microsoft Internet Explorer verwendet.

Der Quelltext für dieses Skript lautet:

```
<script language="JavaScript"><!--
function bookmark_setzen()
{
```

```
window.external.AddFavorite('url-der-
Seite','Text_der_angezeigt_werden_soll');

}

// --></script>
```

Der Link selbst verweist dann auf die JavaScript-Funktion. Das könnte dann so aussehen:

```
<a href="javascript:bookmark_setzen()">Legen Sie ein Lesezei-
chen auf meine Seiten</a>
```

Dieses Skript funktioniert, wie gesagt, leider nur beim Microsoft Internet Explorer. Beobachten Sie allerdings die Weiterentwicklungen der anderen Hersteller, eventuell wird es schon in Kürze möglich sein, auch Funktionen der anderen Browser per JavaScript zu steuern.

Darüber hinaus können Sie beim Internet Explorer auch noch dafür sorgen, dass das Lesezeichen, das auf Ihre Seiten verweist, optisch hervorsticht.

Sie müssen zu diesem Zweck lediglich ein Icon erstellen, mit dem Sie auf der Favoritenliste dargestellt werden wollen. Hierfür benötigen Sie einen Icon-Editor. Sie können zwar auch mit jedem beliebigen Grafikprogramm arbeiten, aber mit einem Icon-Editor erzielen Sie in der Regel die besten Ergebnisse. Wo Sie ein solches Programm beziehen können, erfahren Sie im Kapitel Tools und Software.

Wenn Ihr Icon fertig ist, speichern Sie es unter dem Namen „favicon.ico" und kopieren es in das Hauptverzeichnis Ihres Web-Servers.

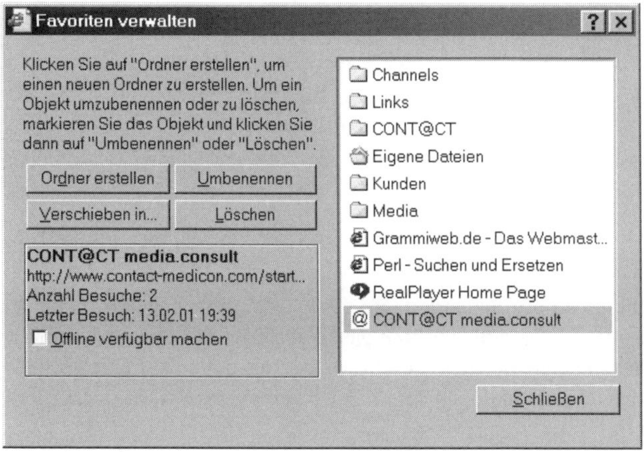

Abbildung 10.1: Die unteren Favoriten werden durch ein Fav-Icon symbolisiert

Jeder Betrachter, der Ihre Seiten mit dem Microsoft Internet Explorer besucht, und ein Lesezeichen darauf legt, lädt dabei diese Grafik auf sein System und bekommt sie anstelle des Explorer-Logos in seiner Favoritenliste angezeigt, wodurch sich der Verweis auf Ihre Seiten optisch von denen der anderen Favoriten abhebt.

11 Software

In den vorangegangen Kapiteln haben Sie alles Mögliche darüber gelesen, was Sie alles machen können und sollen, um schöne, nützliche und syntaktisch korrekte HTML-Dokumente zu erstellen. Es war davon die Rede, dass Sie nichts weiter benötigen als einen einfachen Texteditor, der in der Lage ist, Text ohne Formatierungen abzuspeichern.

Farbwerte, die keinen reservierten Namen haben, ermitteln Sie mit Hilfe des in Windows integrierten Farbwählers und rechnen die ermittelten Zahlen in Hexadezimalwerte um.

Kommen wir nun zu der guten Nachricht. Für all das gibt es Software. Und das Beste: Das meiste gibt es kostenlos.

In diesem Kapitel werden Ihnen verschiedene Programme vorgestellt, die Ihnen beim Erstellen Ihrer Web-Seiten eine große Hilfe sein können und werden. Sie werden in drei Kategorien eingeteilt: HTML-Editoren, Grafikprogramme und sonstige Tools.

11.1 HTML-Editoren

Ultra Edit

Ultra Edit ist nicht im eigentlichen Sinn ein HTML-Editor. Vielmehr handelt es sich hierbei um einen recht kleinen Texteditor, der seine Stärken im Editieren von Programmcode hat.

Hervorhebungen von Quelltext sind für HTML, Perl, C/C++, Java und Visual Basic möglich. Häufig wiederkehrende Befehlsketten können in Textbausteinen gespeichert und per Tastaturkürzel wieder abgerufen werden.

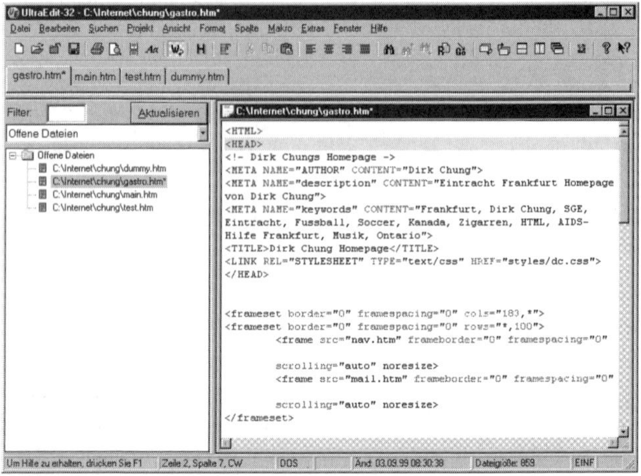

Abbildung 11.1: Ultra Edit, ein Texteditor für verschiedene Programmiersprachen

Das Programm ist in mehreren Sprachen, darunter auch in Deutsch, verfügbar. Darüber hinaus können in jeder Sprachversion verschiedene Wörterbücher zum Zweck der Rechtschreibkontrolle geladen werden.

Es gibt bestimmt viele Programme, die zum Erstellen von HTML-Seiten besser geeignet sind, doch für kleine Modifikationen ist Ultra Edit völlig ausreichend.

Besonders hilfreich ist die Tatsache, dass Ultra Edit über einen integrierten FTP-Client verfügt. So sind Sie in der Lage, ein Dokument per FTP zu öffnen, und nach dem Bearbeiten wieder auf dem entfernten System zu speichern.

Ultra Edit ist Shareware und kostet $US 30,--. Eine 45 Tage Testversion können Sie unter `http://www.ultraedit.com` aus dem Internet laden.

SRSite

Der deutsche Autor Steffen Rendle hat einen kleinen feinen HTML-Editor programmiert, der kostenlos von seiner Homepage `http://www.rendle.de` geladen werden kann.

SRSite verfügt über alle Merkmale, die man von einem HTML-Editor erwartet: Hervorhebung von HTML-Code, Tastaturkürzel für Standardeingaben und -befehle und das Anpassen des Editors an die eigenen Bedürfnisse. Die einzelnen Befehle sind in fünf Gruppen auf einem karteikartenähnlichen Menü zusammengefasst.

Da die Zielgruppe des Editors Webmaster sind, die bereits über ausreichend Erfahrung mit HTML verfügen, liegt der Schwerpunkt von SRSite nicht in der Vielfalt der zu erledigenden Aufgaben, wie sie sich Autoren mit HTML-Grundkenntnissen wünschen. SRSite will vielmehr die Verwaltung von komplexen Sites durch Skripts vereinfachen. In diese Skripts werden häufig wiederkehrende Aufgaben ausgelagert, um so das Arbeiten zu vereinfachen.

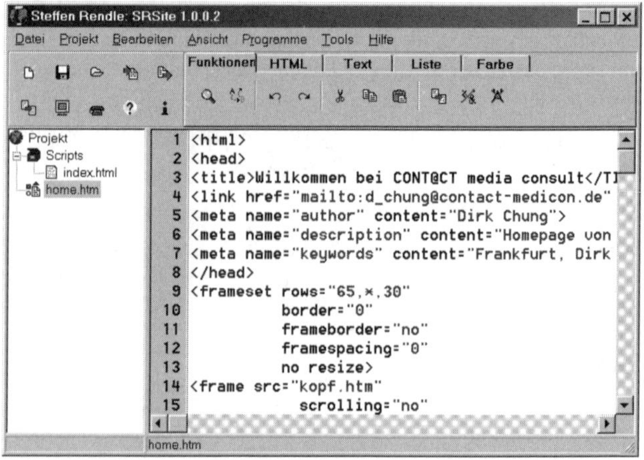

Abbildung 11.2: SRSite von dem deutschen Autor Steffen Rendle

Anfänger werden sich mit SRSite vielleicht etwas schwer tun, für geübte Webmaster kann das Skriptkonzept viele Vereinfachungen mit sich bringen.

AceHTML4Free

AceHTML4Free ist, wie der Name schon sagt, Freeware. Trotzdem wird von Ihnen verlangt, dass Sie sich als Anwender bei Visicom Media registrieren. Dann erhalten Sie einen Registrierungsschlüssel, der Ihnen das Programm frei schaltet.

Die Benutzeroberfläche besteht aus drei unabhängig von einander bewegbaren Fenstern, die in der Standardanordnung an die Optik von Homesite, einem der besten kommerziellen Editoren, angelehnt sind. Allerdings ist diese Aufteilung eher unglücklich, was sehr gewöhnungsbedürftig ist. Bisweilen wird dem Benutzer das Arbeiten mit AceHTML4Free dadurch etwas verleidet.

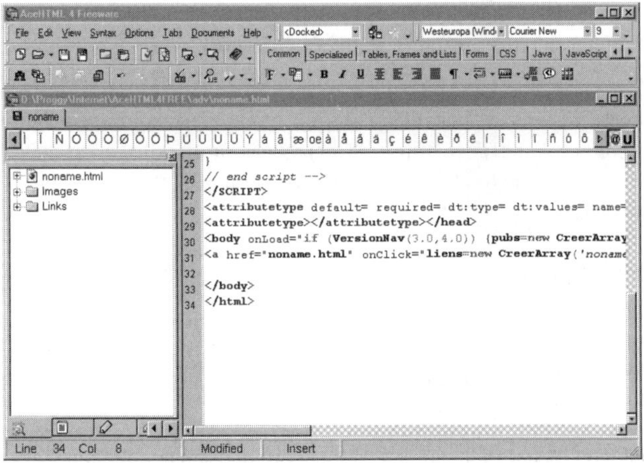

Abbildung 11.3: AceHTML4Free - Brauchbar, aber sehr gewöhnungsbedürftig

Auch hier haben Sie viele nützliche Hilfsmittel, wie die Hervorhebung von HTML-Code, das Einbinden von Sonderzeichen, Tabellen, Formularen und Frames per Mausklick und die Unterstützung beim Einbinden von Cascading Style Sheets und verschiedenen Skripten.

Eine äußerst nützliche Hilfe ist der Spellchecker, der den Fließtext nach Rechtschreibfehlern durchsucht. Da er dabei auf vorhandene Microsoft Sprachmodule zurückgreift, kann er auch deutschsprachige Dokumente auf ihre korrekte Schreibweise hin untersuchen.

Sie haben die Möglichkeit, beliebige Browser zum Kontrollieren des Layouts zu verwenden. Es steht Ihnen jedoch auch ein interner Browser zur Verfügung.

Darüber hinaus verfügt das Programm über einen eingebauten HTML-Validator.

AceHTML4Free ist zwar ein relativ mächtiges Werkzeug für ein Freewaretool, kann aber aufgrund der etwas umständlichen Arbeitsweise nicht voll überzeugen. Sie erhalten das Programm unter `www.visicommedia.com`.

1st Page 2000

1st Page 2000 ist ein sensationelles, englischsprachiges Freeware-Tool zum Erstellen von professionellen HTML-Dokumenten. Es steht kommerziellen Programmen in nichts nach und belegt dabei lediglich 7,3 MByte Ihrer Festplatte.

Kaum ein Wunsch bleibt bei 1st Page offen. Auf einer durchdachten Benutzeroberfläche, die Sie frei konfigurieren können, finden Sie jeden HTML-Befehl in der Buttonleiste. Neben der Hervorhebung von HTML- oder anderen Befehlen aus dem Fließtext bietet 1st Page eine hervorragende Hilfe-Funktion, die unter anderem die komplette HTML-Befehlsreferenz des W3-Konsortiums beinhaltet.

Mit Hilfe von Assistenten können Sie Frames, Tabellen sowie Skripte in verschiedenen Skriptsprachen einfügen und bearbeiten. Unter den vorbereiteten, per Mausklick einzubindenden Skripten befinden sich 450 JavaScripts und 15 DHMTL Skripte. Das Programm besitzt einen Tag-Wizard, der es Ihnen ermöglicht, in einem geöffneten Dokument alle mögliche Attribute eines aktivierten Befehles über ein Eingabeformular zu modifizieren.

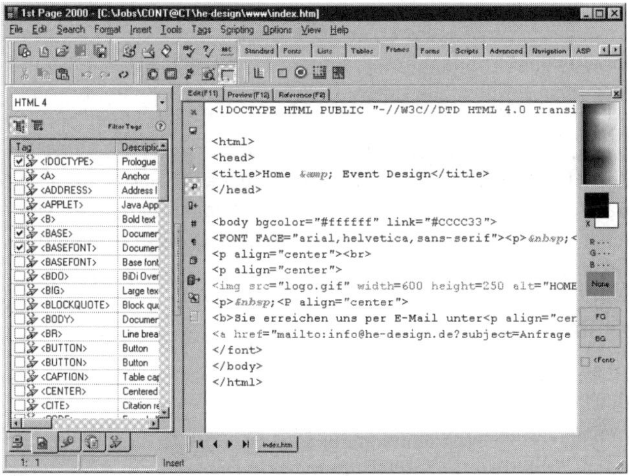

Abbildung 11.4: 1st Page - der kostenlose Alleskönner

Hinter der Bezeichnung TidyHTML verbirgt sich ein HTML-Validator, der Sie, nachdem er seine Arbeit beendet hat, über alle vorgenommenen Veränderungen informiert.

1st Page 2000 genügt höchsten Ansprüchen und ist dabei kostenlos aus dem Internet zu beziehen: `http://www.evrsoft.com/`

11.2 Grafikprogramme

Wenn es darum geht, Grafiken für das Internet zu erstellen, wird es schwierig. Es ist klar, das Grafiken, die in HTML-Dokumente eingebunden werden sollen, möglichst kleine Dateigrößen haben sollten. Trotzdem soll das Ergebnis ein Augenschmaus sein.

Es gibt einige Programme, die diese Anforderungen bei richtiger Anwendung, erfüllen, aber diese Programme haben auch ihren Preis. Vor allem das "Standardprogramm", der Adobe Photoshop, besticht nicht nur durch seine Leistung. Im gleichen Atemzug mit seinen Fähigkeiten wird auch oft sein hoher Preis genannt. Dass der Preis eines guten Grafikprogramms sich nicht unbedingt in den Regionen eines halben Monatslohns bewegen muss, zeigt dieser Abschnitt.

Paint Shop Pro

Der Paint Shop begann wie die meisten Grafikprogramme dieser Größenordnung als Shareware, und er ist es genau genommen auch noch heute.

Er wird von vielen Webdesignern als preisgünstige Alternative zum Adobe Photoshop angesehen. Und das zu Recht.

Spätestens seit der Paint Shop in der Lage ist, mit verschiedenen Layern zu arbeiten, Animationen zu erstellen und zu modifizieren und Farbwerte direkt in RGB-Codes anzuzeigen, ist er als vollwertiges Web-Werkzeug anerkannt.

Abbildung 11.5: Der Paint Shop Pro muss sich nicht hinter teuren Grafikprogrammen verstecken

Er ist mit einer Vielzahl von Filtern und PlugIns ausgestattet, die sich beliebig, auch mit Fremdprodukten, erweitern lassen.

Paint Shop Pro kann eine Vielzahl von Grafikformaten verarbeiten und konvertieren. Auch der Umgang mit dem GIF-Format, mit dem sich selbst der Photoshop lange Zeit schwer tat, ist für das Grafikprogramm kein Problem.

Die Vollversion des Paint Shop Pro kostet ca. 270,-- DM. Sie können jedoch das Programm testen, wenn Sie sich die Shareware-Version unter http://www.jasc.com/ aus dem Internet laden.

GIMP

Der GIMP! Ein mächtiges Grafik-Werkzeug, das aus der Linux-Welt kommt und nun endlich auch als Windows-Software verfügbar ist. Es ist schier unglaublich, was dieses Programm alles vermag.

Allein die 280 (!) Hilfedateien im HTML-Format belegen fast 1 MByte. Und keine dieser Hilfedatei ist überflüssig.

Mit GIMP können Sie eine Vielzahl von Grafikformaten, darunter z.B. PostScript, JPEG, GIF, PNG, XPM, TIFF, TGA, MPEG, PCX, BMP und viele andere mehr, bearbeiten. Im Bild-für-Bild-Modus kann der GIMP sogar Video-Dateien bearbeiten.

Sie haben eine Auswahl an Werkzeugen, wie sie bisher nur von High-End-Produkten bekannt waren. Verschiedene Ebenen werden genauso unterstützt wie Transparenz mit Hilfe des Alpha Kanals. Grafiken können beliebig gedreht, verzerrt und skaliert werden. Für fast alle Werkzeuge stehen Ihnen eine große Auswahl an Einstellungsoptionen zur Verfügung.

Dass GIMP kein Programm wie jedes andere ist, merken Sie schon kurz nach der Installation. Beim ersten Programmstart werden Sie aufgefordert, Ihren Monitor zu kalibrieren. Sollten Sie nicht genau wissen, was zu tun ist – und wer weiß das schon wirklich? – wird das automatisch für Sie erledigt.

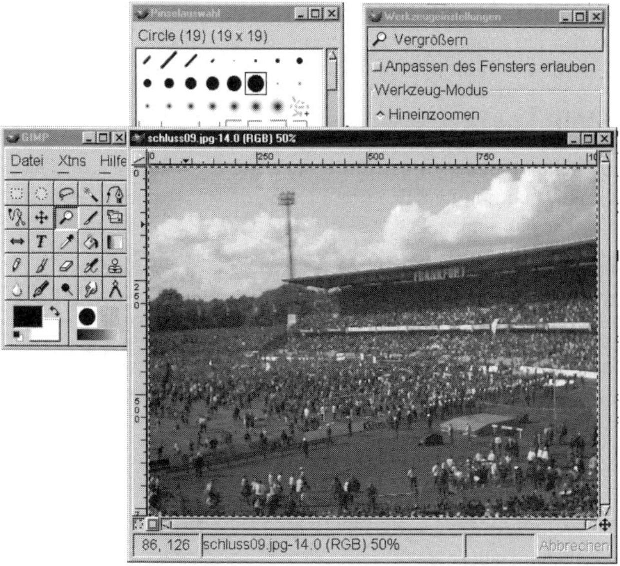

Abbildung 11.6: Der GIMP - eines der besten Grafikprogramme überhaupt - und kostenlos

Trotz seiner großartigen Ausstattung belegt dieses Programm gerade einmal knapp 23 MByte auf Ihrer Festplatte. Und das ist noch nicht das Beste:

Sie können GIMP unter `http://www.gimp.org` kostenlos aus dem Internet beziehen.

WWW Gif Animator

Dieses Sharewareprogramm aus Österreich gehört zu den besten (preiswerten) Gif-Animatoren, die es gibt. Das Programm bietet neben den vielen verschiedenen Optionen, die Sie sich für selbst erstellte Animationen zunutze machen können, eine große Menge von vordefinierten Animationsfunktionen, die schon auf ein einzelnes Bild angewendet werden können.

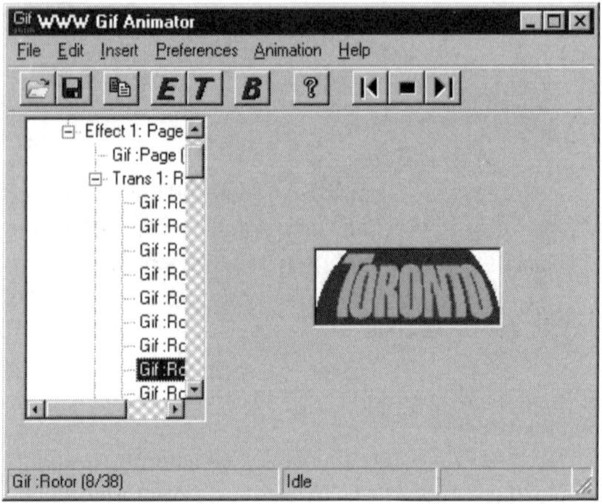

Abbildung 11.7: Der WWW Gif Animator in Aktion

Darüber hinaus haben Sie die Möglichkeit, beliebig viele Grafiken in einer Animation miteinander zu kombinieren.

Die Effekte, die Sie mit diesem Programm erzielen können, sind durchaus professionell. Sie können Grafiken einpendeln oder rotieren lassen. Sie können Farben invertieren oder einen "Umblättern"-Effekt verwenden. Die einzelnen Effekte bieten Ihnen darüber hinaus noch eine Vielzahl von Einstellungsmöglichkeiten. Es ist schon erstaunlich, was dieses Programm, für das die Entwickler nur 30,-- DM verlangen, zustande bringt. Eine Testversion können Sie sich unter `http://stud1.tuwien.ac.at/~e8925005/` herunterladen.

Schneller werden Sie ohne Vorkenntnisse bestimmt keine Animation erzeugen können.

11.3 TOOLS

Hier werden Sie erfahren, wie Sie sich die Arbeit durch verschiedene kleine Hilfsprogramme vereinfachen können. Auch diese Programme sind in der Regel kostenlos über das Internet zu beziehen.

CSE HTML Validator (light)

Überprüfen Sie Ihren Quelltext auf Herz und Nieren, bevor Sie ihn auf das World Wide Web loslassen.

Mit Hilfe des CSE HTML-Validators können Sie alle Ihre HTML-Dokumente auf mögliche Fehlerquellen durchsuchen lassen. Gefundene Fehler werden in einem eigenen Fenster angezeigt und kommentiert. Ein Klick auf die Fehlermeldung hebt die fehlerbehaftete Zeile hervor, so dass Sie Ihre Korrekturen sofort vornehmen können.

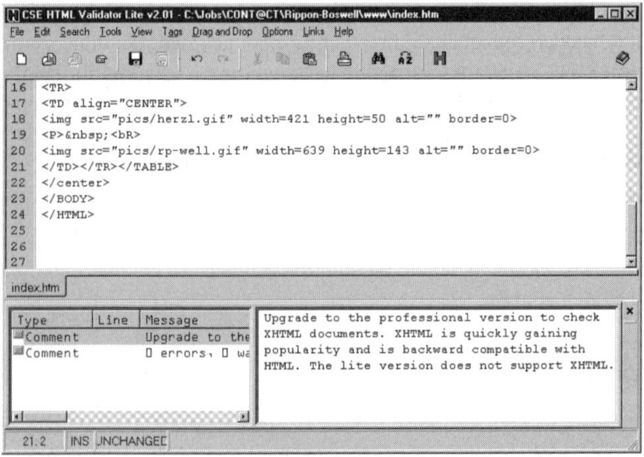

Abbildung 11.8: Der CSE HTML-Validator kontrolliert Ihre Web-Seiten

Der CSE HTML-Validator bietet Ihnen verschiedene Möglichkeiten, Ihre HTML-Dokumente zu bearbeiten. So können Sie z.B. alle Befehle eines Dokumentes mit einem Mausklick in eine einheitliche Kleinschreibung überführen.

Sie können den CSE HTML-Validator aber auch als Editor einsetzen. Zu diesem Zweck öffnen Sie einfach ein neues Dokument und schon können Sie loslegen. Über das Pulldown-Menü "Tags" können Sie fast alle HTML-Befehle in das neue Dokument einbinden. Endbefehle werden, wo es notwendig ist, gleich mit eingefügt. Die Light-Version ist allerdings noch nicht XHTML-kompatibel. Das bedeutet, dass bei verschiedenen Befehlen ein Schlussbefehl noch per Hand eingegeben werden muss.

Der CSE HTML-Validator light kann kostenlos unter http://www.htmlvalidator.com aus dem Internet bezogen werden. Die Vollversion kostet US$ 89.95 für kommerzielle Nutzer und US$ 49.95 für Schüler, Studenten und Bildungseinrichtungen.

MetaGen

MetaGen ist ein kleines Tool, das Ihnen beim Erstellen von meta-Tags behilflich ist. Es unterstützt sowohl die Spezifikation des W3-Konsortiums, als auch DublinCore-Spezifikationen.

Nachdem Sie sich entschieden haben, welche Spezifikation Ihre meta-Befehle erfüllen sollen, müssen Sie nur noch die verlangten Angaben in ein Formularfeld eintragen. Wenn Sie diesen Vorgang beendet haben, werden alle meta-Befehle per Mausklick generiert.

Anschließend können Sie diese entweder in die Zwischenablage kopieren oder mit Hilfe eines Browsers direkt in eine ausgewählte HTML-Datei kopieren.

MetaGen belegt lediglich 220 KByte und ist kostenlos unter http://fdns-software.de/ erhältlich.

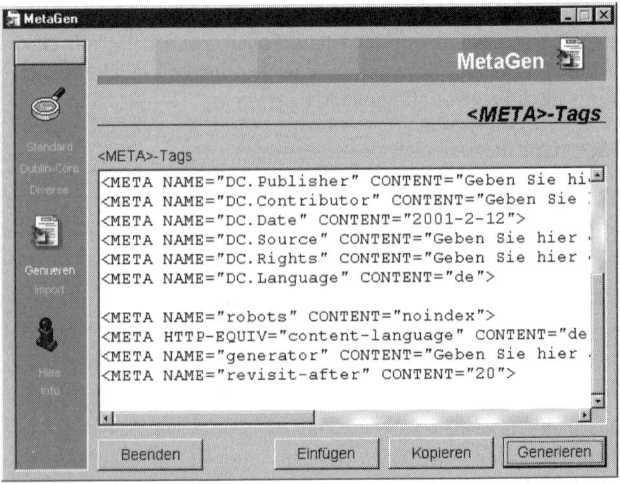

Abbildung 11.9: Meta-Befehle per Mausklick mit dem MetaGen

RGB Color Box v1.4

Sie erinnern sich an die Farbwerte in HTML-Dokumenten? Daran, dass alle Farbwerte in Hexadezimalcode umgerechnet werden müssen?

Mit der RGB Color Box können Sie das mit Hilfe von Schiebereglern erledigen. Es existieren fünf verschiedene Auswahlpunkte für die Hintergrundfarbe, die Textfarbe und die Farbe, in der Links in den drei möglichen Zuständen angezeigt werden (neu, aktiv und bereits besucht).

Nachdem Sie alle Einstellungen vorgenommen und die Auswirkungen im Vorschaufenster kontrolliert haben, können Sie mit einem Mausklick den body-Befehl generieren. Das Ergebnis müssen Sie jetzt nur noch in Ihr HTML-Dokument kopieren.

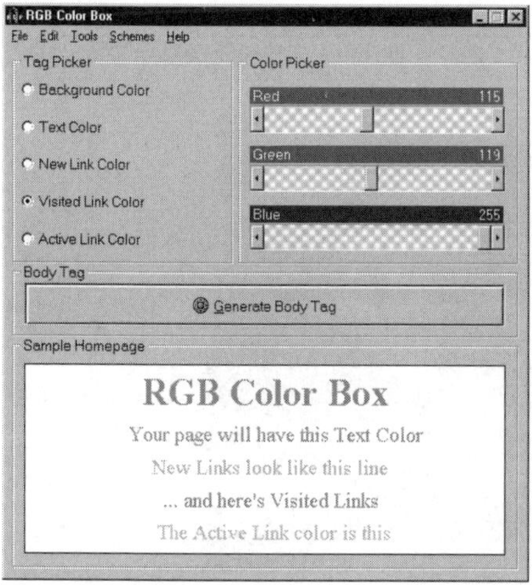

Abbildung 11.10: Die RGB Color Box: Nie wieder mit Hexadezimalcodes rechnen

Dieses kleine Hilfsprogramm steht unter http://home1.inet.tele.dk/theill/rcb.htm zum kostenlosen Download bereit.

PictureDicer

Mit PictureDicer können Sie große Grafiken in mehrere kleine Bilder zerschneiden, die sich dann beim Seitenaufbau schneller laden lassen.

Abbildung 11.11: PictureDicer zerschneidet eine große Grafik in viele kleine.

Eine weitere Einsatzmöglichkeit haben Sie, wenn Sie ein großes Bild mit einer Animation versehen wollen. Bei einer zerschnittenen Grafik müssen Sie lediglich den Bereich animieren, in dem die Bewegung tatsächlich stattfinden soll. Auf diese Weise können Sie die Datenmenge deutlich reduzieren.

Die Einzelbilder werden dann in Form einer Tabelle wieder zusammengesetzt. Das Beste daran ist jedoch, dass PictureDicer auf Mausklick gleich den benötigten HTML-Code mitliefert.

Sie finden PictureDicer kostenlos im Internet unter `http://www.ziplink.net/~shoestring/dicer01.htm`

MapThis

Dank MapThis ist es wunderbar einfach geworden, eine Usemap zu erstellen.

Nach dem Programmstart müssen Sie lediglich die gewünschte Grafik laden und die klicksensitiven Bereiche mit dem gewünschten Formwerkzeug markieren.

Während Sie beim Rechteck und beim Kreis einfach den relevanten Bereich markieren, müssen Sie beim Vieleck jede einzelne Ecke der zu markierenden Fläche anklicken.

Nachdem Sie alle Bereiche markiert und mit Zieldokumenten versehen haben, müssen Sie Ihre Usemap im CSIM-Format speichern.

MapThis generiert dann eine HTML-Datei für Sie, in der alle erforderlichen Koordinaten abgespeichert sind.

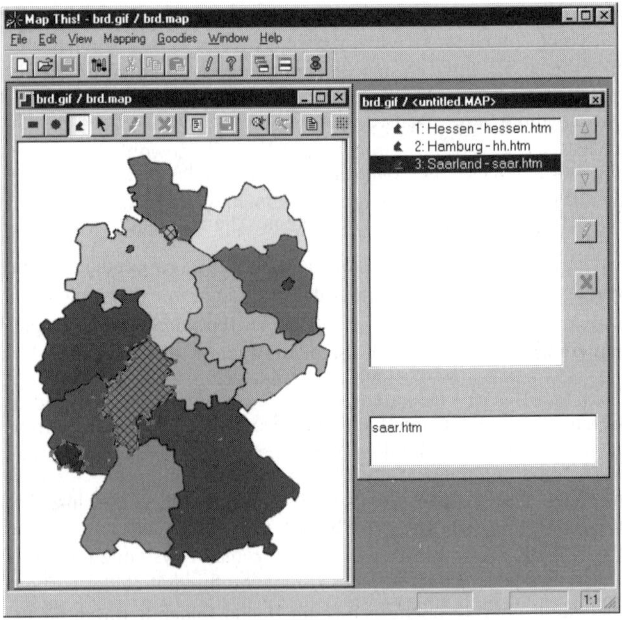

Abbildung 11.12: MapThis macht das Erstellen einer Usemap zu einem Kinderspiel.

MapThis kann kostenlos unter der Internet-Adresse `http://www.ecaetc.ohio-state.edu/tc` heruntergeladen werden.

WS FTP

Nachdem Sie nun mit all diesen wunderbaren Werkzeugen Ihre Internetseiten fertig gestellt haben, müssen Sie diese ja auch irgendwie auf Ihren Server transferieren. Für diesen Zweck gibt es FTP. FTP bedeutet File Transfer Protocol und beschreibt sowohl ein Internet Protocol als auch eine Software.

Zunächst interessiert uns hier einmal nur die Software.

Ein FTP-Client hat nicht gerade viele Aufgaben zu erledigen, denn wie der Name schon sagt, dient das Programm in erster Linie dazu, Dateien vom eigenen Rechner auf ein entferntes System zu kopieren. Im Grunde passiert hier also nichts anderes als beim Daten-Kopieren von einem Verzeichnis in ein anderes.

Genau aus diesem Grund haben FTP-Programme optisch eine frappierende Ähnlichkeit mit dem Dateimanager bzw. Windows Explorer.

Allerdings gibt es schon ein paar Unterschiede. Der größte liegt darin, dass Sie für das entfernte System eine Nutzerkennung und ein Passwort benötigen, um sich auf dem fremden System zu identifizieren. Bevor ein FTP-Client also Kontakt zu Ihrem Provider aufnehmen kann, fragt er über einen Login-Dialog folgende Daten bei Ihnen ab: Name des entfernten Rechners, Username und Passwort.

Nachdem Sie alle Daten korrekt eingegeben haben, wird die Verbindung zum Provider erstellt und Sie können mit dem Dateitransfer beginnen. Hierfür müssen Sie lediglich die Dateien, die Sie auf den entfernten Rechner kopieren wollen, markieren und per Drag and Drop auf den Webserver befördern.

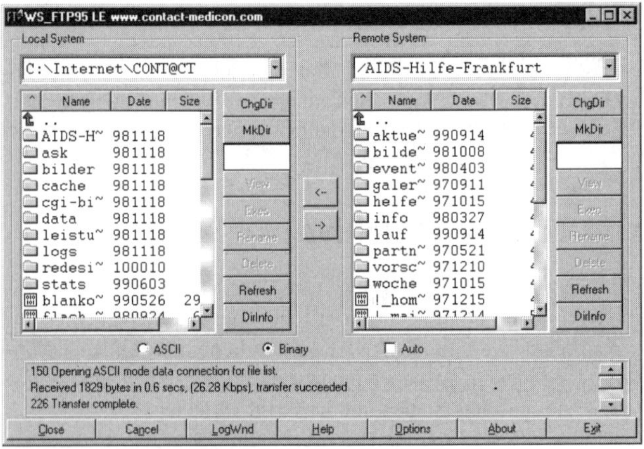

Abbildung 11.13: Abb. Datentransfer per FTP

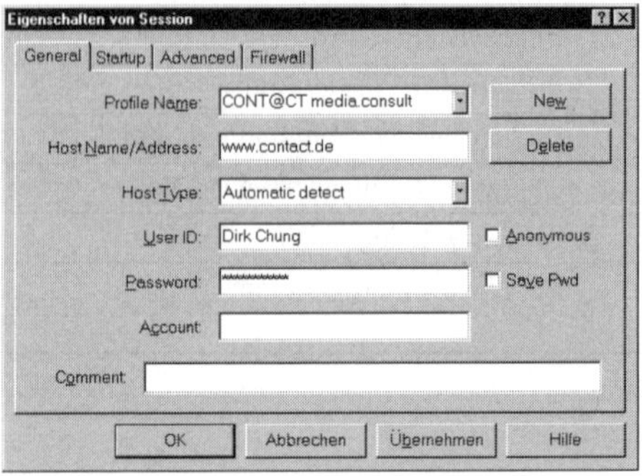

Abbildung 11.14: Sie müssen sich vor dem FTP-Login identifizieren.

Der Vorteil von WS FTP gegenüber anderen FTP-Clients liegt darin, dass Sie mit WS FTP auch ganze Verzeichnisse oder Verzeichnisbäume verschieben können, was Ihnen gerade dann eine große Erleichterung sein wird, wenn Sie zum ersten Mal eine neue Internetpräsentation oder eine komplett überarbeitete Website auf einen Webserver kopieren möchten.

11.4 Software Archive

Abschließend sehen Sie hier noch eine Übersicht über einige nützliche Web-Seiten, unter denen Sie sich über die neuesten Entwicklungen auf dem Free- und Sharewaremarkt erkundigen können. Besonders zu empfehlen ist dabei Tucows, da die einzelnen Programme knapp aber gut beschrieben und bewertet werden.

Name des Archivs	Internetadresse
Tucows	http://www.tucows.de/
Shareware.de	http://www.shareware.de/
Freeloader	http://www.freeloader.com
Freeware	http://Freeware.de/redesign/index.php3
Download Freeware	http://www.download-freeware.de/
Tudogs	http://www.tudogs.com/
Windows 95 (kein Microsoft Service)	http://www.windows95.com

Teil III

Anhang

A Sonderzeichen

Nicht immer werden Webseiten nur dort betrachtet, wo sie erstellt werden. Häufig ist es sogar eher so, dass Seiten in anderen Ländern erstellt werden, z.B. wenn ein internationaler Konzern mehrere (Sprach-) Versionen seines Internetauftritts von einer Agentur erstellen lässt.

Hieraus ergibt sich, dass neben den verschiedenen Sprachen an sich auch verschiedene Zeichensätze verwendet werden. So sind Umlaute im zum Beispiel englischsprachigen Raum nicht üblich, während wir uns in Deutschland mit den französischen Akzentes schwer tun.

Für HTML ist das alles kein Problem. Hier gibt es für jedes Zeichen eine HTML-Schreibweise, die weltweit von den Browsern korrekt umgesetzt wird.

Die Schreibweise erfolgt nach dem Schema „Kaufmannsund-Kürzel-Semikolon" (`&Kürzel;`). Um das an einem Beispiel zu verdeutlichen: Der Umlaut Ä wird in HTML als Auml (= A-Umlaut) wieder gegeben. Daraus folgt: Ein Ä ist in HTML-Schreibweise `Ä`.

Darüber hinaus existier auch eine Schreibweise, die sich an den Dezimalcodes der Zeichen orientiert. Hier geben Sie zwischen dem Kaufmannsund und dem Semikolon den Dezimalcode des gewünschten Zeichens ein, wobei sich vor dem Dezimalcode eine Raute befinden muss.

Beispiel: Das große Ä hat den Dezimalcode 196. Daraus folgt die (Dezimal-) HTML-Schreibweise Ä

In der folgenden Tabelle finden Sie die Schreibweisen aller verfügbarer Zeichen.

Zeichencode Dezimal	**HTML (Kürzel)**	**Mnemonik Beschreibung**
	&#00;	Nicht belegt
	&#01;	Nicht belegt
	&#02;	Nicht belegt
	&#03;	Nicht belegt
	&#04;	Nicht belegt
	&#05;	Nicht belegt
	&#06;	Nicht belegt
	&#07;	Nicht belegt
	&#08;	Nicht belegt
		Horziontaler Tabulator
Neue Zeile
	&#11;	Nicht belegt
		Nicht belegt
Zeilenschaltung (Return)
	&#14;	Nicht belegt
	&#15;	Nicht belegt
	&#16;	Nicht belegt
	&#17;	Nicht belegt

Zeichencode Dezimal	HTML (Kürzel)		Mnemonik Beschreibung
	&#18;		Nicht belegt
	&#19;		Nicht belegt
	&#20;		Nicht belegt
	&#21;		Nicht belegt
	&#22;		Nicht belegt
	&#23;		Nicht belegt
	&#24;		Nicht belegt
	&#25;		Nicht belegt
	&#26;		Nicht belegt
	&#27;		Nicht belegt
	&#28;		Nicht belegt
	&#29;		Nicht belegt
	&#30;		Nicht belegt
	&#31;		Nicht belegt
			Leerzeichen
!	!		Ausrufezeichen
»	"	"	Anführungsstriche
#	#		Kreuz (Gatter)
$	$		Dollarzeichen
%	%		Prozentzeichen
&	&	&	Und-Zeichen (kaufmännisches Und)
'	'		Apostroph
(	(		Linke Klammer
)	)		Rechte Klammer

Zeichencode Dezimal	HTML (Kürzel)	Mnemonik Beschreibung
*	*	Stern
+	+	Pluszeichen
,	,	Komma
-	-	Bindestrich
.	.	Punkt
/	/	Schrägstrich
0	0	Zahl 0
1	1	Zahl 1
2	2	Zahl 2
3	3	Zahl 3
4	4	Zahl 4
5	5	Zahl 5
6	6	Zahl 6
7	7	Zahl 7
8	8	Zahl 8
9	9	Zahl 9
:	:	Doppelpunkt
;	;	Semikolon
<	< <	Kleiner als...
=	=	Gleichheitszeichen
>	> >	Größer als...
?	?	Fragezeichen
@	@	at
A	A	Großes A

Zeichencode Dezimal	HTML (Kürzel)	Mnemonik Beschreibung
B	B	Großes B
C	C	Großes C
D	D	Großes D
E	E	Großes E
F	F	Großes F
G	G	Großes G
H	H	Großes H
I	I	Großes I
J	J	Großes J
K	K	Großes K
L	L	Großes L
M	M	Großes M
N	N	Großes N
O	O	Großes O
P	P	Großes P
Q	Q	Großes Q
R	R	Großes R
S	S	Großes S
T	T	Großes T
U	U	Großes U
V	V	Großes V
W	W	Großes W
X	X	Großes X
Y	Y	Großes Y

Zeichencode Dezimal	**HTML (Kürzel)**	**Mnemonik Beschreibung**
Z	Z	Großes Z
[	[	Linke eckige Klammer
\	\	Backslash
]	]	Rechte eckige Klammer
^	^	Accent circonflexe
_	_	Unterstrichen
`	`	Accent grave
a	a	Kleines a
b	b	Kleines b
c	c	Kleines c
d	d	Kleines d
e	e	Kleines e
f	f	Kleines f
g	g	Kleines g
h	h	Kleines h
i	i	Kleines i
j	j	Kleines j
k	k	Kleines k
l	l	Kleines l
m	m	Kleines m
n	n	Kleines n
o	o	Kleines o
p	p	Kleines p
q	q	Kleines q

Zeichencode Dezimal	HTML (Kürzel)	Mnemonik Beschreibung
r	r	Kleines r
s	s	Kleines s
t	t	Kleines t
u	u	Kleines u
v	v	Kleines v
w	w	Kleines w
x	x	Kleines x
y	y	Kleines y
z	z	Kleines z
{	{	Linke geschweifte Klammer
|			Vertikaler Strich
}	}	Rechte geschweifte Klammer
~	~	Tilde
	&#127;	Nicht belegt
	€	Nicht belegt
		Unterteilbares Leerzeichen/Leerraum
¡	¡	Umgekehrtes Ausrufezeichen
¢	¢	Cent
£	£	Pfund Sterling
¤	¤	Währungsgattung
¥	¥	Yen
¦	¦	Gebrochene vertikale Linie
§	§	Paragraph
¨	¨	Trema

Zeichencode Dezimal	HTML (Kürzel)	Mnemonik Beschreibung
©	©	Copyright
ª	ª	Hochgestelltes a
«	«	Einführungsstriche
¬	¬	Negation
-		Bindestrich
®	®	Eingetragenes Warenzeichen
¯	¯	Akzentuierung
°	°	Grad
´	´	Accent aigu
¶	¶	Paragraph
·	·	Zentrierter Punkt
¸	¸	Cedille
»	»	Ausführungsstriche
¿	¿	Umgekehrtes Fragezeichen
À	À À	Großes A mit Accent grave
Á	Á Á	Großes A mit Accent aigu
Â	Â Â	Großes A mit Accent circonflexe
Ã	Ã Ã	Großes A mit Tilde
Ä	Ä Ä	Großes A mit Pünktchen (Trema)
Å	Å Å	Großes A mit ronde
Æ	Æ Æ	Großes Æ
Ç	Ç Ç	Großes C mit Cedille
È	È È	Großes E mit Accent grave
É	É É	Großes E mit Accent aigu

Zeichencode Dezimal	**HTML (Kürzel)**	**Mnemonik Beschreibung**
Ê	Ê Ê	Großes E mit Accent circonflexe
Ë	Ë Ë	Großes E mit Pünktchen
Ì	Ì Ì	Großes I mit Accent grave
Í	Í Í	Großes I mit Accent aigu
Î	Î Î	Großes I mit Accent circonflexe
Ï	Ï Ï	Großes I mit Pünktchen
Ñ	Ñ Ñ	Großes N mit Tilde
ò	Ò Ò	Großes O mit Accent grave
ó	Ó Ó	Großes O mit Accent aigu
ô	Ô Ô	Großes O mit Accent circonflexe
õ	Õ Õ	Großes O mit Tilde
Ö	Ö &#Ouml;	Großes O mit Pünktchen
x	×	Multiplikation
Ø	Ø Ø	GroßesO mit Schrägstrich
Ù	Ù Ù	Großes U mit Accent grave
Ú	Ú Ú	Großes U mit Accent aigu
Û	Û Û	Großese U mit Accent circonflexe
Ü	Ü Ü	Großes U mit Pünktchen
ß	ß ß	Kleines SZ
à	à à	Kleines a mit Accent grave
á	á á	Kleines a mit Accent aigu
â	â â	Kleines a mit Accent circonflexe
ã	ã ã	Kleines a mit Tilde
ä	ä ä	Kleines a mit Pünktchen

Zeichencode Dezimal	HTML (Kürzel)		Mnemonik Beschreibung
å	å	å	Kleines a mit ronde
æ	æ	æ	Kleines æ
ç	ç	ç	Kleines c mit Cedille
è	è	è	Kleines e mit Accent grave
é	é	é	Kleines e mit Accent aigu
ê	ê	ê	Kleines e mit Accent circonflexe
ë	ë	ë	Kleines e mit Pünktchen
ì	ì	ì	Kleines i mit Accent grave
í	í	í	Kleines i mit Accent aigu
î	î	î	Kleines i mit Accent circonflexe
ï	ï	ï	Kleines i mit Pünktchen
ñ	ñ	ñ	Kleines n mit Tilde
ò	ò	ò	Kleines o mit Accent grave
ó	ó	ó	Kleines o mit Accent aigu
ô	ô	ô	Kleines o mit Accent circonflexe
õ	õ	õ	Kleines o mit Tilde
ö	ö	ö	Kleines o mit Pünktchen
ø	ø	ø	Kleines o mit Schrägstrich
ù	ù	ù	Kleines u mit Accent grave
ú	ú	ú	Kleines u mit Accent aigu
û	û	û	Kleines u mit Accent circonflexe
ü	ü	ü	Kleines u mit Pünktchen
ÿ	ÿ	ÿ	Kleines y mit Pünktchen

B Reservierte Farbnamen

Wie schon mehrfach erwähnt, gibt es in HTML für einige fest definierte Farbwerte reservierte Namen. Da diese Farbnamen auf den Microsoft Internetexplorer zurückgehen ist nicht bei jedem Farbwert garantiert, dass dieser bei jedem anderen Browser zum selben Ergebnis führt. Deshalb finden Sie in der zweiten Spalte der Tabelle den zugehörigen Hexadezimalwert der vorgenannten Farbe.

Beachten Sie jedoch, dass diese Farben, obwohl Sie eigens für HTML zusammengestellt wurden, nur in den wenigsten Fällen die Bedingung für eine „websichere Farbe" erfüllen.

Da Sie mit den ganzen unterschiedlichen Farbnamen wahrscheinlich nicht direkt die tatsächliche Farbe in Verbindung bringen, finden Sie diese Tabelle auf der Webseite unter *www.mitp.de*. Hier können Sie die entsprechenden Werte anklicken und sich die Farben in Ruhe ansehen.

Farbenname	**Hexadezimalwert**
aliceblue	#F0F8FF
antiquewhite	#FAEBD7
aqua	#00FFFF
aquamarine	#7FFFD4
azure	#F0FFFF
beige	#F5F5DC

Farbenname	Hexadezimalwert
brisque	#FFE4C4
black	#000000
blanchedalmond	#FFEBCD
blue	#0000FF
blueviolet	#8A2BE2
brown	#A52A2A
burlywood	#DEB887
cadetblue	#5F9EA0
chartreuse	#007FFF
chocolate	#D2691E
coral	#FF7F50
cornflowerblue	#6495ED
cornsilk	#FFF8DC
crimson	#DC143C
cyan	#00FFFF
darkblue	#00008B
darkcyan	#008B8B
darkgoldenrod	#B8860B
darkgray	#A9A9A9
darkgreen	#006400
darkkahki	#BDB76B
darkmagenta	#8B008B
darkolivegreen	#556B2F
darkorange	#FF8C00
darkorchid	#9932CC

Farbenname	Hexadezimalwert
darkred	#8B0000
darksalmon	#E9967A
darkseagreen	#8FBC8F
darkslateblue	#483D8B
darkslategray	#2F4F4F
darkturquoise	#00CED1
darkviolet	#9400D3
deeppink	#FF1493
deepskyblue	#00BFFF
dimgray	#696969
dodgerblue	#1E90FF
floralwhite	#FFFAF0
forestgreen	#228B22
fuchsia	#FFFF00
gainsboro	#DCDCDC
ghostwhite	#F8F8FF
gold	#FFD700
goldenrod	#DAA520
gray	#808080
green	#008000
greenyellow	#ADFF2F
honeydew	#F0FFF0
hotpink	#FF69B4
indianred	#CD5C5C
indigo	#4B0082

Farbenname	Hexadezimalwert
ivory	#FFFFF0
khaki	#F0E68C
lavender	#E6E6FA
lavenderblush	#FFF0F5
lawngreen	#7CFC00
lemonchiffon	#FFFACD
lightblue	#ADD8E6
lightcoral	#F08080
lightcyan	#E0FFF
lightgoldenrodyellow	#FAFAD2
lightgreen	#90EE90
lightgray	#D3D3D3
lightpink	#FFB67A
lightsalmon	# FFA07A
lightseagreen	#20B2AA
lightskyblue	#87CEFA
lightslategray	#778899
lightsteelblue	#B0C4DE
lightyellow	#FFFFE0
lime	#0000FF
limegreen	#32CD32
linen	#FAF0E6
magneta	#FF00FF
maroon	#800000
mediumaquamarine	#66CDAA

Farbenname	Hexadezimalwert
mediumblue	#0000CD
mediumorchid	#BA55D3
mediumpurple	#9370DB
mediumseagreen	#3CB371
mediumslateblue	#7B68EE
mediumspringgreen	#00FA9A
mediumturquoise	#48D!CC
mediumvioletred	#C71585
midnightblue	#191070
mintcream	#F5FFFA
mistyrose	#FFE4E1
moccasin	#FFE4B5
navajowhite	#FFDEAD
navy	#000080
oldlace	#FDF5E6
olive	#808000
olivedrab	#6B8E23
orange	#FFA500
orangered	#FF4500
orchid	#DA70D6
palegoldenrod	#EEE8AA
palegreen	#98FB98
paleturquoise	#AFEEEE
palevioletred	#DB7093
papayawhip	#FFEFD5

Farbenname	Hexadezimalwert
peachpuff	#FFDAB9
peru	#CD853F
pink	#FFC0CB
plum	#DDA0DD
powderblue	#B0E0E6
purple	#800080
red	#FF0000
rosybrown	#BC8F8F
royalblue	#4169E1
saddlebrown	#8B4513
salmon	#FA8072
sandybrown	#F4A460
seagreen	#2E8B57
seashell	#FFF5EE
sienna	#A0522D
silver	#C0C0C0
skyblue	#87CEEB
slateblue	#6A5ACD
slategray	#708090
snow	#FFFAFA
springgreen	#00FF7F
steelblue	#4682B4
tan	#D2B48C
teal	#008080
thistle	#D8BFD8

Farbenname	Hexadezimalwert
tomato	#FF6347
turquoise	#40E0D0
violet	#EE82EE
wheat	#F5DEB3
white	#FFFFFF
whitesmoke	#F5F5F5
yellow	#FFFF00
yellowgreen	#9ACD32

C Glossar

Account
ist die Zugangsberechtigung (Benutzerkennung und Passwort) für einen Computer oder ein Netzwerk, beispielsweise das Internet.

ActiveX
ist Microsofts Antwort auf Java. ActiveX Controls sind Programme, die von einem Browser über Web-Dokumente geladen und ausgeführt werden können. Diese Controls sind eng mit dem Betriebssystem Windows verbunden, arbeiten also nicht mit jedem gängigen Betriebssystem zusammen. Mit ActiveX ist ein potenzielles Sicherheitsrisiko verbunden, da ein solches Control vollen Zugriff auf alle Rechnerressourcen hat.

Addon
siehe PlugIn.

Anonymous FTP
ist ein freier FTP-Zugang (siehe dort), den man ohne Benutzerkennung und Passwort nutzen kann. Bei einigen dieser FTP-Zugänge gibt man »anonymous« als Kennung und seine E-Mail-Adresse als Passwort an.

ANSI
steht für American National Standards Institute, ein Normungsinstitut, das der DIN entspricht. Der ANSI-Code wird von Windows zur Codierung von Zeichen benutzt. Er verwendet 8 Bit. Die ersten 128 Zeichen (7 Bit, 0 bis 127) entsprechen der ASCII-Codierung. Die weiteren 128 Zeichen (128 bis 255) unterscheiden sich von dem durch

IBM erweiterten ASCII-Standard. Windows-Texte müssen deshalb in das ASCII-Format umgewandelt werden, um sie unter MS-DOS zu bearbeiten.

Anti-Aliasing
ist eine Technik, um in Bitmap-Grafiken die treppenartige Darstellung schräger Linien zu mildern. Dieses Verfahren wird häufig für Buchstaben verwendet. Ein anderer Name ist Kantenglättung.

Apache
ist der Marktführer unter den Webservern. Er wird als Freeware vertrieben, darf also kostenlos genutzt werden. Apache gibt es für verschiedene Unix-Versionen, für Linux und auch für Windows.

Applet
ist ein in Java geschriebenes Programm, das von einem Webbrowser über Web-Dokumente geladen und unter einem beliebigen Betriebssystem ausgeführt werden kann.

ASCII
ist die Abkürzung für American Standard Code for Information Interchange, eine Codierung für die Darstellung von Zeichen. Ursprünglich wurden 7 Bit benutzt, so dass 128 verschiedene Zeichen dargestellt werden konnten. IBM erweiterte diese Codierung für seine PCs auf 8 Bit (256 Zeichen). Im Internet wird 7-Bit-ASCII für die Datenübertragung verwendet.

ASP
ist die Abkürzung für Active Server Pages, einem von Microsoft entwickelten Verfahren, um die Befehle einer Scriptsprache auf dem Webserver auszuführen (siehe auch CGI). ASP ist an die Windows-Plattform gebunden.

Attachment
ist ein anderer Begriff für den Anhang an eine E-Mail.

Auszeichnungssprache
ist ein Begriff aus der Typographie. Eine Auszeichnungssprache enthält allgemeingültige, also Hardware-unabhängige, Beschreibungen für das Aussehen eines Dokuments. HTML ist eine Auszeichnungssprache.

Backbone
ist ein größeres Rechnersystem in einem Netzwerk, das zentrale Aufgaben übernimmt. Im Internet gibt es nationale Backbones, die über schnelle Leitungen miteinander verbunden sind. Größere Provider sind direkt mit einem dieser Backbones verbunden.

Batch-Datei
auch Stapeldatei genannt, ist eine Textdatei, die Befehlsfolgen enthält. Diese Befehlsfolgen werden von einem Betriebssystem automatisch ausgeführt.

Bit
ist die Abkürzung für binary digit (Binärzahl). Ein Bit kann genau zwei Zustände einnehmen, die als 0 und 1 dargestellt werden. Ein Bit ist die kleinste Einheit, mit der sich Informationen darstellen lassen.

Bitmap
ist ein Verfahren, um Grafiken darzustellen. Die Bilder setzen sich aus Punkten zusammen, die in einem festen Raster angeordnet sind und eine bestimmte Farbe haben. Eine andere Bezeichnung für eine Bitmap-Grafik ist Rastergrafik.

Browser

sind Programme, die HTML-Dokumente darstellen können. Browser werden für das Surfen im WWW eingesetzt. Die wichtigsten Browser für PCs sind Microsofts Internet Explorer und Netscapes Navigator.

Byte

ist die Bezeichnung für eine Einheit, die aus 8 Datenbits besteht. Mit einem Byte können 256 Zahlen (0 bis 255) dargestellt werden.

Cache

ist ein Zwischenspeicher, der zwischen einem langsamen und einem schnellen System angeordnet ist. Hier werden häufig benötigte Informationen abgelegt, um diese schnell zur Verfügung zu haben. Browser legen beispielsweise Internet-Grafiken auf der Festplatte ab, damit sich Webseiten bei einem erneuten Aufruf schneller aufbauen. Der hierfür reservierte Festplattenbereich ist der Browser-Cache.

CERN

steht für Conseil Européen pour la Recherche Nucléaire, Europäisches Forschungszentrum für Teilchenphysik. Hier wurden die Grundlagen für das WWW entwickelt.

CGI

ist die Abkürzung für Common Gateway Interface, einer Schnittstelle zwischen Webbrowser und Webserver. Mithilfe von CGI lassen sich beispielsweise Online-Formulare auswerten. Dazu wird ein Programm auf dem Server gestartet, das die Formulardaten entgegennimmt und bearbeitet. Die Ausgabe des Programms, meist eine Antwort auf die Formularinhalte, werden als HTML-Seite an den Browser übertragen. CGI arbeitet häufig mit Perl (siehe dort) zusammen.

Client

ist ein Programm, das sich der Dienste anderer Programme (Server) bedient. Ein Browser ist beispielsweise ein Client für Webserver. Als Client werden auch die Rechner bezeichnet, die in einem Netzwerk mit einem Server verbunden sind.

Cookie

ist eine kleine Textdatei, die ein Webserver auf der Festplatte des Clients ablegt. Anhand dieser Datei kann der Server einen Site-Besucher identifizieren.

CPU

ist die Abkürzung von Cantral Processing Unit, also Zentraleinheit. Gemeint ist der Prozessor, der die Hauptarbeit im Rechner verrichtet. Der Intel Pentium ist beispielsweise eine weit verbreitete CPU.

CSS

ist die Abkürzung von Cascading Style Sheets, einer HTML-Erweiterung für die Textgestaltung.

Dateisystem

ist der Teil des Betriebssystems, der für die Speicherung der Daten und Programme auf den Massenspeichern (Disketten, Festplatten usw.) zuständig ist. Windows 9x/ME verwendet die Dateisysteme FAT und FAT32 (eine erweiterte Version von FAT, siehe dort). Windows NT kann mit FAT und NTFS (siehe dort) zusammenarbeiten. Unix-Systeme und LINUX benutzen eigene Dateisysteme.

DHTML

steht für dynamisches HTML. Bei diesem Verfahren können HTML-Seiten scriptgesteuert ihr Aussehen und ihren Inhalt ändern.

DNS
ist die Abkürzung für Domain Name System. Jeder Rechner im Internet verfügt über eine eindeutige IP-Nummer. Diesen Nummern sind fast immer Klartextbezeichnungen wie »www.netobjects.com« zugeordnet. Diese Zuordnungen sind in den Datenbanken von DNS-Servern abgelegt. Bei Eingabe einer Klartext-Adresse werden diese Datenbanken nach der entsprechenden IP-Nummer durchsucht.

Domäne
sind in Netzwerken Gruppen von Geräten, die zu einer organisatorischen Einheit zusammengefasst sind. Im Internet bilden beispielsweise die verschiedenen Nationen einzelne Toplevel-Domänen.

Domain Name Server
siehe Nameserver.

Domain-Namen
sind Untergliederungen der hierarchisch organisierten Computernamen des Internets. Der Name »www.netobjects.de« enthält beispielsweise die Toplevel-Domäne »de«, die sekundäre Domäne »netobjects« und den Rechnernamen »www«.

Download
ist das »Herunterladen« von Dokumenten von einem Server, im Internet also von Web- oder FTP-Servern.

E-Mail
steht für Electronic Mail, also elektronische Post.

FAQ
ist die Abkürzung für Frequently Asked Questions, also häufig gestellte Fragen. Im Internet findet man FAQ-Listen meist mit den entsprechenden Antworten.

Farbwürfel
ist eine Bezeichnung für die Farbpalette des Netscape Navigators. Der Farbwürfel enthält 216 verschiedene Farben, die von den Webbrowsern auf fast allen Rechnersystemen unverfälscht dargestellt werden.

Firewall
ist ein Sicherheitssystem, das ein Netzwerk nach außen vor Angriffen schützen soll. Eine Firewall kann Software oder Hardware (eigenständiger Spezialrechner) sein. Netzwerke sind normalerweise über Firewalls mit dem Internet verbunden.

Frames
sind Rahmen, die dazu benutzt werden, ein HTML-Dokument in mehrere unabhängige Dokumente zu unterteilen, die gleichzeitig dargestellt werden.

Freeware
ist Software, die von ihren Autoren zur freien Verwendung bereitgestellt wird. Jeder kann diese Programme nutzen, ohne dass ihm Kosten, z.B. Lizenzgebühren, entstehen (siehe auch Shareware).

FTP
steht für File Transfer Protocol. FTP ist das Standardprotokoll, um Dateien über das Internet zu übertragen.

Gateway
ist die Bezeichnung für eine Verbindungsstelle zwischen zwei Netzwerken. Online-Dienste betreiben beispielsweise eigene Netze, die über Gateways mit dem Internet verbunden sind.

GB
ist die Abkürzung für Gigabyte, wobei 1 GB 1.024 MB sind.

GIF
ist die Abkürzung für Graphics Interchange Format. Dieses Grafikformat wird häufig im Internet benutzt. Animated GIF ermöglicht sogar kleine Animationen, wobei mehrere GIF-Bilder nacheinander angezeigt werden.

GNU
steht für GNU's not UNIX. GNU ist ein Konzept zum Vertrieb von Freeware. Ursprünglich für das Betriebssystem Unix ins Leben gerufen, wird heute auch andere Software unter der mit GNU verbundenen Lizenz vertrieben.

Gopher
ist ein Informations- und Suchsystem im Internet, das hierarchisch aufgebaut ist. Dieser Dienst wird zunehmend vom WWW verdrängt.

GUI
ist die Abkürzung für Graphical User Interface, grafische Benutzerschnittstelle.

Homepage
ist die Leitseite eines Informationsangebots im Internet. Die persönliche »Visitenkarte« von Privatpersonen oder Firmen wird auch als Homepage bezeichnet.

Host
ist ein Computer(system) im Internet, mit dem Ihr Rechner bei der Datenübertragung Kontakt aufnimmt.

HTML
steht für Hypertext Markup Language. Diese Seitenbeschreibungssprache wird als Dateiformat für WWW-Dokumente verwendet.

HTTP
ist die Abkürzung für Hypertext Transport Protocol, dem Standardprotokoll für den Datenaustausch zwischen Webserver und Browser.

Hyperlink
ist ein Querverweis in HTML-Dokumenten, der zu weiteren Seiten führt oder andere Internet-Dienste aufruft.

Hypertext
ist ein Textdokument, das Querverweise in Form von Sprungmarken (Hyperlinks) enthält. Das Hilfesystem von Windows ist beispielsweise ein Hypertext-Dokument. HTML natürlich auch.

Icon
ist allgemein ein Symbol, dem ein Programm, ein Dokument oder eine Funktion zugeordnet ist. Man spricht auch von Ikone und Piktogramm.

IMAP4
steht für Internet Message Access Protocol (Version 4). Ein Protokoll für die Übertragung von E-Mails, das einige Erweiterungen zum heute üblichen POP3-Protokoll bietet.

Internet
ist ein weltumspannendes, dezentrales Netzwerk, das ursprünglich für militärische Zwecke entwickelt wurde. Heute ist es das beliebteste Netzwerk der Welt mit über 50 Millionen Anwendern.

Interpreter
ist ein Übersetzungsprogramm, das einen Programmtext in Maschinensprache übersetzt. Maschinensprache kann direkt von der CPU verarbeitet werden. Die Übersetzung erfolgt direkt während der Programmausführung. Werden Programmteile wiederholt ausgeführt, müssen diese auch wiederholt übersetzt werden. Deshalb sind Interpreter-Programme relativ langsam.

Intranet
ist ein lokales Netzwerk, das die Techniken des Internets benutzt.

IP-Adresse
ist eine Internet-Protocol-Adresse, die einen Rechner in einem Netzwerk eindeutig identifiziert. Diese auch IP-Nummer genannte Adresse hat die Form 123.234.56.78.

IP-Nummer
siehe IP-Adresse.

ISDN
ist die Abkürzung für Integrated Service Digital Network. ISDN ist ein digitales Netz für die Telekommunikation (Telefon und Datenübertragung).

ISP
ist die Abkürzung für Internet Service Provider. Ein solcher Provider bietet neben dem Zugang zum Internet weitere Serviceleistungen an. Diese reichen von Speicherplatz auf einem WWW-Server (für Webseiten) bis zu kompletten Netzwerk- und Internet-Lösungen.

Java
ist eine von der Firma Sun Systems entwickelte Programmiersprache, die unabhängig von einer Rechnerplattform ist. Sofern für eine Plattform eine sog. Java Virtual Machine existiert, können diese Programme ohne weitere Anpassungen ausgeführt werden.

Java-Applet
ist ein in Java geschriebenes Programm, das über ein Web-Dokument geladen und von einem Browser ausgeführt werden kann.

JavaBeans
sind wiederverwendbare Programmteile, die in Java geschrieben wurden.

JavaScript
ist eine vereinfachte Script-Sprache für Webbrowser, die von der Firma Netscape für den Navigator entwickelt wurde. Die führenden Browser können die Befehle der Skriptsprache interpretieren und ausführen.

JPEG
ist ein Grafikformat, das von der Joint Photograph Experts Group definiert wurde. Bilder werden platzsparend (komprimiert) abgelegt.

JPG
ist die Namenserweiterung für Bilddateien im JPEG-Format.

JScript
ist die Microsoft-Variante für JavaScript (siehe dort). JScript ist weitgehend zu JavaScript kompatibel.

Kantenglättung
siehe Anti-Aliasing.

KB
ist die Abkürzung für Kilobyte, wobei 1 KB 1024 Byte sind.

Kompatibel
bedeutet so viel wie Verträglichkeit. Kompatible Computersysteme verhalten sich weitgehend identisch: auf ihnen ist die gleiche Software lauffähig.

Link
siehe Hyperlink.

Login
ist die Bezeichnung für das Verfahren, mit dem sich ein Benutzer an einem Netzwerk anmeldet. Meist wird er nach Benutzerkennung und Passwort gefragt.

Logout
ist der Vorgang, wenn sich ein Benutzer von einem Netzwerk abmeldet.

Lynx
ist der Name eines textbasierten Browsers, der z.B. unter LINUX eingesetzt wird. Lynx kann keine grafischen Elemente darstellen.

MB
ist die Abkürzung für Megabyte, wobei 1 MB 1.024 KB sind.

MIME
steht für Multipurpose Internet Mail Extensions, was so viel wie Mehrzweck-Internet-Post-Erweiterung bedeutet. Diese Erweiterung ermöglicht die Übertragung von 8-Bit-Informationen über das Internet, das nur 7 Bit für die Datenübertragung verwendet. MIME-codiert können beliebige binäre Informationen, beispielsweise Bilder oder Programme, über das Internet transportiert werden.

Modem
ist die Abkürzung für Modulator-Demodulator. Dieses Gerät setzt digitale in analoge Signale um, die dann über eine Telefonleitung transportiert werden können. Analoge Signale aus dem Telefonnetz werden von einem Modem wieder in digitale Informationen umgesetzt. Eine digitale Information ist ein als Binärzahl dargestellter Wert. Analoge Informationen werden durch kontinuierlich veränderliche Größen wie Längen oder elektrische Spannungen dargestellt. Beispielsweise stellt eine Uhr mit Zifferblatt die Zeit analog dar.

Mosaic
war der erste erfolgreiche Webbrowser, der heute aber keine Bedeutung mehr hat.

Mozilla
ist ein Synonym für den Netscape Navigator.

Multimedia
ist die Präsentation von Daten in unterschiedlichster Form: als Text, Bild, Tondokument, Animation oder Videofilm.

Multitasking
bezeichnet Verfahren, bei denen mehrere Programme für den Anwender gleichzeitig ablaufen.

Nameserver
auch Domain Name Server genannt, ist ein Rechner im Internet, der eine Datenbank mit Domain-Namen und den zugehörigen IP-Adressen enthält.

Netiquette
ist ein Kunstwort, das sich aus Network und Etiquette zusammensetzt. Diese »Etikette für Netzwerke« definiert korrekte Verhaltensweisen für das Internet, besonders für Newsgroups.

Newsgroups
sind Diskussionsgruppen des Usenet. Das Usenet ist über das Internet erreichbar. Beiträge für Newsgroups werden öffentlich lesbar abgelegt. Deshalb bezeichnet man Newsgroups auch als »schwarze Bretter«.

NNTP
ist die Abkürzung für Network News Transfer Protocol. Dieses Übertragungsprotokoll dient zum Senden und Empfangen von News, den Diskussionsbeiträgen in Newsgroups.

NNTP-Server
ist ein Server, der Kopien von Newsgroups des Usenet bereitstellt.

NTFS
ist das Dateisystem von Windows NT. Die Abkürzung steht für New Technology File System.

Offline
ist die Bezeichnung für ein Rechnersystem, das momentan nicht mit einem übergeordneten System, beispielsweise dem Internet, verbunden ist. Eine mögliche Verbindung ist unterbrochen.

Online
ist die Bezeichnung für ein Rechnersystem, das momentan mit einem übergeordneten System, beispielsweise dem Internet, verbunden ist. Es besteht also eine Verbindung.

ODBC
ist die Abkürzung für Open Database Connectivity, einem von Microsoft entwickeltem Verfahren für den Zugriff auf Datenbanken, meist SQL-Datenbanken (siehe dort).

Online-Dienst
ist ein Informationsanbieter, der über eine eigene Netzwerkstruktur verfügt. Zusätzlich bieten alle Online-Dienste Übergänge zum Internet an. Bekannte Online-Dienste sind AOL, CompuServe und T-Online.

Perl

ist eine weit verbreitete Scriptsprache, meist auf Unix-Systemen zu finden, die häufig im Zusammenhang mit CGI (siehe dort) eingesetzt wird.

PGP

steht für Pretty Good Privacy. PGP ist ein im Internet sehr weit verbreitetes Verschlüsselungssystem. Mit PGP können z.B. E-Mails so verschlüsselt werden, dass nur der Empfänger Zugriff auf den Inhalt hat. PGP ist für die private Nutzung kostenlos.

PHP

steht für Hypertext Preprocessor und ist ein Verfahren, um Scriptbefehle auf einem Webserver ausführen zu lassen (siehe ASP, CGI).

Piktogramm

siehe Icon.

PlugIns

sind Erweiterungen für Webbrowser, die auch als Addon bezeichnet werden. PlugIns werden häufig von Drittherstellern angeboten. Sie erweitern einen Browser um bestimmte Funktionen. Der RealPlayer von RealNetworks erweitert einen Browser so, dass sich Tondokumente und Videofilme über das Internet ausführen lassen.

PoP

ist die Abkürzung für Point of Presence. Die Einwahlknoten von Internet Providern werden als PoP bezeichnet.

POP3

steht für Post Office Protocol (Version 3). POP3 ist ein Standardprotokoll zur Übertragung von E-Mail.

Posting
ist die Bezeichnung für einen in einer Newsgroup veröffentlichten Beitrag (siehe Newsgroups).

Proportionale Schrift
ist eine Schrift, bei der die einzelnen Buchstaben unterschiedlich viel Platz beanspruchen. So ist das i erheblich schmaler als beispielsweise das m. Bei einer nicht-proportionalen Schrift haben alle Buchstaben die gleiche Breite.

PPP
ist die Abkürzung für Point to Point Protocol. Dieses Protokoll wird häufig verwendet, um über Modem und Telefonleitung eine Internet-Verbindung aufzubauen.

Provider
ist ein Dienstanbieter, der seinen Kunden einen Zugang zum Internet ermöglicht. Häufig werden auch zusätzliche Serviceleistungen angeboten (siehe ISP).

Proxy
ist ein Computer in einem Netzwerk, der als Zwischenspeicher für den Datentransfer eingesetzt wird. Aus dem Internet geladene Daten werden auf einem Proxy beim ersten Aufruf abgelegt. Weitere Abrufe dieser Daten werden nicht mehr aus dem Internet geladen, sondern vom Proxy an den Zielrechner übertragen.

Relationale Datenbank
ist eine Datenbank, die aus mehreren Tabellen besteht. Eine »klassische« PC-Datenbank benutzte nur eine Tabelle, um z.B. Adressdaten abzuspeichern. In einer relationalen Datenbank sind mehrere Tabellen über eindeutige Informationen miteinander verknüpft. Beispielsweise ist die Kundennummer ein Kriterium, das in den Tabellen

abgelegt wird, um diese Datenbestände eindeutig miteinander zu verknüpfen.

RFC

ist die Abkürzung für Request For Comments. Hierbei handelt es sich um Dokumente, in denen Internet-Standards beschrieben und festgelegt werden. Da diese Dokumente offen zugänglich sind, kann jeder Hard- und Softwarehersteller diese Standards nutzen.

Scriptsprache

ist eine Programmiersprache, bei der das Programm in einer Textdatei abgelegt und somit jederzeit durch einen Anwender lesbar ist. Die Befehle werden erst während der Programmausführung in die Maschinensprache eines Computers übersetzt (siehe Interpreter).

Server

ist ein allgemeiner Begriff für Computer oder Programme, die in einem Netzwerk anderen Rechnern oder Programmen (Clients) Dienste anbieten. Im Internet bieten Server beispielsweise die Dienste WWW, FTP, E-Mail und News an.

SGML

ist die Abkürzung für Standard Generalized Markup Language, ein genereller Standard für Auszeichnungssprachen (siehe dort).

Shareware

ist ein Vertriebskonzept für Software. Shareware-Programme werden kostenlos für einen begrenzten Zeitraum bereitgestellt. In dieser Zeit kann man die Software prüfen. Soll das Produkt dauerhaft eingesetzt werden, müssen Lizenzgebühren gezahlt werden.

Shell

ist eine Betriebssystemumgebung, eine meist textbasierte Schnittstelle zwischen Benutzer und Computer.

SHTML
steht für Secure HTML, einer HTML-Variante, die das Protokoll SHTTP für den sicheren Datentransport über das Internet benutzt.

SHTTP
steht für Secure HTTP, einer HTTP-Variante für den sicheren Datentransport über das Internet.

Site
ist eine Bezeichnung für Internet-Angebote, die thematisch zusammengehören, beispielsweise mehrere HTML-Dokumente zu einem Thema.

SLIP
ist die Abkürzung für Serial Line Internet Protocol, das wie PPP verwendet wird, um über Modem und Telefonleitung eine Internet-Verbindung aufzubauen. SLIP wird zunehmend von dem moderneren PPP ersetzt.

SMTP
steht für Simple Mail Transfer Protocol. SMTP ist ein Standardprotokoll zur Übertragung von E-Mail.

SQL
ist die Abkürzung für Structured Query Language, also strukturierte Abfragesprache. Heute arbeiten fast alle großen Datenbanksysteme mit dieser Sprache. Über SQL-Befehle greift man gezielt auf Datenbestände von relationalen Datenbanken (siehe dort) zu.

SSL
ist die Abkürzung für Secure Socket Layer. SSL ist ein von der Firma Netscape entwickeltes Protokoll für den gesicherten Datentransfer über das Internet.

Suchmaschine

sind große Indexverzeichnisse im Internet, die das WWW regelmäßig mit spezieller Software, Robots genannt, durchsuchen. Man kann diese Verzeichnisse nach Stichworten durchsuchen und erhält eine Liste der Sites, die Informationen zu diesen Stichworten bieten (sollten).

Tag

ist die Bezeichnung für einen Befehl innerhalb eines HTML-Dokuments. Tags sind in spitzen Klammern eingeschlossene Schlüsselworte dieser Seitenbeschreibungssprache.

TCP/IP

ist die Abkürzung für Transmission Control Protocol / Internet Protocol. Dieses Protokoll ist die Grundlage für Internet-Dienste.

Toplevel-Domäne

ist eine übergreifende Domäne. Toplevel-Domänen sind entweder thematisch (beispielsweise Firmen, Bildungseinrichtungen, Institutionen, Vereine) oder geografisch (Länder).

Treiber

sind Programme, die die Zusammenarbeit unterschiedlicher Komponenten ermöglichen. Ein Betriebssystem kann jedes zunächst unbekannte Gerät mithilfe richtiger Treiber ansprechen. Um die Fähigkeiten neuer Drucker nutzen zu können, muss z.B. der entsprechende Druckertreiber installiert sein.

Twain

ist eine einheitliche Treiberschnittstelle für Scanner. Wird ein Scanner mit einem Twain-Treiber ausgeliefert, arbeitet er mit fast jeder modernen Anwendung zur Bildbearbeitung zusammen.

Update
ist die Bezeichnung für eine Programmroutine, mit der eine Anwendung in eine neue Version geändert wird. Ein Update ist normalerweise günstiger als die neue Vollversion. Das Update kann aber nur genutzt werden, wenn eine alte Programmversion vorhanden ist.

Upgrade
siehe Update.

Upload
ist das »Heraufladen« von Dokumenten von einem Client auf einen Server. Um einen Upload durchzuführen, muss man über Schreibrechte auf dem Zielrechner verfügen.

URL
steht für Unified Resource Locator (manchmal auch Union Resource Locator) und ist ein standardisiertes Darstellungsverfahren für Internet-Adressen. Es können Rechner oder einzelne Dokumente adressiert werden. Ein URL beginnt immer mit dem verwendeten Protokoll, also beispielsweise »http://«.

Usenet
ist ein Netz zum Austausch von Nachrichten und Diskussionsbeiträgen. Die Newsgroups des Usenet sind thematisch geordnet. Am Usenet sind neben dem Internet auch andere internationale Netze beteiligt.

W3C
ist eine Bezeichnung für das WWW-Consortium, das die Entwicklung des World Wide Web koordiniert und HTML standardisiert.

Web
ist eine Kurzform für das World Wide Web.

Webserver
sind Rechner oder Programme, die die Dienste des World Wide Web anderen Computern zur Verfügung stellen. Webserver werden im Internet und im Intranet benutzt.

Webmaster
ist der Verwalter eines Webservers.

Workstation
ist die Bezeichnung für einen leistungsfähigen Arbeitsplatzrechner.

WWW
ist die Abkürzung für World Wide Web, also weltweites Netz. Das WWW ist ein Internet-Dienst, der Daten im HTML-Format zur Verfügung stellt. Es ersetzt zunehmend den Informationsdienst Gopher.

WYSIWYG
ist die Abkürzung für What You See Is What You Get. Gemeint ist die möglichst exakte Darstellung von Dokumenten auf dem PC-Bildschirm. Das Dokument soll so angezeigt werden, wie es später ausgedruckt aussieht. Unter den heute üblichen grafischen Benutzerschnittstellen ist WYSIWYG Standard.

Stichwortverzeichnis

C

Flash 5 Ge-Packt

Marco Asbach, mit Profitips von Carlo Blatz

ca. 400 Seiten ca. 25,32 DM, kart.

ISBN 3-8266-0636-1 Frühjahr 2001

Egal, ob Sie Flash-Einsteiger sind und Neuland betreten oder sich als Profi wieder einmal die berühmte Frage "Wie war das nochmal?" stellen — dieses Buch bietet Ihnen schnelle Hilfe bei der Suche und zugleich einen Kurzeinstieg in das Programm Flash.

Nach dem Grundlagenteil werden in Workshops typische Flash-Projekte vorgestellt. Sparen Sie Zeit und Nerven, vermeiden Sie das mühsame Trial and Error und lassen sich stattdessen vom Flash-Profi die Lösung direkt präsentieren!

Das besondere Highlight dieses Buches sind jede Menge Profi-Tipps, die der Flash-Guru Calle Blatz aus seiner Flashworker-Erfahrung gewonnen hat.